Christina Stoddard

I PORTATORI DI LUCE
DELLE TENEBRE

Da Inquire Within

OMNIA VERITAS

Christina Stoddard
(Inquire Within)

Per alcuni anni è stato un Capo Governante del Tempio Madre
della Stella Matutina e della R.R.et A.C.

I portatori di luce delle tenebre

Light-bearers of darkness,
Pubblicato per la prima volta da Boswell, Londra, 1930

Tradotto in italiano e pubblicato da Omnia Veritas Limited

© Omnia Veritas Ltd - 2024

ℰMNIA VERITAS.

www.omnia-veritas.com

Poiché i tre gradi della massoneria ordinaria comprendevano un gran numero di uomini contrari, per posizione e principio, a ogni progetto di sovversione sociale, gli innovatori moltiplicarono i gradi della scala mistica da salire. Crearono logge occulte riservate alle anime ardenti... santuari oscuri le cui porte si aprivano all'adepto solo dopo una lunga serie di prove calcolate per testare i progressi della sua educazione rivoluzionaria.

Louis Blanc - *Rivoluzione francese*

In tutto ciò che fece, in tutto ciò che insegnò, tenne presente questo obiettivo:
Far compiere le opere delle tenebre, travestite da opere di luce.
Diffuse il suo veleno, lento e sicuro, attraverso molte sètte speciose, e ha fatto sembrare il male un bene, ingannando gli eletti di Dio.

La venuta di Lucifero di X.

CAPITOLO I

IL POTERE OCCULTO

Questo libro è un tentativo di dimostrare, per mezzo di indagini reali, di prove documentali e di una conoscenza personale dei meccanismi interni, che l'attuale movimento per la Rivoluzione Mondiale che porta alla Dominazione del Mondo non è altro che uno sforzo fanatico, lungo un'epoca e culminante, da parte di qualche Potere Oscuro che opera attraverso molte sette segrete illuminate.

Qualunque siano state le sue idee sull'era messianica e sul vero destino dell'uomo, il seguente resoconto del misticismo e della magia, scritto negli anni 1823-25 da Hoëné Wronski, potrebbe essere un'immagine reale delle condizioni del mondo di oggi, sotto l'influenza di simili società mistiche e segrete - molto più numerose e influenti di quanto l'opinione pubblica immagini - attraverso le quali il Centro Invisibile sta nuovamente cercando di dirigere e dominare le nazioni e il mondo.

Nel suo *Traité méthodique de magic Pratique*, Papus. il noto occultista e cabalista, il dottor Gerard Encausse, scrive:

> "Un dotto iniziato ed enciclopedista, Hoëné Wronski, in un'opera oggi quasi introvabile, *L'Apodictique Messianique*, ha fornito un'analisi della magia e delle sue origini, nonché dei suoi risultati, che merita un attento studio da parte dei seri ricercatori. Speriamo quindi di rendere un servizio a questi ultimi riproducendo l'intera sezione dedicata al misticismo e alla magia".

In breve, Wronski afferma che lo scopo delle Associazioni Mistiche è la *"Partecipazione alla Creazione"* e il fine fisico è la *"Direzione dei Destini della Terra"*. Questo misticismo "consiste nella limitazione mistica della realtà assoluta (forza vitale o energia universale), formando in generale la neutralizzazione di questa energia negativa e positiva", una forma di polarizzazione magnetica, creando il legame eterico; per questo motivo queste società coltivano sentimenti e arti soprannaturali come... *"la Filosofia Ermetica, l'Alchimia, la Grande Opera o Pietra dei Filosofi, la Panacea, la Guarigione Magnetica, la Rigenerazione, ecc.* e certi misteri della generazione fisica, ecc.". Non potendo scoprire scientificamente, con la ragione, i destini della terra, professano di prevederli attraverso una *"interpretazione cabalistica...* delle tradizioni delle Sacre Scritture"; poi cercano di dirigere questi destini per mezzo di missioni speciali affidate a uomini scelti in tutti i ranghi della società.

Società segrete. Dice:

> "Poiché gli sforzi soprannaturali compiuti dall'Associazione Mistica per prendere parte alla creazione non possono essere né praticati né discussi pubblicamente... e poiché le è ugualmente preclusa la possibilità di dirigere apertamente i destini della terra, in quanto i governi vi si opporrebbero, questa misteriosa associazione può per forza agire solo attraverso le *Società Segrete*. È quindi nel cuore del misticismo che nascono tutte le società segrete che sono esistite, ed esistono tuttora, sul nostro pianeta e che, controllate da questa fonte misteriosa, hanno dominato e, nonostante i governi, continuano a dominare il mondo. Queste società segrete, formate all'occorrenza, si dividono in gruppi distinti e apparentemente contrapposti, che professano rispettivamente e a turno le opinioni più contrarie del momento, in modo da dirigere, separatamente e con fiducia, tutti i partiti, politici, religiosi, economici e letterari. Essi, per ricevere una direzione comune, sono di nuovo uniti a un centro sconosciuto, dove si nasconde questa potente fonte che cerca così di controllare invisibilmente tutti gli scettri terreni... e senza dubbio tutte queste società segrete sono esse stesse,

attraverso l'abilità di alcuni dei loro capi, controllate e dirette secondo le idee e gli ordini di un Comitato Supremo Sconosciuto che governa il mondo".

Massoni, applicati o politici.

"La massoneria pura o speculativa è propriamente solo il grande vivaio da cui tutte le associazioni mistiche scelgono i loro alti capi (*epoptes*)... Anche i gradi di iniziazione sono disposti in modo tale che la maggior parte dei massoni, lungi dal dubitare dello scopo della loro affiliazione, vede in essa solo un oggetto di reciproco piacere e buona volontà. Solo coloro che sono stati messi alla prova sono ammessi ai gradi superiori, ed è tra questi ultimi che si formano i diversi rami della Massoneria applicata, il cui scopo è chiaramente quello di realizzare, con i fatti e secondo le circostanze, le speculazioni mistiche liberali della Massoneria. Così ai nostri giorni si sono *formati* con successo *i Capitoli notturni di Ruel e di Passy, la Loggia del Contrat-social, i Filadelfi, i Carbonari, il Tugend-Bund, i Burschaften, i Comuneros, ecc.* (Questo non si applica alla Massoneria britannica).

Influenze reciproche tra mondo visibile e invisibile. (Legame eterico) Gli Illuminati (Illuminismo).

"Il nome Illuminati (non-Wissende)... sembra essere stato introdotto solo verso il 1775 dalla società segreta fondata da Weishaupt e sviluppata, si dice, dal barone Knigge. Ma... doveva esistere fin dalla più grande antichità. E in effetti le affiliazioni mistiche sotto le Piramidi d'Egitto, la setta esoterica di Pitagora, gli astrologi o matematici di Roma al tempo di Domiziano, la Casa della Sapienza del Cairo, gli Ismailiti o Assassini, i Compagni del Vecchio della Montagna, i Templari, i Rosa-Croix... sembrano formare solo una catena ininterrotta di queste affiliazioni superiori... sotto il nome di Illuminati".

Anche i loro rami di "*Stretta Osservanza*, o preparazione all'Illuminismo", comprese "le Logge eclettiche o la Massoneria egiziana, come le Logge *San Giovanni di Melchisédeck, i Souffrant, i Sacerdoti Reali, i Maestri dei Saggi e i Chercheurs"*. *I Fratelli Asiatici*, sia con queste che con gli Illuminati.

Il *Potere Direttivo - gli Invisibili o Esseri Terrestri* (Maestri che lavorano nell'Astrale).

> "Una sola volta questi Invisibili si sono mostrati agli uomini, e cioè quando, al terribile Tribunale Segreto - vedendo che tutte le potenze della terra, ministri, principi e persino gli stessi sovrani imploravano il favore di essere ammessi a questa formidabile affiliazione - questi capi invisibili credettero di aver finalmente conquistato la terra, e osarono, per così dire, svelare il segreto mostrando apertamente il modo in cui intendevano governare il mondo... Questi esseri terreni non appaiono oggi, ma sono loro che formano il Comitato Supremo da cui emanano gli ordini che governano tutte le società segrete, e in questo Comitato l'antico Libro dei Registri rimane sempre aperto..." (Qui abbiamo la "Gerarchia Suprema e Invisibile degli Ebrei Cabalisti".")

Ecco il giuramento somministrato agli Illuminati:

> "Nel nome del figlio crocifisso (il Pentagramma, l'uomo illuminato), giurate di rompere i legami che ancora vi legano al vostro padre, madre, fratelli, sorelle, moglie, parenti, amici, amanti, re, capi, benefattori e tutte le persone a cui avete promesso fede, obbedienza e servizio. Nominate e maledite il luogo in cui siete nati, affinché possiate abitare in un'altra sfera, alla quale arriverete solo dopo aver rinunciato a questo globo pestilenziale, vile rifiuto dei cieli! Da questo momento siete liberi dal cosiddetto giuramento alla patria e alle leggi: giurate di rivelare al nuovo capo, da voi riconosciuto, ciò che avete visto o fatto, intercettato, letto o udito, appreso o supposto, e anche di cercare e spiare ciò che i vostri occhi non possono scorgere. Onorate e rispettate l'*Aqua Tofana* come mezzo sicuro, rapido e necessario per purificare il globo con la morte di coloro che cercano di diffamare la verità e di sottrarla alle nostre mani. Fuggite dalla Spagna, da Napoli e da tutte le terre maledette; fuggite infine dalla tentazione di

rivelare ciò che potete sentire, poiché il tuono non è più rapido del coltello, che vi attende in qualsiasi luogo vi troviate. Vivete nel nome del Padre, del Figlio e dello Spirito Santo. (Questa è la Trinità dell'Illuminismo cabalistico e gnostico. Il Padre - il fuoco generatore; lo Spirito Santo - la Grande Madre Natura, che riproduce tutte le cose; il Figlio - la manifestazione, il fluido vitale, la luce astrale dell'Illuminismo. È una perversione del simbolismo cristiano)".

Il motivo dell'esposizione di queste sette da parte di Wronski era quello di mostrare la spaventosa diffusione dell'Illuminismo in quel periodo e il suo diabolico piano di distruzione.

La signora Nesta Webster, nel suo *Secret Societies* and *Subversive Movements*, racconta che intorno all'872 un Ismaili, Abdullah ibn Maymūn, cresciuto con le dottrine del dualismo gnostico, un materialista puro, formò una setta nota come Batinis, il cui progetto fu così descritto da Dozy in *spagnolo, Islam*.

"Unire, sotto forma di una vasta società segreta con molti gradi di iniziazione, liberi pensatori ... e bigotti di tutte le sette; farsi strumento dei credenti per dare potere agli scettici ... costruire un partito, numeroso, compatto e disciplinato, che a tempo debito avrebbe dato il trono, se non a lui stesso, almeno ai suoi discendenti ... I mezzi che adottò furono escogitati con diabolica astuzia ... Fu ... non era tra gli sciiti che cercava i suoi veri sostenitori, ma tra i gheberi, i manichei, i pagani di Harran e gli studenti di filosofia greca; solo su questi ultimi poteva contare, solo a loro poteva svelare gradualmente il mistero finale e rivelare che gli imam, le religioni e la morale non erano altro che un'impostura e un'assurdità... ma si preoccupò di iniziare le anime devote e umili solo ai primi gradi della setta. I suoi missionari, ai quali era stata inculcata l'idea che il loro primo dovere fosse quello di nascondere i loro veri sentimenti e di adattarsi alle opinioni dei loro uditori... In presenza dei devoti assumevano la maschera della virtù e della pietà. Con i mistici erano mistici e svelavano i significati interiori dei fenomeni, o spiegavano le allegorie e il senso figurato delle allegorie stesse... Con mezzi come questi si ottenne lo straordinario risultato che una moltitudine di uomini di diverse credenze lavoravano tutti insieme per un obiettivo noto solo a pochi di loro...".

Qui abbiamo il sistema non solo di Weishaupt ma di tutte le società segrete sovversive di oggi, come in seguito speriamo di chiarire in questo libro.

Ancora, nel 1090 Hasan Saba, detto "l'Illuminatore", fondò la setta degli "Assassini" ad Alamut, in Persia, sul Mar Caspio. Adottò i metodi di Maymün, aggiungendovi l'assassinio su larga scala di coloro che gli si opponevano. Utilizzò come base anche l'organizzazione della Gran Loggia del Cairo. Il suo era un "sistema di omicidio organizzato su una base di fervore religioso". Come disse von Hammer, "Nulla è vero e tutto è permesso" era il fondamento della loro dottrina segreta, che, tuttavia, essendo impartita solo a pochi, e nascosta sotto il velo del più austero religiosismo e della pietà, tratteneva la mente sotto il giogo della cieca obbedienza". Le loro dottrine segrete furono infine rivelate dagli stessi capi. E von Hammer disse ancora:

> "Negli annali degli Assassini si trova l'enumerazione cronologica degli uomini celebri di tutte le nazioni che sono caduti vittime degli Ismailiti...".

E ancora:

> "Il veleno e il pugnale prepararono la tomba che l'Ordine aveva aperto per tanti".

e così Hasan e i suoi Gran Maestri furono a loro volta assassinati dai loro parenti più prossimi (Mrs. Webster, *ibid.*).

Come si vedrà in seguito, il ruolo autoproclamato dei Templari era,

> "Saremo l'equilibrio dell'universo, arbitri e padroni del

mondo".

Nel numero di marzo dell'occulta *Revue Internationale des Sociétés Secrètes*, è iniziata la traduzione in francese delle due più importanti raccolte di documenti originali relativi agli Illuminati bavaresi di Weishaupt - ovvero:

"Einige Originalschriften des Illuminatenordens" (I). Monaco, 1786.

"(2) Nachtrag von weitern Originalschriften, welche die Illuminaten-secte ... betreffen en 2 parties.Munich, 1787".

Parlando degli occultisti della Haute Maconnerie del XVIII secolo, il R.I.S.S. scrive:

> "Questi Illuminati erano in realtà il bastione segreto della Setta. Gli Illuminati di Francia, con Martinez Paschalis, il filosofo sconosciuto, Pernetty e tutta la scuola che ha lasciato radici così profonde a Lione e dintorni; gli Illuminati di Baviera, con Weishaupt e i suoi complici. È in queste Logge segrete che è stata concepita e preparata la Rivoluzione francese; oggi è nei Templi dello stesso Ordine, cabalistico e satanista, che è germogliata e maturata la Rivoluzione mondiale... I piani di ieri ci aiuteranno meglio a cogliere l'intenzione e i metodi di oggi".

I documenti sono così descritti:

> "Alcuni scritti originali dell'Ordine degli Illuminati che sono stati trovati in casa di Zwach, ex consigliere di governo, nella visita domiciliare effettuata a Landshut, dal 2 al 12 ottobre 1786".

> "La presente raccolta è stata pubblicata per ordine supremo di Sua Altezza l'Elettore allo scopo di convincere l'opinione pubblica di questo e di altri paesi dell'indubbia falsità delle ragioni addotte per l'incessante grido degli Illuminati contro l'ingiustizia, la violenza e i procedimenti giudiziari di cui

sono vittime in Baviera, e allo stesso tempo per metterli in guardia contro questa setta epidemica e contro tutte le altre società illegali e clandestine di questo tipo. Queste, infatti, si prefiggono semplicemente di ingannare i creduloni e di spillare loro denaro - e invece di diffondere la verità e la moralità, come professano di fare, rovinano assolutamente quest'ultima e sopprimono o falsificano completamente la prima. Se qualcuno dubita dell'autenticità di questa raccolta, si presenti all'archivio segreto di questa città, dove è stato dato ordine di mostrare gli originali. Monaco, 26 marzo 1787".

In un documento Zwach parla della proposta di formare un ordine femminile, composto da due classi, ognuna delle quali costituirà una società separata, rimanendo sconosciuta all'altra: una classe di donne virtuose, un mezzo per ottenere denaro, informazioni segrete e benefici dall'Ordine vero e proprio; l'altra di donne leggere, per soddisfare le passioni delle F.M. così inclini. "Entrambe dovrebbero essere tenute all'oscuro del fatto che sono dirette dall'Ordine maschile".

Del loro scopo mimetico e presunto Spartacus-Weishaupt scrive:

"Come per il passato, lo scopo futuro dell'Ordine rimane quello di interessare l'uomo a portare alla perfezione la sua mente e il suo carattere morale; di sviluppare sentimenti umani e sociali, di opporsi ai disegni malvagi nel mondo, di lottare contro l'ingiustizia, di aiutare gli sfortunati e gli oppressi, di incoraggiare gli uomini di merito che sono utili all'Ordine, e di diffondere la conoscenza delle scienze; e sono fedelmente e solennemente assicurati che questo è lo scopo reale e non solo presunto della società. Che è vano sperare di ottenere maggiore potere e ricchezza entrando in questo Ordine".

Il progetto di questo Ordine è apparentemente quello di formare una macchina unita e assolutamente controllata dai Superiori, che sono gli unici a conoscere il suo vero scopo. A questo scopo è necessaria una completa armonia tra i suoi membri, senza odio, senza gelosia, senza egoismo indegno; avere un solo spirito, una sola considerazione e una sola volontà! Per aiutare a raggiungere questo orientamento desiderato, viene prescritta una lista speciale di libri su cui i membri devono costruire la loro visione. "La società non può usare gli uomini così come sono; devono essere modellati in base all'uso che se ne deve fare". Ecco gli stessi metodi sinistri che si trovano in tutte le società simili di oggi!

Weishaupt scrive inoltre che l'adepto deve imparare l'arte della dissimulazione, osservando e sondando gli altri. Se scopre dei segreti, deve rivelarli ai Superiori, che a loro volta promettono di non fare uso delle informazioni se non con il permesso dell'informatore! "L'Ordine esige una completa sottomissione in tutto ciò che riguarda gli affari dell'Ordine. Devono praticare una perfetta circospezione e discrezione nei confronti del mondo esterno. Il silenzio e la segretezza costituiscono l'anima dell'Ordine", e persino il grado del Fratello è tenuto segreto, tranne che con i pari grado, tra i quali ci sono segni di riconoscimento.

Per quanto riguarda il vero scopo di questo Ordine, un documento redatto da Zwach mostra i suoi progressi politici per un anno in Baviera - i gesuiti rimossi da tutte le cattedre, e completamente eliminati dall'Università di Ingolstadt; penetrazione delle F.M. della Chiesa, controllo delle scuole tedesche, delle società di beneficenza e di altre cattedre universitarie.

"Su raccomandazione dei Fratelli, Pylade è diventato tesoriere del Consiglio Ecclesiastico, e in questo modo l'Ordine ha a disposizione le entrate della Chiesa". In questo modo l'Ordine poté assistere i frati e salvare alcuni di loro dalle grinfie degli usurai!

Di nuovo:

La Duchessa vedova ha organizzato l'Istituto dei Cadetti

assolutamente secondo il piano indicato dall'Ordine; tutti i professori sono membri dell'Ordine... e tutti gli allievi diventano adepti dell'Ordine.

'Attireremo a noi tutti i giovani sacerdoti della dotazione di Bartolomeo... c'è la possibilità che in questo modo riusciremo a fornire a tutta la Baviera sacerdoti istruiti'.

Tra i documenti c'erano anche varie ricette: "Una per l'Aqua Toffana, un veleno impercettibilmente lento ma mortale". Un'altra per provocare l'aborto; e un'altra ancora riguardante erbe con proprietà deleterie.

L'iniziazione avviene dopo uno, due o tre anni di prova. Nel *Revers de silentio,* un modulo firmato dal candidato prima dell'iniziazione, si promette sottomissione e silenzio e si assicura che nella Società non c'è nulla di contrario allo "Stato, alla morale o alla religione". Prima del giuramento viene detto: "Una spada puntata al petto":

"Se dovessi diventare un traditore o uno spergiuro, questa spada ti ricorderà tutti i membri in armi contro di te. Non sperare di trovare salvezza; ovunque tu possa volare, la vergogna e il rimorso, così come la vendetta dei tuoi fratelli sconosciuti, ti tortureranno e ti inseguiranno".

Poi, nel Giuramento che segue, giura "eterno silenzio, fedeltà e obbedienza perenne a tutti i superiori e ai regolamenti dell'Ordine. Rinuncio anche alle mie opinioni e ai miei punti di vista personali, nonché a qualsiasi controllo dei miei poteri e delle mie capacità. Prometto inoltre di considerare il benessere dell'Ordine come mio e sono pronto, finché sarò membro, a servirlo con i miei beni, il mio onore e la mia vita... Se agirò contro le regole e il benessere della Società, mi sottoporrò alle pene a cui i miei superiori potranno condannarmi...".

Ricevette un nome classico, con il quale d'ora in poi sarebbe stato conosciuto nell'Ordine. Gli fu anche richiesto di conservare tutte le cose che appartenevano all'Ordine in un luogo speciale, con un'etichetta con l'indirizzo del suo superiore, al quale la scatola doveva essere inviata in caso di morte improvvisa. In una delle ricette si trova la descrizione di una tale scatola che, se aperta da una persona non esperta, avrebbe subito preso fuoco! A tal punto era richiesta la segretezza e il silenzio!

Dopo lo scioglimento del suo Ordine, Weishaupt e i suoi seguaci continuarono a portare avanti segretamente i loro intrighi, poiché nel 1789 le 266 Logge controllate dalla Massoneria del Grande Oriente erano tutte illuminate all'insaputa della grande maggioranza dei membri, e pochi mesi dopo si verificò la Rivoluzione francese di quella data.

Nel 1794 il Duca di Brunswick, Gran Maestro della Massoneria tedesca, emanò un Manifesto a tutte le Logge che mostrava come la Massoneria fosse stata penetrata da questa Setta Internazionale e suggeriva, per un certo periodo, la soppressione di tutta la Massoneria finché non fosse stata liberata da questo cancro invisibile. Si legge:

> "È sorta una grande setta che, prendendo come motto il bene e la felicità dell'uomo, ha lavorato nell'oscurità della cospirazione per fare della felicità dell'umanità una preda per sé. Questa setta è nota a tutti: i suoi fratelli sono noti non meno del suo nome. Sono loro che hanno minato le fondamenta dell'Ordine (Massoneria) fino a rovesciarlo completamente; è da loro che l'umanità intera è stata avvelenata e sviata per diverse generazioni. Il fermento che regna tra i popoli è opera loro. Hanno fondato i piani della loro insaziabile ambizione sull'orgoglio politico delle nazioni. I loro fondatori hanno fatto in modo di introdurre questo orgoglio nelle teste dei popoli. Cominciarono gettando l'odio sulla religione... Inventarono i diritti dell'uomo, che è impossibile scoprire persino nel libro della Natura, e spinsero i popoli a strappare ai loro principi il riconoscimento di questi presunti diritti. Il piano da loro elaborato per rompere tutti i legami sociali e per distruggere ogni ordine si rivelava in tutti i loro discorsi e atti. Hanno inondato il mondo con una

moltitudine di pubblicazioni; hanno reclutato apprendisti di ogni rango e in ogni posizione; hanno illuso gli uomini più perspicaci sostenendo fasullamente intenzioni diverse. Hanno seminato nel cuore dei giovani il seme della cupidigia e l'hanno eccitato con l'esca delle passioni più insaziabili. Orgoglio indomabile, sete di potere, questi erano gli unici motivi di questa setta; i loro padroni non avevano in mente altro che i troni della terra, e il governo delle nazioni doveva essere diretto dai loro club notturni. Questo è ciò che è stato fatto ed è tuttora in corso. Ma notiamo che i principi e i popoli non sono consapevoli di come e con quali mezzi ciò si stia realizzando..." (Mrs. Webster, ibidem).

In seguito a tutto ciò, nel 1799 il Parlamento inglese emanò una legge che proibiva tutte le società segrete, ad eccezione della Massoneria. Oggi, si dice, queste società segrete sono ancora illegali e, sebbene alcune si definiscano semi-pubbliche, i loro capi richiedono ancora un giuramento di segretezza sugli insegnamenti più importanti e segreti, relativi, in particolare, al contatto con il misterioso potere di controllo sul piano astrale.

Secondo Monsignor Dillon, 1885 (Mrs. Webster. ibidem):

"Se Weishaupt non fosse vissuto, la Massoneria avrebbe potuto cessare di essere una potenza dopo la reazione conseguente alla Rivoluzione francese. Egli le diede una forma e un carattere che le permisero di sopravvivere a quella reazione per dare energia fino ai giorni nostri, e che la faranno progredire fino a quando il suo conflitto finale con il cristianesimo determinerà se Cristo o Satana regneranno su questa terra fino alla fine".

Weishaupt non era forse solo lo strumento di un'altra e più formidabile setta? Di questo "potere oscurante", che è la vita, per così dire, dell'Illuminismo, si parla in *Le vittorie di Israele, di Roger Lambelin*:

"Joseph de Maistre, che era, come si sa, un massone di grado abbastanza elevato, notò l'influenza esercitata dagli ebrei.

Nel 1811, esaminando le cause della Rivoluzione francese, in una lettera scritta al suo re da San Pietroburgo, dice: "Il potere di questa *setta orientata dagli ebrei*, di ammaliare i governi, è uno dei fenomeni più terribili e più straordinari che si siano visti nel mondo".

Ancora, Bernard Lazare, scrittore ebreo, afferma:

"È certo che c'erano ebrei anche alla nascita della Massoneria, ebrei cabalisti, come dimostrano alcuni riti esistenti; molto probabilmente negli anni che precedettero la Rivoluzione francese entrarono in numero ancora maggiore nei consigli della società e fondarono essi stessi delle società segrete. C'erano ebrei intorno a Weishaupt; Martinez de Pasqualis, un ebreo di origine portoghese, organizzò numerosi gruppi illuminati in Francia e reclutò molti adepti, che iniziò alla dottrina della reintegrazione (rigenerazione). Le Logge Martiniste erano mistiche, mentre gli altri Ordini della Massoneria erano piuttosto razionalisti, il che dimostra che le società segrete rappresentavano le due facce della mente ebraica: il razionalismo pratico e il panteismo; quel panteismo che, pur essendo un riflesso metafisico della fede in un Dio unico, finisce a volte in una teurgia cabalistica".

E delle aspirazioni degli ebrei scrive:

"L'ebreo è anche un costruttore: orgoglioso, ambizioso, dominatore, cerca di attirare tutto a sé. Non si accontenta di scristianizzare, giudaizza; distrugge la fede cattolica o protestante, provoca l'indifferenza, ma impone la sua idea del mondo, della morale e della vita a coloro di cui rovina la fede; lavora al suo compito secolare - l'annientamento della religione di Cristo!".

E M. Roger Lambelin aggiunge:

"Sono i fermenti della rivoluzione in tutti i gruppi etnici estranei alla loro razza".

Inoltre, Rabbi Benamozegh dice:

"È sorprendente che il giudaismo sia stato accusato di essere un ramo della Massoneria? Quel che è certo è che la teologia massonica è in fondo solo teosofia e corrisponde a quella della Cabala.

... Chi si prenderà la briga di esaminare con cura il legame tra l'ebraismo e la massoneria filosofica, la teosofia e i misteri in generale ... cesserà di sorridere di commiserazione all'idea che la teologia cabalistica possa avere un ruolo da svolgere nelle trasformazioni religiose del futuro ... Essa contiene la chiave del problema religioso moderno".

In un interessante libro, *Les Juifs et le Talmud,*[1] di M. Flavien Bernier, si fa luce su questo credo panteistico degli ebrei cabalisti e sull'"Uomo divinizzato" dell'Illuminismo. Egli scrive, 1913:

"Ora la dottrina filosofica dominante tra i dotti caldei... era il panteismo assoluto. Nel vasto Tempio che è l'Universo, i dotti Caldei sopprimevano il Creatore... Tutto era causa ed effetto; il mondo era increato e diventava esso stesso il proprio Dio. Persino l'idea di Divinità fu confusa con l'Armonia Universale che regolava tutte le cose e con ciascuna delle cose che regolava. Dio era quindi a sua volta, e nel suo insieme, la Terra nutrice dell'uomo, la rugiada che lo fecondava, il Sole che dava luce e calore, il vento che portava il polline fecondante della vegetazione; Dio era il principio vitale che perpetuava le specie, umane e animali; che faceva germogliare, crescere, morire e rinascere le piante, che si manifestava anche nei corpi apparentemente inanimati. Identificato come una sorta di respiro della Natura, increato ed eterno. Dio emanava dal mondo, non il mondo da Dio.

---

[1] *Les juifs et le Talmud : morales et principes sociaux des Juifs d'après leur livre saint : le Talmud - 1913,* Omnia Veritas Ltd, www.omnia-veritas.com.

"È possibile che un tale sistema, che porta l'impronta di una poesia bizzarra ma innegabile, abbia, in tutte le epoche, il potere di sedurre la mente umana. La sedurrebbe ancora di più se il sistema avesse, come risultato immediato, l'aumento dell'orgoglio umano nel culto dell'"Uomo divinizzato"".

"In effetti, se nessun Essere Supremo distinto dalla Natura si imponesse su quest'ultima per diritto di creazione - se tutte le cose avessero in qualche modo un'intelligenza o un'anima, e se Dio fosse semplicemente la somma di tutte queste anime coscienti o inconsce dell'Universo, esisterebbe necessariamente una gerarchia tra queste anime di cui ognuna è una parte di Dio, ma che potrebbe contenere Dio solo in modo molto diseguale. Il principio divino si troverebbe distribuito in minor quantità in una pietra che in un albero, che vive, respira, cresce e muore; in un albero che in un animale, che pensa, percepisce e agisce; in un animale che in un uomo che medita sul passato e sul futuro, risolve il problema della Natura, corregge le imperfezioni di quest'ultima con il suo lavoro e il suo ingegno, e cerca di perfezionarsi all'infinito. Al vertice della scala degli esseri l'uomo, molto più perfetto e intelligente di tutti gli altri, ha evidentemente assorbito la maggior quantità dell'essenza divina di cui è composto l'universo. Avendo svuotato i cieli di ogni essere superiore a lui, era in verità Dio del mondo, dove tutti erano apparentemente inferiori e subordinati a lui".

In una nota a piè di pagina l'autore aggiunge:

"I lettori che conoscono le opere della Massoneria Ermetica riconosceranno subito le idee preferite dai pontefici di questa setta, idee che hanno ereditato dagli alchimisti del Medioevo, che le avevano ereditate dagli ebrei cabalisti. Lo stesso si può dire del culto dell'"Uomo divinizzato", che era alla base del panteismo caldeo e che è rimasto alla base dell'occultismo, antico e moderno.

"Alcune tradizioni attribuiscono a Zoroastro, un profeta ebreo, il ruolo di Maestro... Ma, d'altra parte, il pensiero caldeo agì potentemente sul giudaismo ortodosso e determinò la crescita di una setta in mezzo ad esso che avrebbe trasformato Israele... Questa setta era quella dei 'Farisei'... Ciò che essi presero in prestito (dai Caldei) in effetti... fu l'essenza della dottrina panteistica... Fu allora che da questi prestiti si formò quella Cabala dei Farisei che fu a lungo trasmessa oralmente da maestro a discepolo e che, 800 anni dopo, ispirò la compilazione del Talmud e trovò la sua espressione più completa nel Sepher ha Zohar.Questa religione dell'"Uomo divinizzato", di cui erano stati impregnati a Babilonia, era concepita solo a beneficio dell'ebreo, essere superiore e predestinato.

... La promessa di dominio universale che l'ebreo ortodosso trovava nella Legge non era interpretata dai farisei nel senso del regno del Dio di Mosè sulle nazioni, ma nel senso di un dominio materiale che sarebbe stato imposto dagli ebrei sull'universo. Il Messia atteso... doveva essere un Re temporale, tutto insanguinato dalla battaglia, che avrebbe reso Israele padrone del mondo e avrebbe calpestato tutti i popoli sotto la ruota del suo carro".

Non abbiamo qui la base dell'insegnamento di tutti questi Ordini e gruppi, mistici e occulti, del tempo presente - il culto della forza vitale, lo I.A.O., il "Potere del Serpente", l'etere onnipervadente? E non abbiamo anche la chiave degli Ebrei Cabalisti, in questi Farisei di un tempo e di oggi; questi cosiddetti "Guardiani Divini" che operano dietro e attraverso questi Ordini segreti, che professano di insegnare la dottrina della deificazione dell'adepto, ma che in realtà creano schiavi illuminati controllati dall'Ebreo Cabalista, che pretende di essere "l'Uomo Deificato" - come dice M. Bernier, "il popolo-Dio" piuttosto che il "popolo di Dio".

Nel *Patriot* del 7 marzo 1929 si trova del materiale interessante in relazione alle Società Segrete e alla Rivoluzione Francese:

"Nel 1910 fu pubblicato un libro molto notevole, intitolato

Marie-Antoinette et le Complot Maçonnique. [2] Era stato scritto da M. Louis-Dasté, uno storico erudito, che aveva dedicato molto tempo all'esame di documenti editi e inediti per far luce sul ruolo svolto dalle società segrete nella preparazione della Rivoluzione francese... Gli estratti mostrano, tra l'altro, come le idee anticristiane e rivoluzionarie fossero diffuse da organismi apparentemente impegnati nell'educazione del popolo francese. Dietro questi organismi c'era la Massoneria francese, che era ed è, a differenza della nostra Massoneria, anticristiana, politica e rivoluzionaria".

Riportiamo i seguenti estratti che mostrano i loro metodi:

"All'inizio del XVIII secolo la Francia era ancora ferventemente attaccata alle sue tradizioni religiose e politiche; alla fine di quel secolo ruppe - o meglio un'influenza segreta la fece rompere - con tutte. Qual era questa influenza segreta? Era in ogni caso l'influenza della Massoneria... Per più di mezzo secolo i massoni avevano infatti preparato segretamente la mina la cui esplosione, nel 1789, fece naufragare la vecchia Francia... A partire dal 1750, nella maggior parte delle città francesi furono fondate Società di lettura. Come le attuali Società del Libero Pensiero, erano sotto il controllo dei massoni... I membri di queste società che erano stati più facilmente catturati dall'esca massonica e che, inoltre, possedevano un talento letterario, venivano ammessi in gruppi di grado superiore, le società dette "Accademiche"... Come le Società di Lettura, anche le Società di Lettura erano state create in segreto per preparare la mina, la cui esplosione nel 1789 fece naufragare la vecchia Francia.Come le Società di lettura, anche le Società accademiche erano segretamente dirette da massoni... che fornivano il denaro speso per i premi assegnati agli opuscoli anticristiani o per la stampa e la pubblicazione degli stessi... Infine, al di sopra delle Società di lettura e delle Società accademiche c'erano le cosiddette

---

[2] *Marie-Antoinette et le Complot Maçonnique*, Omnia Veritas Ltd, www.omnia-veritas.com.

Società d'azione, che erano né più né meno che esteriorizzazioni di Logge massoniche... Il lavoro che le Società di lettura e le Società accademiche svolgevano in collaborazione con le Logge che le controllavano era tanto letale quanto semplice. Sotto l'influenza di questi gruppi di massoni e dei loro aiutanti, i cattolici tiepidi divennero gradualmente miscredenti e infine anticristiani fanatici... La Massoneria contagiò prima i ministri del Re e gli alti funzionari; poi i magistrati di ogni tipo; infine la stessa Chiesa di Francia... Grazie, quindi, alla loro ignoranza del pericolo massonico e alla loro semi-complicità con il nemico, i due d'Argenson, Maurepas e St. Florentin hanno permesso ai massoni del XVIII secolo di distruggere la monarchia cristiana di Francia...".

Nella *Revue Internationale des Sociétés Secrètes* è stato pubblicato un articolo su "Rivoluzione, Terrore e Massoneria", che spiega il legame della Massoneria del Grande Oriente con la Rivoluzione francese e il suo obiettivo attuale di una "Repubblica Mondiale" - la Massoneria Universale (vedi Patriot, 16 agosto 1928).

"Nel 1789 i crimini rivoluzionari furono preparati dal Comitato di Propaganda della Loggia *Les Amis réunis,* e il piano del 'Terrore' si deve a uno dei suoi membri più influenti, il massone giacobino Adrien Duport (che interrogato sul suo piano disse)... "Ora, è solo per mezzo del terrore che ci si può porre alla testa di una rivoluzione in modo da governarla... È dunque necessario, qualunque sia la vostra ripugnanza, rassegnarsi al sacrificio di alcune persone segnate"."

... Istruzioni conformi al piano furono impartite ai principali agenti del dipartimento di insurrezione già organizzato, al quale Adrien Duport non era estraneo; l'esecuzione seguì rapidamente. Il massacro di de Launay, de Flesselles, Foulon e Berthier, e le loro teste fatte sfilare sulle picche, furono i primi effetti di questa congiura filantropica.

"Nel 1922 l'Oratore della Gran Loggia (Francia) disse: 'Fratelli massoni, la mia speranza è che la Massoneria, che ha fatto tanto per l'emancipazione degli uomini, e a cui la storia deve le rivoluzioni nazionali, sappia anche fare quella più grande rivoluzione che sarà la Rivoluzione Internazionale'".

Parlando della propaganda sovversiva dell'epoca, Arthur Young, nei suoi *Viaggi in Francia e in Italia* (Young, a Parigi all'inizio della Rivoluzione francese, fu uno dei più acuti osservatori del XVIII secolo) scrive (cfr. Patriot, 2 febbraio 1928):

"29 giugno 1789. I posteri crederanno che, mentre la stampa ha pullulato di produzioni infiammatorie che tendono a dimostrare le benedizioni della confusione teorica e della licenziosità speculativa, non è stato impiegato un solo scrittore di talento per confutare e confondere le dottrine alla moda, né è stata prestata la minima attenzione a diffondere opere di altra caratura?".

Quanto sopra non vale forse anche per l'attuale "Rivoluzione Mondiale", architettata dalla stessa nascosta e "formidabile Setta"? Quanti osano o vogliono pubblicare la verità fondamentale?

Studiamo ora gli attuali obiettivi della Massoneria del Grande Oriente, come risulta dai loro stessi documenti. Si tratta di un organismo giudaico-massonico, politico e rivoluzionario, che lavora per il dominio del mondo.

In *"La Dictature de la Franc-Maçonnerie sur la France"*, M. A. G. Michel espone alcune di queste macchinazioni:

"È dovere della Massoneria universale cooperare assolutamente con la Società delle Nazioni affinché non debba più sottostare alle influenze interessate dei governi" (Convent. Grande Oriente, 1923).

"I compiti principali della Società delle Nazioni consistono nell'organizzazione della pace, nell'abolizione della diplomazia segreta, nell'applicazione del diritto dei popoli all'autodeterminazione, nell'instaurazione di relazioni commerciali ispirate al principio del Libero Scambio, nella ripartizione delle materie di base, nella regolamentazione dei trasporti, nel ripristino di normali relazioni tra dispositivi nazionali e nella creazione di una nota internazionale; lo sviluppo di legislazione internazionale del lavoro, e in particolare la partecipazione di una classe operaia organizzata ai consigli internazionali; la diffusione di un'educazione generale pacifista basata in particolare sull'estensione di una lingua internazionale (l'esperanto!); la creazione di uno spirito europeo, di un patriottismo da Società delle Nazioni - in breve, la formazione degli Stati Uniti d'Europa, o piuttosto della Federazione mondiale" (Convento della Gran Loggia di Francia, 1922).

"Afferma che questa Assemblea (Lega delle Nazioni) deve evolversi in senso democratico e ammettere rapidamente i rappresentanti di tutte le nazioni; dichiara che la nuova istituzione deve assicurare l'uguaglianza delle nazioni; segnala con soddisfazione la creazione di un Ufficio del Lavoro Internazionale come organo permanente della Lega delle Nazioni". (Convent. Bull. Off. Gran Loggia di Francia, 1920).

"La Commissione chiede che la Convenzione voti all'unanimità che la Società delle Nazioni abbia d'ora in poi, in tutti i casi, la suprema autorità di decidere tra i popoli e i governi" (Convent. Gran Loggia di Francia, 1923).

"Inoltre, esige che la Società delle Nazioni, per assicurare l'esecuzione delle sue decisioni, sia dotata di una forza armata permanente posta sotto la sua sola autorità, diminuendo di tanto i diversi eserciti nazionali" (Convent. Grand Orient, 1923).

"L'organizzazione federale dei popoli implica l'istituzione di uno Stato sovrastatale, o supernazionale, dotato di tre poteri: esecutivo, legislativo e giudiziario; vale a dire, in possesso dei tre organi indispensabili per ogni società costituita: un governo, un parlamento e una Corte di giustizia. La Corte di Giustizia deve essere dotata di un codice penale, di un codice civile e di un codice di procedura internazionale. L'autorità internazionale deve essere sanzionata da un esercito o da una polizia internazionale. Disarmare gli Stati separati e armare la Federazione degli Stati Uniti, sono due fasi dello stesso progresso" (Boll. Off. Gran Loggia di Francia, 1922).

"Studi attraverso la Società delle Nazioni per creare una Banca Internazionale basata sulla mobilitazione dei beni investiti (foncière), pubblici o privati" (Boll. Off. Gran Loggia di Francia, 1922).

Che porta a un programma di dittatura massonica universale:

I. *Politica di distruzione (soluzione* della Massoneria illuminata): Distruzione della Chiesa. Rivoluzione.

II. *Ricostruzione di un nuovo regime (Coagula* della Massoneria Illuminata): (a) economica e sociale; (b) riforma finanziaria e fiscale; (c) socializzazione degli individui.

III. *Massoneria universale:* "Questa Rivoluzione Internazionale è per domani l'opera della Massoneria" (Convento. Gran Loggia di Francia, 1922). "Tre Rivoluzioni: 1789, 1871, 19-" (Boll. Hebd. 1922).

La penetrazione del Grande Oriente in molti gruppi è spiegata dai seguenti estratti dello stesso documento:

"La Massoneria deve essere sentita ovunque, ma non deve essere trovata da nessuna parte" (Convent. Grande Oriente, 1922).

"Stiamo formando una grande Associazione, muta nei confronti del mondo esterno, il cui unico sforzo sarà quello di esprimere idee collettive e di invadere il paese con esse... dobbiamo sforzarci seriamente di far penetrare i nostri pensieri in tutta la massa... ma tutta la nostra soddisfazione verrà da ciò che le nostre idee germinano" (Convent. Grand Orient, 1922).

"È urgente un'attiva propaganda, affinché la Massoneria torni ad essere l'ispiratrice, la sovrana padrona delle idee attraverso le quali la democrazia deve essere portata alla perfezione... Influenzare gli elementi sociali diffondendo ampiamente l'insegnamento ricevuto all'interno dell'Istituzione" (Convent. Grande Oriente, I 922).

"Società sportive, boy scout, circoli artistici, gruppi corali e strumentali. Tutte le organizzazioni che attirano la gioventù repubblicana in opere di educazione, fisica e intellettuale. Ci sono così tanti campi fertili in cui la propaganda massonica dovrebbe essere esercitata nel modo più utile. Aggiungete dappertutto a questi corsi per adulti, ovunque ci sia la possibilità che vengano presi e frequentati, biblioteche, ecc.". (Convento. Grande Oriente, 1923)

"La Massoneria non è propriamente internazionale, è universale; è una società non nazionale, una società di 'umanità' non una società di fratellanza internazionale, ma una società di Fratellanza Universale" (Bolla Off. Gran Loggia di Francia, ottobre 1922).

Il Grande Oriente fu fondato nel 1772, formò una coalizione con il Gran Capitolo nel 1786 e divenne un organismo sovversivo e pericoloso. Nel 1789, come abbiamo visto, era stato illuminato poco prima della Rivoluzione. Si tratta quindi di una massoneria esoterica illuminata, largamente dominata da ebrei, il cui scopo è il potere politico. Il loro dio è il Principio Creativo e considerano Dio Creatore come un mito. I massoni britannici, invece, sono esoterici, apolitici e filantropici e credono in Dio come Grande Architetto dell'Universo. Per queste ragioni, nel marzo 1878, ruppero le relazioni con il Grande Oriente.

Molte di queste società segrete e pseudo-pubbliche, di cui si parlerà in seguito, sono affiliate direttamente o indirettamente al Grande Oriente e sono, come si vedrà, sovversive.

Chiunque abbia preso in considerazione la questione deve rendersi conto che nessun movimento come l'attuale Rivoluzione

Mondiale, con tutte le sue complessità, potrebbe raggiungere le proporzioni che ha evidentemente raggiunto se non ci fosse un mezzo di coesione e una potente mente centrale a dirigere il tutto. Ciò che il defunto vescovo di Digione ha detto degli ebrei nel suo libro *Les Pharisiens d'autrefois à Ceux d'aujourd'hui*, potrebbe essere detto del movimento di cui sopra. Egli scrive:

> "Ma, affinché queste colonie di ebrei, così ampiamente sparse tra razze così diverse, sotto un governo così dissimile, sepolte tra masse ostili e senza alcun legame apparente, siano comunque riuscite a conservare le loro caratteristiche originali, sempre gli stessi ideali, ovunque la stessa mentalità, le stesse idee, una perfetta somiglianza, è indispensabile che abbiano un qualche legame invisibile che le unisca, una mente comune, un capo, in una parola un governo centrale, e questo governo può essere solo un governo occulto".

In una nota a piè di pagina dello stesso libro, parlando della Massoneria del Grande Oriente, dice:

> "Nelle Logge le discussioni non hanno lo scopo di arrivare alla verità, ma il loro scopo è l'azione. Ciò che conta non è un'opinione connessa e reale che corrisponde alle convinzioni di ciascuno nel suo insieme, ma un'opinione collettiva e praticata, frutto di un'intesa preordinata per un fine interessato. Non la cercano con lo studio, come fanno i filosofi; la suggeriscono e la impongono... Non si è costretti a entrare nella Massoneria, ma una volta entrato, l'adepto deve assumere lo spirito della Massoneria - è "l'iniziazione". Essi si prefiggono di infonderglielo per orientarlo. Ma se ogni massone è orientato personalmente, lo è anche ogni gruppo, a sua insaputa, dai gruppi superiori, in modo tale che, a causa dell'impossibilità di vedere ciò che lo conduce o dove viene condotto, si crede libero, mentre in realtà è orientato o diretto da questo '*Mysterieux Moteur Central*, noto solo a noi', dice l'autore di quello strano libro che è *Il pericolo ebraico*".

Lo stesso sistema segreto si ritrova in tutte le società segrete illuminate di oggi, che sono tutte governate e dirette da un misterioso centro nascosto. Parlando del suo sistema, Weishaupt dice che forma i suoi ranghi "con uomini che si sottomettono a essere guidati ciecamente da direttori invisibili". Dice:

> "Bisogna dimostrare quanto sarebbe facile per una sola testa intelligente dirigere centinaia e migliaia di uomini. Io ne ho due immediatamente sotto di me, nei quali infondo tutto il mio spirito, e ognuno di questi due ne ha altri due, e così via. In questo modo posso mettere in moto e infiammare un migliaio di uomini nel modo più semplice, e in questo modo si devono impartire ordini e operare sulla politica" (*Mrs. Webster, Secret Societies and Subversive Movements*).

Questo è il sistema di Weishaupt, ma che ne è del misterioso potere centrale?

Non è scopo di questo libro provare o confutare i "Protocolli dei dotti anziani di Sion", che Philip Graves, nel *Times* del 16-18 agosto 1921 e di nuovo nel 1923 nel suo libro *Palestine the Land of Three Faiths,* ha dichiarato in modo poco convincente essere plagiati in parte dal pamphlet rivoluzionario di Maurice Joly, *Dialogues aux Enfers*, e in parte forniti dall'Okhrana o polizia segreta zarista. Ciò che ci interessa, tuttavia, è che Graves ammette che le stesse idee e gli stessi metodi espressi nei Protocolli e nel suddetto pamphlet sono alla base di tutte le rivoluzioni: "I terroristi francesi, i napoleonici, i capi turchi del Comitato del Progresso e dell'Unione, Lenin e i suoi seguaci". E degli ebrei dice:

> "Questi fatti non spiegano forse a sufficienza perché gli ebrei orientali siano stati in larga misura la forza trainante della Rivoluzione bolscevica russa, intensificando la sua amarezza fanatica contro lo Tzar, la Chiesa e il Capitale, ma fornendole una maggiore potenza cerebrale, una maggiore continuità politica e una maggiore persistenza, di quanto si potesse trovare tra le masse russe o tra la frazione comunista dell'intellighenzia".

Qui e là citiamo questi Protocolli, confrontandoli con il lavoro di queste numerose società segrete solo per dimostrare che queste stesse idee e metodi rivoluzionari sono ancora alla base dei principi di questi movimenti segreti dominati dagli ebrei e indubbiamente sovversivi di oggi.

CAPITOLO II

ORIENTATO DAL EBRAISMO

P rima di procedere con i risultati delle nostre indagini e ricerche su alcuni dei culti e delle società più magiche e pericolose del giorno d'oggi, le conclusioni a cui è giunto un dotto occultista francese possono essere interessanti, in quanto supportano e integrano alcuni dei nostri punti.

Ma prima vorremmo spiegare che l'occultismo è la conoscenza e l'uso del doppio sesso o delle forze creative nascoste in tutta la Natura, e la Cabala ebraica, basata su queste stesse leggi segrete, è uno dei sistemi più dotti e potenti per ottenere il controllo sulla Natura e sulla mente e le azioni dell'uomo, mettendo in gioco e pervertendo queste forze al fine di ottenere potere e dominio. È una polarità e un sottile metodo di suggestione. *La Revue Internationale des Sociétés Secrètes* da tempo indaga e smaschera la fonte millenaria e il potere occulto di queste società segrete, sperando anche di aiutare altri investigatori e di fornire una scelta di armi a coloro che stanno già combattendo passo dopo passo contro la giudeo-massoneria contemporanea. M. Henri de Guillebert, "uno specialista di prim'ordine in queste materie", ha preso parte in prima linea a queste indagini. Riportiamo alcuni estratti dei suoi articoli, "Studies in Occultism":

> "L'importanza del ruolo svolto dalle società segrete nell'evoluzione religiosa, sociale, economica e politica è generalmente negata... Nella storia dei popoli non c'è traccia di alcun tentativo internazionale di determinare l'origine, le vicissitudini, lo scopo, le rivendicazioni, la dottrina e la

disciplina delle sette, considerate non più come fenomeni isolati, ma come un'organizzazione permanente, così mostruosamente e solidamente formata da una moltitudine di parti separate. È quindi in un certo senso una novità mostrare l'azione dell'occultismo sugli uomini nelle sue fasi successive, stabilendo che cosa sono le società segrete; come sono collegate tra loro nel tempo e nello spazio; da dove vengono e dove vogliono condurre gli uomini; chi le costituisce e chi le dirige... Nel nostro tempo l'occultismo non può più essere altro che una realtà materiale e umana, un problema da risolvere con metodi riconosciuti di critica, un'opera analizzabile per mezzo di indagini, in grado di smascherare le società segrete nel loro insieme. Osservare, analizzare, classificare e confrontare tutte le sette è un lavoro puramente scientifico...

"Giudeo-massoneria". - Questo termine può essere usato, con tutte le riserve sulla sua correttezza, per designare l'organizzazione composta da ebrei cabalisti e società segrete, considerati non più come fenomeni isolati nel tempo e nello spazio, ma come un insieme, avente una dottrina e una disciplina comuni, uno scopo e dei metodi comuni... Il metodo impiegato consiste sempre nel pervertire le tradizioni e le istituzioni del cristianesimo, conformandole alle credenze e alle organizzazioni ispirate dall'occultismo... La distruzione della famiglia, della patria, dell'autorità e della Chiesa è per l'occultismo solo un mezzo... Il principio della minoranza insegnante non è solo quello di mantenere la conoscenza dei misteri. La distruzione della famiglia, della patria, dell'autorità e della Chiesa è per l'occultismo solo un mezzo... Il principio della minoranza pedagogica non è solo quello di tenere lontana la conoscenza dei misteri dall'adepto, ma anche di dividere i suoi insegnamenti tra la distorsione della mentalità e la perversione degli uomini in modo tale da distruggere tutti gli ostacoli all'instaurazione del suo dominio sul mondo, e di stabilire la sua tirannia su una terra liberata da tutte le istituzioni della Chiesa. ... L'obiettivo finale è l'intronizzazione del cosiddetto re del mondo, ponendo l'autorità universale, per mezzo di duplicati subordinati, nelle mani dei Gran Maestri - tutti ebrei; l'assoggettamento di tutti

i popoli a questi uomini, monopolizzando le cariche sociali, la trasformazione dell'uomo in un animale domestico, lo sfruttamento delle masse da parte dell'ebreo, una volta soppressi i capi del controllo cristiano.

"L'attuale rivoluzione è la fine effettiva. È il compimento, grazie a una formidabile convergenza di sforzi compiuti ovunque e nello stesso momento, di una cospirazione permanente, che è fallita, è stata ripresa e perseguita con una terribile tenacia e con un'abilità sempre maggiore acquisita in lunghi secoli di esperienza. Il loro obiettivo, per sempre inaccessibile, sarebbe il dominio finale di tutti i popoli da parte del dio-popolo, essendo tutte le religioni esoteriche solo forme etnologiche della Cabala, forme transitorie di cui l'ebraismo vincitore deve sbarazzarsi... L'unica forza di coesione ebraica risiede nella sottomissione delle sue comunità sparse alla supremazia religiosa di un Patriarcato, la cui sede sociale, in continuo cambiamento, rimane sconosciuta ai profani.

"L'ebreo si considera il sole dell'umanità, il maschio, a cui gli altri popoli non sono che la femmina, che manifesta e assicura l'avvento dell'era messianica. Per realizzare questa manifestazione sociologica, l'Ebreo estende organicamente la sua influenza per mezzo di società segrete, da lui create per diffondere ovunque la sua forza iniziatica... (sperando di realizzare) la 'Repubblica Universale' controllata dal dio dell'Umanità, l'Ebreo della Cabala... Lo sforzo principale di queste società segrete è quello di raccogliere nei loro piani le tradizioni religiose di tutti i popoli.

"*Teurgia* - La teurgia ha per oggetto la condensazione nel teurgo della materia vitale, con metodi, in luoghi e con scopi diversi da quelli possibili attraverso le limitazioni degli organi. Essa porta alla produzione di "grandi fenomeni", fenomeni sovrumani, cioè al di là dei poteri dell'umanità ordinaria. La realizzazione di "grandi fenomeni" assicura la moltiplicazione degli adepti e la glorificazione degli iniziati. La teurgia pone il "divinatore" (veggente) più in alto dell'umanità, in uno stato di liberazione che si avvicina al "divino". Anche per raggiungere questo scopo, il teurgo non rinuncia a nessun metodo che gli permetta di liberare, a suo vantaggio, la materia vitale di cui ha bisogno per produrre questi "grandi fenomeni"... I teurghi si attribuiscono relazioni sorprendenti, che sostengono di essere in grado di stabilire con i fenomeni dell'universo mettendo in moto un "fluido", senza la cui esistenza riconoscono che i loro procedimenti non sarebbero altro che giocoleria... Sostengono di avere il potere di caricarsi di questo fluido e di proiettarlo a piacimento su organismi meno carichi di loro, e di porsi così in uno stato fisico e fisiologico di condensatore e distributore di energia naturale, rendendosi capaci di stordire e dominare per mezzo di pretesi scambi fluidici" (controllo ipnotico come praticato in questi ordini).

È la forza di cui si parla nei "Protocolli":

"Mettiamo a morte i massoni... muoiono tutti quando è necessario, apparentemente di morte naturale".

Il celebre occultista e cabalista "Papus", nel suo libro sulla *Magia Pratica*, dà la seguente semplice spiegazione della magia: "Un veicolo, un cavallo e un guidatore: questa è l'intera magia, se solo si sapesse come guardarla". Dice che il conducente non può mettere in moto il veicolo senza un motore, che è il cavallo, che allo stesso tempo è più forte del conducente, ma controlla e usa la forza bruta per mezzo delle redini. Il conducente rappresenta l'intelligenza e soprattutto la volontà che governa l'intero sistema - è il "Principio direttivo". Il veicolo rappresenta la materia, che è inattiva e che è il "Principio Passivo". Il cavallo rappresenta la "Forza", obbediente al conducente, e agendo sul veicolo muove l'intero sistema; è il "Principio Attivo", e allo stesso tempo l'intermediario tra il veicolo e il conducente, il "legame" che unisce la base materiale e ciò che la dirige, cioè tra la materia e la volontà.

Nella magia pratica il conducente è la volontà umana, il cavallo la "Forza Vitale", quel dinamismo portato dal sangue a tutti gli organi e al cervello stesso. Il veicolo è il nostro corpo, il conducente la nostra volontà e le redini il sistema nervoso. La mente non può agire direttamente sulla materia, ma agisce su un intermediario, che reagisce di nuovo sulla materia; questo intermediario è il piano astrale, la forza vitale in natura e nell'uomo, quella che modifica continuamente la materia. Questa forza vitale organica dell'uomo può essere proiettata da lui stesso e può agire a distanza: è questa la forza iperfisica utilizzata nella guarigione magnetica e nel controllo ipnotico. Come ha detto Papus: "Tra gli antichi la magia poteva essere definita come l'applicazione della volontà alle forze della natura, poiché lo studente imparava a controllare il calore, la luce e l'elettricità". Si tratta sempre di due forze contendenti unite da una terza che produce una manifestazione.

Tutte queste numerose società occulte segrete e pseudo-pubbliche - siano esse massoni esoterici, Rosacroce, Illuminati o semplicemente Fratelli Universali - sono, a nostro avviso, consapevolmente o inconsapevolmente, collegate al Gruppo Centrale che agisce dietro la Terza Internazionale di Mosca. Molti di questi ordini appaiono esteriormente antagonisti l'uno all'altro, e ognuno di essi sembrerebbe, in realtà, credere di essere l'unico a conoscere TUTTA LA VERITÀ. La ragione di ciò sta nel fatto che i membri che si staccano per vari motivi ne cercano quasi inevitabilmente un altro, preferibilmente opposto a quello che hanno lasciato. Questi gruppi e ordini sono vari, in modo da fare appello ai molti e diversi tipi di umanità. Molti, se non tutti, lavorano nominalmente per "il servizio dell'umanità", ma questo sembra essersi risolto nel servizio e nei diritti dei cosiddetti lavoratori del mondo e, sebbene la loro parola d'ordine sia detta Amore e Unità, sembra significare odio di classe.

La *Grande Loggia Bianca* è apparentemente il centro dell'istruzione di e molti sono alla ricerca di un "Messia", sia esso un Cristo o un Rosenkreutz cristiano. Per noi questo significa una dominazione invisibile del mondo per mezzo di marionette o strumenti illuminati, come vengono chiamati alcuni di questi Ordini ermetici. Si tratta senza dubbio della stessa organizzazione segreta che, in precedenza e su scala meno ambiziosa, ha lavorato dietro le rivoluzioni francesi, le insurrezioni balcaniche e persino l'insurrezione dei Lollardi nel nostro Paese, tutti esperimenti in preparazione della grande rivoluzione mondiale di oggi. Questo movimento segreto è una piaga che si genera nei sotterranei e nei sotterranei del mondo e che emerge in superficie solo quando sembra avvicinarsi l'ora della consumazione. Chi può dire dove inizia e dove finisce questa piaga, e chi è immune dal suo contagio mortale?

L'illuminismo o il cosiddetto sviluppo spirituale è, a nostro avviso, la chiave del movimento e l'anello che unisce l'intera organizzazione, e tutti questi vari gruppi non sono altro che organismi costruiti allo scopo di preparare strumenti, e i metodi per arrivare a questa condizione sono brevemente questi:

I. *Orientamento.* - Direzione del pensiero. per mezzo di meditazioni selezionate su scritti che si dice siano stati ispirati da questi Maestri della Grande Loggia Bianca.

2. *Polarizzazione.* - Direzione delle correnti delle forze del doppio sesso mediante il pensiero e la volontà, unendole con le forze dirette da questi Maestri dall'esterno. Vibrazioni reciproche: l'azione di una mente su un'altra.

3. *Illuminazione.* - Illuminismo per mezzo della luce astrale, prodotto e portato all'ossessione ipnotica da questi stessi Maestri.

Per citare la *Grande Opera*, una pubblicazione del Movimento Sadol, in California: "In verità è quel principio della Natura che spinge ogni entità a cercare la corrispondenza vibratoria con un'altra entità simile di polarità opposta". Nella stessa opera ci viene detto che, analogamente a un agricoltore che passa una corrente elettrica attraverso il terreno, alla radice del gambo, in modo tale da toccare i processi vitali, moltiplicandone così l'attività e l'intensità, così,

"Attraverso secoli di esperimenti e studi, la Scuola di Scienze Naturali (Loggia Bianca) ha elaborato e scoperto un metodo definito e scientifico con il quale lo studente intelligente può integrare, facilitare e intensificare il processo con il quale la Natura evolve e dispiega le facoltà, le capacità e i poteri spirituali e psichici degli uomini...".

Si tratta semplicemente di un sistema di fretta che produce illuminismo e che porta a risultati squilibrati di ogni tipo.

Questi ordini culminano quasi sempre in comunicazioni, insegnamenti e istruzioni da parte di questi maestri o cosiddetti esseri spirituali - questo Gruppo Centrale di occultisti e maghi neri che, senza dubbio, grazie alle loro numerose "sperimentazioni" sull'umanità ignara, hanno acquisito una conoscenza molto profonda di queste leggi nascoste della natura. Chi può porre un limite ai poteri del corpo umano, del suo cervello e del suo sistema nervoso, come meccanismo di ricezione e trasmissione di queste forze misteriose così poco comprese?

Inoltre, questo libro ci dice:

"Con un aggiustamento naturale delle relazioni economiche, sociologiche ed etniche, si presenterà l'opportunità a tutti coloro che sono pronti e desiderosi di sviluppare i loro poteri spirituali e psichici in egual misura rispetto a quelli fisici... La soluzione è già stata elaborata dalla Grande Scuola e, quando sarà il momento giusto, sarà data al mondo attraverso canali che ne garantiranno il riconoscimento e l'adozione".

Studieremo ora le azioni e le parole di alcuni di questi "canali" illuminati e sovversivi.

LA SOCIETÀ TEOSOFICA

In *Le Théosophisme René* Guenon fornisce molte informazioni ben documentate sulla Società Teosofica, mostrando la sua graduale crescita in uno strumento nelle mani di un "governo interno del mondo", un potere invisibile.

Mme. Blavatsky, la vera fondatrice, nacque a Ekaterinoslav nel 1831. Nei suoi primi straordinari vagabondaggi su sembra che abbia subito l'influenza e gli insegnamenti di Paulos Metamon, un mago o prestigiatore; del rivoluzionario Giuseppe Mazzini e dei Carbonari; di Michel, un muratore, mesmerista e spiritista, che sviluppò i suoi poteri medianici. Queste influenze probabilmente spiegano non poco i suoi "fenomeni".

Il 20 ottobre 1875 fu fondata a New York una società che si diceva avesse come scopo "le indagini spiritiche"; Olcott era presidente, Felt e il dottor Seth Pancoast vicepresidenti, e Mme. Blavatsky segretaria. Tra gli altri membri c'erano William Q. Judge, Charles Sotheran, uno degli alti dignitari della massoneria americana, e per un breve periodo anche il generale Albert Pike, Gran Maestro del Rito Scozzese per la Giurisdizione Sud degli Stati Uniti, che si diceva fosse l'autore dei rituali dei trentatré gradi - ricevuti dal membro arabo della "Grande Scuola".

Si dice inoltre che George Felt, vicepresidente, si presentava come professore di matematica ed egittologia, e "era membro di una società segreta solitamente chiamata dagli iniziati 'H.B. of L' (Hermetic Brotherhood of Luxor) ... ora questa società ... si oppone ufficialmente alle teorie spiritualistiche, *poiché insegna che questi fenomeni non sono dovuti a spiriti* dei *morti, ma a certe forze dirette da uomini vivi*". Si dice che Felt abbia convinto Mme Blavatsky e Olcott a diventare soci della H.B. of L. Il 17 novembre 1875, il nome della società fu cambiato in "Società Teosofica", anche se Felt avrebbe preferito il nome "Società Egittologica". Poco dopo Felt scomparve improvvisamente. Come osserva René Guénon, "senza dubbio la sua missione era compiuta!".

Nel novembre del 1878, Mme Blavatsky e Olcott partirono per l'India e nel 1882 fondarono il centro teosofico di Adyar, vicino a Madras; lì diede inizio alla sua "sezione esoterica" e contattò i cosiddetti "Mahatma", e i suoi fenomeni fantastici si moltiplicarono prodigiosamente. Questi "fenomeni", lettere precipitate, campane astrali, materializzazioni, ecc. furono a suo tempo sospettati e smascherati. La questione fu ripresa dalla "Society for Psychical Re search", che nel dicembre 1885 la definì "una delle imposture più compiute, più ingegnose e più interessanti". Lei stessa affermò la necessità di tali fenomeni per mantenere la sua presa su alcuni membri, e in alcuni circoli teosofici essi contribuirono ampiamente a mantenere in vita la società e i suoi capi.

In conclusione René Guénon riassume:

> "Da tutto ciò che abbiamo esposto, è legittimo concludere che Mme. Blavatsky era soprattutto un 'soggetto' o uno strumento nelle mani di individui o gruppi occulti che si nascondevano dietro la sua personalità, così come altri erano a loro volta strumenti nelle sue mani! Questo spiega le sue imposture, senza giustificarle, e coloro che credono che abbia inventato tutto da sola e di sua iniziativa si sbagliano quasi quanto coloro che, al contrario, credono a ciò che ha detto riguardo ai suoi rapporti con i presunti 'Mahatma'".

Fu dopo, nel 1887, che compilò e pubblicò la *Dottrina Segreta*, che è ancora il libro dei libri per molti teosofi. Questa esposizione, in una certa misura, spezzò Mme Blavatsky, ma non spezzò la Società Teosofica. Ci furono molte dimissioni e alcune logge, come la "Iside" di Parigi, di cui Papus era membro, chiusero per poi essere riformate con un altro nome. Papus e alcuni membri della sua scuola, martinisti e illuministi, rimasero membri fino al 1890, quando si dimisero o, come si disse, furono espulsi con l'accusa di "magia nera".

La signora Besant fu presentata a Mme Blavatsky nel 1889 dal socialista Herbert Burrows (che era anche membro della Stella Matutina), e cedette immediatamente all'irresistibile magnetismo e al formidabile potere di suggestione di Mme Blavatsky. Mme. Blavatsky morì a Londra l'8 maggio 1891. La signora Besant fu eletta presidente nel 1907. Dal 1910 fino alla sua conclusione, una delle sue opere principali, coadiuvata da Leadbeater, fu quella di formare Krishnamurti come Messia o, come lui preferiva essere chiamato, "Maestro del Mondo". Il 19 febbraio. 1922, presso il Gran Tempio del Droit Hutnain di Parigi, fu celebrata un'alleanza tra la Massoneria della signora Besant e il Grande Oriente di Francia. Il suo lavoro attuale è interamente politico e sovversivo, "per costruire l'India in una potente comunità autogovernata". Ma delle sue attività politiche si dirà di più in seguito.

Charles Sotheran, il già citato muratore americano, scrisse a Mme. Blavatsky il 2 gennaio 1877.

> "Nel secolo scorso gli Illuminati hanno insegnato "pace con la casetta, guerra con il palazzo" in tutta Europa. Nel secolo scorso gli Stati Uniti sono stati liberati dalla tirannia della madrepatria grazie all'azione delle Società Segrete, più di quanto comunemente si immagini".

La signora Besant ha scritto in *India Bond or Free*, settembre 1926:

> "In realtà, il risveglio dell'India è... parte del movimento mondiale verso la democrazia, che è iniziato per l'Occidente con la rivolta delle colonie americane contro il dominio della Gran Bretagna, per concludersi nel 1776 con l'indipendenza della Grande Repubblica dell'Occidente e con la Rivoluzione francese del 1789!".

Sempre citando *Le Théosophisme*, troviamo molte informazioni curiose sulla produzione di questo atteso futuro "Messia". René Guénon scrive:

> "Qui troviamo il metodo con cui, secondo i teosofi, si produce la manifestazione di un 'Grande Maestro', o anche talvolta quella di un 'Maestro' di minore importanza; per risparmiare a tale essere 'evoluto' la fatica di prepararsi un 'veicolo', passando attraverso tutte le fasi dello sviluppo fisico ordinario, è necessario che un 'intimo' o 'discepolo' presti il suo corpo quando, dopo essere stato appositamente preparato da certe prove, si rende degno di questo onore. Da quel momento il "Maestro", facendo uso del suo corpo come

se fosse il suo, parlerebbe attraverso la sua bocca per insegnare la "religione della Saggezza"... Bisogna aggiungere che i "Maestri" viventi sono in grado, in modo simile, di fare uso occasionale del corpo di un discepolo... Il "Maestro" potrebbe entrare, come dice Leadbeater, "solo quando questo corpo è stato indebolito da lunghe austerità".Il Grande Capo del dipartimento dell'istruzione religiosa, dice Leadbeater, il Signore Maitreya, che ha già insegnato agli indù come Krishna e ai cristiani come Cristo, ha dichiarato che presto tornerà nel mondo per portare guarigione e aiuto alle nazioni e per far rivivere la spiritualità (psichica), che la terra ha quasi perso...". Una delle più grandi opere della Società Teosofica è quella di fare tutto ciò che è in loro potere per preparare gli uomini alla sua venuta... Un tempo un solo precursore annunciava la sua venuta; ora è una società di 20.000 membri sparsi su tutta la terra a cui è affidato questo compito" (*Occultismo nella Natura*).

"Tale è, dunque, il compito che essi assegnano oggi alla Società Teosofica, che la signora Besant dichiarò anni fa essere stata scelta... 'per essere il legame puro e benedetto (eterico) tra coloro che stanno in alto e coloro che stanno in basso'" (*Introduzione alla Teosofia*).

"Il ruolo che la Società Teosofica si attribuisce non si limita ad annunciare la venuta del 'Grande Maestro', ma deve anche trovare e preparare... il 'discepolo' prescelto in cui egli si incarnerà quando arriverà il momento. A dire il vero, la realizzazione di questa missione non è stata priva di insuccessi; c'è stato almeno un primo tentativo che è fallito miseramente... Era a Londra, dove esisteva una specie di comunità teosofica a St. John's Wood. Lì allevarono un ragazzino, dall'aspetto malaticcio e poco intelligente, ma la cui minima parola veniva ascoltata con rispetto e ammirazione, perché non era altro, a quanto pare, che "Pitagora reincarnato"... Qualche tempo dopo il padre di questo bambino, un capitano in pensione dell'esercito britannico, ritirò improvvisamente il figlio dalle mani del signor Leadbeater, che era stato appositamente incaricato della sua educazione (Soleil, I agosto 1913). Deve esserci stata una certa minaccia di scandalo, perché nel 1906 il signor Leadbeater fu escluso dalla Società Teosofica per motivi sui quali fu mantenuto un discreto silenzio... Solo più tardi fu resa nota una lettera scritta dalla signora Besant, in cui parla di metodi "degni della più severa riprovazione" (*Theosophical* Voice, di Chicago, maggio 1908). Reintegrato, tuttavia, nel 1908, dopo aver "promesso di non ripetere i pericolosi consigli" (*Theosophist*, febbraio 1908) dati in precedenza ai ragazzi, e riconciliatosi con la signora Besant, di cui divenne costante collaboratore ad Adyar, il signor Leadbeater svolse ancora una volta il ruolo principale nella seconda vicenda, molto più nota, e che ebbe quasi lo stesso epilogo...

"Nel 1911 il dottor J. M. Nair aveva già pubblicato sulla sua rivista medica (*Antiseptic*) un articolo molto caustico contro la Teosofia, e non esitò ad accusare chiaramente il signor Leadbeater di immoralità. A seguito di questi attacchi, e dopo un considerevole periodo di riflessione, nel dicembre 1912 furono intentate tre cause contro il dottor Nair, il dottor Râma Rao e il direttore dell'*Hindu*. Tutte e tre furono perse dalla Società e dal suo presidente... Tutto questo finì per turbare il padre di Krishnamurti e Nityânanda... Egli chiese all'Alta Corte di Madras che i suoi figli gli fossero restituiti. Nel dare ragione al padre, il giudice Bakewell ha detto: "Il signor Leadbeater concorda nella sua deposizione di aver avuto e di continuare ad avere opinioni che posso solo specificare come indiscutibilmente immorali e di natura tale da squalificarlo completamente come tutore di giovani ragazzi..." (*The Madras Lawsuit*).

Dopo un appello infruttuoso a Madras, la signora Besant ebbe successo a Londra, il 5 maggio 1914. Così abbiamo visto Krishnamurti nel 1926, l'anno stabilito, presentato da questa società come il Maestro Mondiale o Nuovo Messia!

Per quanto riguarda i gruppi ausiliari, citiamo ancora René Guénon:

"... Per il momento desideriamo segnalare solo alcuni di

questi gruppi ausiliari (della Società Teosofica), e innanzitutto "l'Ordine del Sol Levante", organizzato a Benares da Mr. Arundale, poi convertito, il 2 gennaio 1911, nell'"Ordine indipendente della Stella d'Oriente", con Alcyone (pseudonimo astrologico di Krishnamurti) come capo nominale e la signora Besant come "Protettrice", "al fine di raggruppare tutti coloro che, all'interno o all'esterno della Società Teosofica, credevano nella venuta del Supremo Maestro Mondiale". Si sperava "che i suoi membri fossero in grado di fare qualcosa sul piano fisico per preparare l'opinione pubblica all'idea di questa venuta, creando un'atmosfera di simpatia e riverenza, e che fossero in grado, unendosi, di formare uno strumento sui piani superiori di cui il Maestro avrebbe potuto servirsi". Questo Ordine "non esclude nessuno e accoglie tutti coloro che, indipendentemente dalla forma delle loro convinzioni, condividono la speranza comune"; l'accettazione dei seguenti principi è tutto ciò che è necessario per essere ammessi:

1. Crediamo che un grande Maestro apparirà presto nel mondo e desideriamo vivere in modo da essere degni di conoscerlo quando verrà.

2. Cercheremo quindi di tenerlo sempre presente e di compiere nel suo nome, e quindi al meglio delle nostre possibilità, tutti i lavori che ci vengono proposti nelle nostre occupazioni quotidiane.

3. Per quanto i nostri doveri ordinari lo permettano, cercheremo di dedicare ogni giorno una parte del nostro tempo a qualche lavoro preciso che possa aiutare a preparare la Sua venuta.

4. Cercheremo di rendere la devozione, la fermezza e la gentilezza caratteristiche di spicco della nostra vita quotidiana.

5.- Cercheremo di iniziare e terminare ogni giornata con un breve periodo dedicato a chiedere la Sua benedizione su tutto ciò che cerchiamo di fare per Lui e per il Suo Nome.

6. Consideriamo nostro dovere speciale cercare di riconoscere e riverire la grandezza in chiunque si mostri, e sforzarci di cooperare, per quanto possibile, con coloro che sentiamo essere spiritualmente nostri superiori".

Per quanto riguarda i legami dell'Ordine con la Società Teosofica, ecco cosa disse il signor Leadbeater alla presenza di Alcyone, in occasione di una riunione della sezione italiana a Genova: "Mentre la Società Teosofica *esige il* riconoscimento della fratellanza dell'umanità, l'Ordine della Stella d'Oriente *esige la* fede nella venuta di un Grande Maestro e la sottomissione ai suoi sei principi. A parte questo, i principi e i precetti dell'Ordine possono essere ammessi senza accettare tutti gli insegnamenti della Società Teosofica. L'iniziazione dell'Ordine ci ha mostrato che, in tutto il mondo, ci sono persone che aspettano la venuta del Maestro e, grazie ad esso, è possibile raggrupparle... Il lavoro dell'Ordine e quello della Società Teosofica sono identici: ampliare le idee dei cristiani e di coloro che credono che non ci sia salvezza al di fuori della loro piccola Chiesa; insegnare che tutti gli uomini possono essere salvati... Per un gran numero di noi la venuta di un grande Maestro è solo una convinzione, ma per altri è una certezza. Per molti il Signore Maitreya è solo un nome, mentre è un grande essere per alcuni di noi che lo hanno spesso visto e sentito" *(Le Théosophie,* 16 ottobre 1912).

Poco dopo, queste dichiarazioni furono contraddette in alcuni punti da Arundale, il quale affermò, a nome di Alcyone, che "l'Ordine non indica chi sia il Maestro Supremo per la cui venuta è stato fondato"; che nessun membro aveva il diritto di dire, per esempio, che l'Ordine attendeva la venuta del Cristo o del Signore Maitreya" e che sarebbe stato pregiudizievole per gli interessi dell'Ordine e per quelli della Società Teosofica considerare gli scopi di queste due organizzazioni come identici" *(The Daybreak,* agosto 1913).

Tuttavia, in un piccolo opuscolo intitolato *La profezia della* signora *Besant*, una conferenza tenuta da R. F. Horton, D. D., il 6 agosto 1911, e pubblicata dall'"Ordine della Stella d'Oriente", egli (il dottor Horton), oltre a citare i sei principi, dice, parlando della profezia della signora Besant riguardo al Maestro mondiale

> "Ma non cerca di stabilire dove apparirà il Maestro del Mondo o in quali condizioni. Non lascia dubbi al suo pubblico su chi sarà il Maestro mondiale. Nei termini più espliciti dice che è Colui che noi cristiani conosciamo come Cristo... e Colui che era Cristo era conosciuto come il Signore dell'Amore... e non c'è alcun dubbio nella sua mente che il grande Maestro mondiale che sta per arrivare è anche lo stesso Signore dell'Amore".

Non c'è nulla di più preciso e al tempo stesso contraddittorio della dichiarazione del signor Arundale citata sopra.

René Guénon continua:

> "Leggiamo ancora altrove che "se alcuni membri credono che il Maestro del mondo si servirà di tale e tal altro corpo, si tratta solo della loro opinione personale, e non della convinzione a cui aderiscono gli altri membri". È probabile che le cose sarebbero potute andare diversamente se le cose fossero andate meglio. In ogni caso, ecco un esempio molto chiaro del modo in cui i capi teosofici sanno piegarsi alle circostanze e modificare, a seconda delle occasioni, le apparenze in modo da poter penetrare in vari ambienti e da questi reclutare ausiliari per realizzare i loro piani".

Di nuovo:

> "All'epoca della sua prima visita a Parigi (tornò nel maggio del 1914) Alcyone aveva sedici anni; aveva già scritto, o almeno avevano pubblicato a suo nome, un piccolo libro intitolato *Ai piedi del Maestro,* per il quale i teosofi hanno mostrato la più grande ammirazione, sebbene fosse poco più di una raccolta di precetti morali senza molta originalità".

Questi precetti morali sono comuni a tutti gli ordini illuminati, dove il "veicolo" viene preparato, deve essere messo a parte, lasciando la presa sulla vita materiale, vivendo nell'ideale, più spesso falso, cercando l'auto-abrogazione e la mutazione della personalità, in modo che il cosiddetto Maestro possa prenderne possesso, come nel caso di Krishnamurti.

Parlando di tutti i movimenti neo-spiritualisti René Guénon scrive nella *sua Introduzione allo studio delle dottrine indù, 1921*:

"Per coloro che non si affidano alle apparenze ci sarebbero alcune osservazioni molto curiose e molto istruttive da fare, lì come in altri campi, sul vantaggio che si può trarre a volte dal disordine e dall'incoerenza, o da ciò che sembra tale, *in vista della realizzazione di un piano ben definito e sconosciuto a tutti coloro che ne sono gli strumenti più o meno inconsapevoli. Si tratta di mezzi politici di sorta, ma la politica è piuttosto* particolare...".

Proseguendo in *Le Théosophisme*, René Guénon afferma:

"Sono state create organizzazioni adatte a raggiungere ciascuno dei circoli desiderati... Ce ne sono alcune che si rivolgono soprattutto ai giovani e persino ai bambini. Così, accanto alla "Stella in Oriente", è stata fondata un'altra associazione chiamata "Servitori della Stella", che ha come "protettore" Krishnamurti e come capo Nityânanda (il giovane fratello di Krishnamurti, morto il 13 novembre 1925, mentre partiva per l'India); "Tutti i membri di quest'Ordine, eccetto i membri onorari, devono avere meno di ventun anni, e il bambino più piccolo che desidera servire può unirsi ad esso" (*The Daybreak*, ottobre 1913). In precedenza esistevano già altre due organizzazioni dello stesso tipo, la "Catena d'oro" e la "Tavola rotonda". La "Catena d'oro" è un "gruppo per la formazione spirituale", dove sono ammessi bambini di sette anni e il cui scopo (almeno quello dichiarato) è espresso nella formula che i membri devono ripetere ogni mattina: Io sono un anello d'oro nella catena d'amore che circonda il mondo; devo rimanere forte e luminoso; voglio cercare di essere gentile e buono con tutte le creature viventi, di proteggere e aiutare tutti coloro che sono più deboli di me, e cercherò di avere solo pensieri puri e belli, di dire solo parole pure e belle, di fare solo azioni pure e belle. Allora tutti i legami diventeranno luminosi e forti" (articolo di Mme. I. de Manziarly, *Theosophist*, 1 marzo 1914).

Se nella "Catena d'Oro" non si parla apertamente della venuta del "Grande Maestro", non se ne parla nemmeno nella "Tavola Rotonda", alla quale si può aderire come "Associato" all'età di tredici anni, come "Compagno" a quindici e come "Cavaliere" a ventuno (è appena il caso di sottolineare l'analogia, certamente voluta, tra questi tre gradi e quelli della Massoneria), e i cui membri devono prestare un formale giuramento di segretezza. Qui si tratta di seguire il grande Re che l'Occidente ha chiamato Cristo e l'Oriente Bodhisattwa; ora che ci è data la speranza di un Suo prossimo ritorno, è giunto il momento di formare Cavalieri che preparino la Sua venuta servendolo fin d'ora; è richiesto a coloro che vogliono entrare nella Lega di pensare ogni giorno a questo Re e di compiere ogni giorno un'azione al Suo servizio (*Theosophist*, 1 agosto 1913). In sintesi, è soprattutto un centro di reclutamento per la "Stella d'Oriente", che pretende di essere il nucleo della "Nuova Religione", il punto di raccolta di tutti coloro che attendono la "Venuta del Signore"".

In Nuova Zelanda il Dr. Felkin, ultimo capo degli "Smaragdine Thalasses", ha usato quello che ha chiamato "Ordine della Tavola Rotonda" come copertura e anche come ordine preparatorio per i RR. et A.C. È per uomini e ragazzi da quindici anni in su, e sembra che ci siano anche tre gradi, "paggi", "scudieri" e "cavalieri". Si dice che lo scopo sia il servizio, e il dottor Felkin ha affermato di essere il quarantunesimo Gran Maestro di questa particolare "Tavola Rotonda".

Un dispaccio da Chicago del 31 agosto 1926 descrive così "il terzo giorno della Convenzione della 'Società Teosofica' e la prima riunione della Tavola Rotonda":

"Con spade alzate e stendardi oscillanti, i Cavalieri dell'Ordine della Tavola Rotonda sono entrati oggi nell'auditorium dell'Hotel Sherman. I giovani cavalieri in abito bianco, con gli scudi rossi e blu che brillavano sui loro petti, hanno condotto la loro protettrice, la dottoressa Annie Besant, e il cavaliere onorario, Krishnamurti, all'altare, e poi si sono messi sull'attenti...

"Krishnamurti ha tenuto un breve discorso sulla purezza e la nobiltà della condotta: "Non portate spade di Damasco o di Toledo, ma portate pinze, e queste devono essere sempre al servizio del bene. Dovete essere cavalieri nel cuore, sempre cortesi, gentili e forti. Non dovete invecchiare emotivamente o mentalmente, ma mantenere sempre gli entusiasmi della giovinezza, con la sua freschezza, la sua fede e il suo amore. Dovete essere sempre il cavaliere ideale: non alzate mai le mani contro il debole né approfittate ingiustamente di un altro. Siete cavalieri, è una grande responsabilità". La cerimonia di chiusura è stata pittoresca e impressionante, mentre i piccoli, con le mani sul cuore, si impegnavano a servire il Re (Krishnamurti come "Maestro mondiale"!) (*Patriot*, 23 settembre 1926).

Inoltre, un articolo dell'*Herald of the Star* di quel mese, intitolato "La Federazione mondiale dei giovani teosofi", dice:

Si può dire che il giovane teosofo si occupa della vita della gioventù teosofica, mentre i "Cavalieri della Tavola Rotonda" si occupano più dell'aspetto cerimoniale della forma. Un tale sodalizio fu progettato da Re Artù nei primi giorni della storia inglese, ed è per far rivivere questa nobile idea che è stato formato l'Ordine moderno... L'organo supremo di governo dell'Ordine è il Consiglio, composto dal Cavaliere Capo in ogni paese in cui l'Ordine opera, con a capo il Protettore, la dottoressa Annie Besant, e il Cavaliere Maggiore. Il tenente Whyte fu il primo Cavaliere Maggiore e lo rimase fino alla sua morte, avvenuta in Palestina nel 1917, quando il vescovo Leadbeater accettò questa carica. Sono Cavalieri d'Onore il Vescovo e la signora Arundale, il signor Jinarajadasa e il Rev. Oscar Kellerstrom. Ci sono cerimonie scritte dal Protettore, dal Cavaliere Anziano e dal Vescovo Arundale per le iniziazioni, e altre cerimonie per le Tavole che desiderano utilizzarle, ma il vero spirito deve essere tradotto in servizio personale! Il motto è 'Vivi puro, parla puro, raddrizza il torto, segui il Re', in nome del quale ogni servizio, grande o piccolo, viene svolto".

Così vediamo i più alti ideali e le più belle leggende britanniche pervertite per favorire il progetto ormai screditato della signora Besant: l'avvento di un nuovo Messia.

La Co-Massoneria della signora Besant derivava dalla Massoneria Mista fondata in Francia nel 1891 da Maria Deraismes e dal dottor Georges Martin e nota come "Droit Humain". Maria Deraismes era stata iniziata nel 1882, contrariamente alle costituzioni, dalla Loggia "Les Libres Penseurs" di Pecq, per cui la Loggia fu messa in sospeso e l'iniziazione dichiarata nulla dalla "Grande Loge Symbolique Ecossaise". All'inizio il "Droit Humain" praticava solo tre gradi, ma in seguito introdusse i 33 gradi del Rito Scozzese, e nel 1899 si formò il "Suprême Conseil Universal Mixte", che divenne il potere direttivo. Questa Massoneria si diffuse in Inghilterra, Olanda, Svizzera e Stati Uniti e il 26 settembre 1902 fu costituita a Londra la prima Loggia inglese con il nome di "Human Duty". In essa la signora Besant fu iniziata e salì rapidamente ai gradi e alle cariche più alte. Fondò poi la Loggia di Adyar con il nome di "Sol Levante"; divenne vicepresidente del "Suprème Conseil" in Francia e delegata nazionale per la Gran Bretagna e le sue dipendenze.

Organizzò quindi il ramo inglese noto come "Co-Masonry" e, dopo aver ottenuto alcune concessioni dal "Suprême conseil", con il pretesto di adattarsi alla mentalità anglosassone, emanò statuti nettamente diversi da quelli consueti del ramo francese. Tra le altre cose, mantenne l'uso del volume delle Scritture nelle Logge; anche la formula "Alla gloria del Grande Architetto dell'Universo", che era stata soppressa dal Grande Oriente nel 1877 e sostituita nella Massoneria Mista francese da "Alla gloria dell'Umanità". Nel 1913 fu nominato un Gran Consiglio a capo della Co-massoneria britannica, con la signora Besant come Gran Maestro, assistita da Ursula M. Bright, James L. Wedgwood come Gran Segretario e Francesca Arundale come rappresentante per l'India. Il 21 settembre 1909, la signora Besant installò la Loggia di Chicago. In Francia, a quanto pare, i teosofi ebbero presto una preponderanza assicurata e sperarono che Londra diventasse l'organismo centrale della Co-Massoneria Universale. E come abbiamo visto, nel 1922 formarono un'alleanza con il rivoluzionario Grande Oriente di Francia.

In *Società segrete e movimenti sovversivi* la signora Nesta Webster scrive:

> "Che nelle logge co-massoniche troviamo 'il Re' inscritto sopra la sedia del Gran Maestro a est, a nord la sedia vuota del 'Maestro' - alla quale fino a poco tempo fa tutti i membri dovevano inchinarsi al passaggio - e sopra di essa un'immagine, velata in alcune logge, dello stesso misterioso personaggio".

Il "Re" potrebbe essere Krishnamurti, in quanto rappresentante del loro cosiddetto "Signore dell'Amore", e il "Maestro", secondo alcuni, sarebbe Ragocsky, principe di Transilvania!

A quanto pare, la signora Besant considera la co-massoneria come una potente forza organizzata, che porterà alla liberazione dell'India dal dominio britannico!

Ecco le origini della Chiesa cattolica liberale teosofica, un'altra perversione!

Capo della Chiesa vetero-cattolica in Inghilterra, l'arcivescovo Mathew, il cui vero nome era Arnold Harris Matthews, nacque a Montpelier da genitori irlandesi. Studente per gli Ordini nella Chiesa episcopale scozzese, divenne cattolico nel 1875 e fu ordinato sacerdote a Glasgow nel giugno 1877. Abbandonato il sacerdozio nel luglio 1889, nell'ottobre 1890 assunse il nome italiano di Arnoldo Girolamo Povoleri e si sposò nel 1892. Si fece quindi chiamare Rev. Conte Povoleri di Vincenza. In questo periodo rivendicò e assunse anche il titolo di Conte di Llandaff. Per un breve periodo si riconciliò con Roma e nel 1908 fu consacrato vescovo dal dottor Gerard Gul, capo della Chiesa vetero-cattolica di Utrecht, in Olanda. Il nuovo vescovo consacrò a sua volta altri due sacerdoti inglesi non scrutinati, Ignace Beale e Arthur Howorth, e alla fine di meno di tre anni fondò la "Chiesa cattolica ortodossa occidentale in Gran Bretagna e Irlanda", ripudiando ogni subordinazione a Utrecht o a Roma. Poco dopo indusse i suoi vescovi a eleggerlo arcivescovo. Questa Chiesa assunse, successivamente, vari nomi e nel frattempo il capo cercò, in tempi diversi, di negoziare il riconoscimento e l'unione con la Santa Sede, la Chiesa istituita e la Chiesa ortodossa orientale. Nel 1911 fu formalmente scomunicato dalla Santa Sede.

Nel 1913 ordinò il signor James Ingall Wedgwood, allora Segretario Generale della sezione inglese della Società Teosofica; il signor Rupert Gauntlett, Segretario di un "Ordine di Guaritori" collegato alla Società Teosofica, e anche autore di Health and the Soul - "un appello per la guarigione magnetica"; il signor Robert King, esperto in "consultazioni psichiche basate sull'oroscopo", e il signor Reginald Farrer. Tutti e quattro erano stati studenti per il ministero anglicano e in seguito si erano uniti alle file dei teosofi. L'arcivescovo Mathew, che era completamente all'oscuro della Teosofia, si spaventò quando scoprì che Wedgwood e i suoi compagni si aspettavano la venuta di un nuovo Messia e, non riuscendo ad ottenere la loro ritrattazione, chiuse la Chiesa Cattolica Antica e offrì la sua sottomissione a Roma, ma la ritirò e fondò la "Chiesa Cattolica Uniata Occidentale". Wedgwood, non riuscendo a ottenere da Mathew la consacrazione episcopale che desiderava, fu infine consacrato dal vescovo F. S. Willoughby - che era stato a sua volta consacrato da Mathew nel 1914, ma era stato espulso l'anno successivo dalla Chiesa vetero-cattolica da Mathew a causa di fatti allora noti. Willoughby consacrò prima i signori King e Gauntlett e poi, con la loro assistenza, il signor Wedgwood, il 13 febbraio 1916, e poi fece la sua presentazione alla Santa Sede. Wedgwood partì immediatamente per l'Australia e a Sydney consacrò C. W. Leadbeater, già ecclesiastico anglicano, come

"Vescovo per l'Australasia". ".

Nel 1916 un'assemblea dei vescovi e del clero della Chiesa vetero-cattolica adottò una nuova costituzione, pubblicata sotto il nome di Wedgwood, in cui non vi era alcun riferimento alla Teosofia o a un nuovo Messia. Tuttavia, nel novembre 1918, ci fu un'altra dichiarazione di principi, in cui il nome della Chiesa vetero-cattolica fu sostituito da quello della Chiesa *liberale*. *Chiesa cattolica liberale*. Nel *Vahan* del 1° giugno 1918, *il* signor Wedgwood scrive:

> "... Un'altra parte dell'opera della Chiesa vetero-cattolica è la diffusione degli insegnamenti teosofici nei pulpiti cristiani; e un terzo aspetto, il più importante, è la preparazione dei cuori e delle menti degli uomini alla venuta di un Grande Maestro".

Nel Theosophist, ottobre. 1916, la signora Besant scrive:

> "In Europa sta lentamente crescendo, silenziosamente ma costantemente, con il suo centro più forte forse in Olanda, ma con membri sparsi in altri Paesi europei, il movimento poco conosciuto chiamato Vecchio Cattolico, con l'antico rituale, con Ordini incontrastati, ma che si tiene lontano dall'obbedienza papale. Questa è una Chiesa cristiana viva che crescerà e si moltiplicherà con il passare degli anni e che ha un grande futuro davanti a sé, per quanto sia ancora piccola. È probabile che diventi la futura Chiesa della cristianità "quando Egli verrà"".

Che ne è dell'"antico rituale"? Troviamo infatti nel *Theosophist*, ottobre 1917: "La grande opera del vescovo Leadbeater, che spera di portare avanti ininterrottamente, è la preparazione della liturgia della Chiesa vetero-cattolica, alla quale collabora il vescovo Wedgwood, in qualità di vescovo presiedente". Ci viene detto inoltre che: "La domenica di Pasqua del 1917, la liturgia rivista è stata utilizzata per la prima volta in una Messa". Ancora la "veggente": "Il vescovo Leadbeater sta indagando sul lato occulto della Messa e sta preparando un libro completo sulla "Scienza dei Sacramenti"" (*Il Messaggero di Krotona*, novembre

1918).

Come dice il signor Stanley Morison nel suo libro *Some Fruits of Theosophy*, da cui abbiamo tratto le informazioni di cui sopra: "La cosiddetta Alta Messa "fatta" dal signor Leadbeater non ha alcun legame con il cristianesimo". È semplicemente un metodo per caricare gli elementi e la conregazione con le forze del loro Cristo Maitreya.

Nella sua introduzione al *Serpent Power* - tradotto dal sanscrito - Arthur Avalon, criticando le esperienze di chiaroveggenza di Leadbeater, scrive: "Questa esperienza sembra consistere nel risveglio cosciente del "Fuoco del Serpente" (Kundalini o forza sessuale) con l'accresciuta visione "astrale" e mentale che egli crede gli abbia mostrato ciò che ci dice". In realtà è del tutto astrale, il che lo espone all'inganno e alla suggestione mentale dei suoi cosiddetti Maestri.

Questo servizio eucaristico, come descritto da C. W. Leadbeater (Vescovo) nel suo *Science of the Sacraments*, 1920, è puro paganesimo, una concezione panteistica evoluta dall'Illuminismo. Apparentemente ha lo stesso scopo dei rituali e delle cerimonie degli ordini occulti illuminati, in particolare la cerimonia del Corpus Domini e quelle degli equinozi di primavera e d'autunno, che si svolgono allo scopo di far scendere la luce astrale nell'Ordine, riaffermando il legame con il Centro nascosto. La Trinità della Chiesa cattolica liberale è quella del paganesimo e dello gnosticismo. Il loro "Regno dei Cieli" è la "Grande Fratellanza Bianca", la cosiddetta "comunione dei santi": e il loro cosiddetto Cristo è Maitreya, il cui potere viene attratto e manifestato durante la funzione.

L'intero schema è una perversione della liturgia cattolica romana - cancellata, aggiunta e alterata - utilizzando le preghiere, ecc. come invocazioni o incantesimi magici, in modo da generare una forza magnetica - forze più sottili della Natura - che a sua volta attrae le forze vitali universali, e attraverso di esse le influenze del loro 'Maestro Mondiale', o Maitreya, un metodo, dice

Leadbeater, "di effusione spirituale per aiutare l'evoluzione del mondo!". Sempre la stessa vecchia scusa degli Illuminati!

Secondo Leadbeater, negli "Asperges" l'altare e la congregazione sono racchiusi in una "bolla eterica astro-mentale" - un'area sgombra per l'operazione magica! Le forze sono generate dal fervore, dalla devozione e dall'entusiasmo dei fedeli, dal rituale , dalla musica e dall'incenso, che creano vibrazioni; la Croce è la direzione lungo la quale le forze scendono sull'Ostia.

Durante la Messa alta, un Triangolo officia, ricevendo e distribuendo la forza, in modo molto simile, come vedremo, ai triangoli di potere in tutti gli ordini occulti. Un diacono e un suddiacono, che rappresentano il positivo e il negativo, raccolgono le forze generate dal popolo e le trasmettono al sacerdote, che si trova di fronte all'altare davanti alla Croce e che, secondo Leadbeater, con l'aiuto degli angeli e dei raggi presenti (sette aspetti della forza solare), costruisce un edificio astro-mentale-pensiero-forma-eucaristica sugli elementi, a forma di moschea con fondamenta quadrate con cupole e minareti che si innalzano sopra, racchiudendo gli elementi al suo interno. Questo diventa, dice, un centro di irradiazione magnetica, che condensa e distilla la forza, e può essere "immaginato come una centrale elettrica, l'eterico che si muove intorno all'altare è la dinamo, e il celebrante è l'ingegnere responsabile!". L'incensazione, dice, isola l'altare con "un involucro di magnetismo potente", che in seguito viene esteso, con una seconda incensazione, per racchiudere i fedeli, legandoli in un insieme magico; essi devono allora pensare non come individui ma come un corpo. L'incenso, in particolare il sandalo, raccomandato da Leadbeater, scioglie il corpo astrale, inducendo la passività, e prepara il popolo a ricevere le influenze invocate.

La forza della congregazione sale e crea un vortice intorno all'altare, lungo il quale scorrono le forze dall'alto verso l'edificio e gli elementi. La forza che si irradia dall'ostia viene descritta come "una manifestazione delle forze più sottili della materia, un flusso di luce liquefatta, di polvere d'oro vivente", cioè l'etere o il cosiddetto spirito dell'illuminismo, e il comunicante in tum irradia la forza su tutto ciò che lo circonda. Egli afferma inoltre che: "Un vescovo vive in una condizione di perpetua irradiazione di forza, e qualsiasi persona sensibile che lo avvicini ne sarà subito consapevole... Ogni volta che decide di farlo, può raccogliere questa forza e proiettarla su qualsiasi oggetto desiderato". Questa è semplicemente la Luce Astrale o "Potere del Serpente" che uccide o rende vivi, e a giudicare dalla storia passata e dalle attività attuali di alcuni di questi vescovi teosofici cattolici liberali, la forza irradiata e proiettata da loro può portare a qualcosa di diverso dal disordine morale e mentale, anche quando viene usata da loro per la guarigione magnetica?

Che si tratti solo di illuminismo, di giocare con le forze della natura, è dimostrato dalla seguente dichiarazione di Leadbeater:

> "Il meraviglioso efflusso della Santa Eucaristia è organizzato in modo da sincronizzarsi con un certo insieme di condizioni nella relazione giornaliera tra la terra e il sole. C'è un deflusso e un riflusso di energia magnetica tra il sole e la terra - una marea magnetica, per così dire, e le ore di mezzogiorno e mezzanotte segnano il cambiamento... Perciò la Santa Eucaristia non dovrebbe mai essere celebrata dopo l'ora di mezzogiorno... l'Ostia riservata può essere amministrata in qualsiasi momento", o usata per la "Benedizione".

Che dire dei nostri sacerdoti anglicani, anch'essi Illuminati: è questa in parte la loro concezione del significato del servizio eucaristico?

All'inizio del 1927 la signora Besant lanciò un appello per 40.000 sterline per l'acquisto di una Happy Valley in California, "dove la sede di una civiltà di piano superiore può essere preparata per l'apparizione del Messia", con Krishnamurti come "veicolo"! E Krishnamurti stesso scrive di questa valle, nel dicembre 1926, nell'*Herald of the Star*:

> "Ho deciso di rimanere a Ojai, in California, fino ad aprile, per poter contribuire alla costruzione del Centro... Ojai sarà

un altro Centro mondiale come Ommen (Castello di Eerde, Olanda). Sono molto contento che avremo una nostra scuola qui a Ojai e il signor N. S. Rama Rao, M. A., dell'Università di Cambridge in Inghilterra, e ultimo vicepreside dell'Università Nazionale di Madras, in India, ha gentilmente acconsentito a fungere da direttore...".

Abbiamo visto che la signora Besant, la "Protettrice" di questo Messia, aveva stretto un'alleanza con la massoneria politica sovversiva del Grande Oriente, che realizza i suoi piani per mezzo della rivoluzione. Di questa civiltà del piano superiore, Lady Emily Lutyens, una delle più fedeli seguaci della Besant, scrive nell'*Herald of the Star* del marzo 1927:

"Stiamo assistendo alla nascita di una nuova coscienza mondiale, di una civiltà mondiale... Stiamo assistendo intorno a noi alla distruzione del vecchio mondo, della vecchia civiltà, con le relative sofferenze che la distruzione porta sempre con sé. Vecchie tradizioni vengono abbattute, vecchi costumi distrutti, vecchi punti di riferimento spazzati via. I valori della vita stanno cambiando, l'accento viene posto su nuove condizioni e punti di vista. Con il soffrire della distruzione nascono anche le doglie del nuovo mondo che sta nascendo. Quando la forma esteriore diventa così rigida che la vita rischia di essere schiacciata, quando la civiltà è diventata troppo materiale, quella forma e quella civiltà vengono spezzate, affinché la vita possa liberarsi... Le nuove condizioni del mondo richiedono un nuovo Vangelo, e il Maestro è qui... Il cristianesimo è stato anche una religione intensamente individualista, che poneva l'accento sulla salvezza personale... ma è uno spirito che deve cedere il passo alla nuova tendenza del pensiero moderno e alla civiltà mondiale che sta nascendo. Il nuovo Vangelo, se vuole rispondere ai bisogni del mondo, deve essere universale nella sua applicazione, e il Cristo di oggi, per bocca di Krishnaji, ci dice che viene a stabilire il Regno della Felicità sulla terra... Ci deve essere anarchia prima che ci sia creazione...".

Attraverso tali strumenti e tali insegnamenti, questi sottili maestri della sovversione e della perversione accecano i popoli e spianano la strada alla loro "Repubblica Universale" a lungo pensata, alla distruzione del cristianesimo e di tutte le vecchie civiltà.

Di questo graduale oscuramento o ossessione di Krishnamurti, da parte del loro maestro Maitreya, molti hanno scritto come segue:

Nell'*Araldo della Stella*, gennaio 1927, C. Jinarajadasa scrive:

> "Sapevo che, nel 1911, il grande Maestro stava sperimentando il giovane corpo di Krishnaji per sintonizzarlo già allora. Come gli disse Leadbeater: Già a quel tempo il grande Maestro usava i veicoli di Krishnaji come perno da cui scaricare le forze sui movimenti del mondo, di cui Krishnaji non sapeva nulla".

Per due volte vide il volto del Maestro in quello di Krishnamurti:

> "La seconda occasione fu una sera in cui stavo leggendo a Krishnaji e a suo fratello... Alzai lo sguardo su di lui e vidi quel Volto meraviglioso. Naturalmente non una linea del viso di Krishnaji era cambiata... Eppure c'era un tale cambiamento che è assolutamente impossibile da descrivere. Posso solo dire che era il volto del Signore".

In tutte le società occulte i capi e gli adepti avanzati, a volte, guardano con il volto del loro Maestro e pronunciano le sue parole - un'ossessione parziale!

Il Rev. Charles Hampton, di New York, scrive, *Herald of the Star*, dicembre 1926:

> "L'Ordine della Stella d'Oriente, che esiste al solo scopo di preparare la via alla Venuta, conta più di 50.000 membri in tutto il mondo... Il capo dell'Ordine è Krishnamuni, che ora ha trentun anni. La "Protettrice" è la signora Annie Besant, Presidente Internazionale della Società Teosofica... Il 28 dicembre 1911, la prima ombra del Maestro Mondiale ebbe luogo a Benares, quando il Capo, allora sedicenne, stava

consegnando alcuni certificati di adesione. Non fu pronunciata alcuna parola. In quell'occasione, alla presenza di oltre 400 persone, tra cui molti uomini importanti, la forza spirituale si manifestò in modo così evidente che quasi tutti si inginocchiarono spontaneamente. L'ombra era inconfondibile, ma durò solo pochi minuti. È stata comunque una scena molto suggestiva. Brahmana e buddisti, parsi e cristiani, altezzosi principi rajput e mercanti splendidamente abbigliati, ufficiali dell'esercito britannico, professori universitari, uomini dai capelli grigi e giovani bambini: tutti in estasi per la straordinaria effusione spirituale che sgorgava da un sedicenne indù.

"La successiva manifestazione pubblica avvenne quando Krishnamurti aveva trent'anni. La sera del 28 dicembre dell'anno scorso egli parlò al Convegno del Giubileo della Società Teosofica ad Adyar, in India. Questa volta è stato il Maestro Mondiale in persona a parlare, anche se ha pronunciato solo poche frasi. Krishnamurti stava spiegando perché il Maestro sarebbe venuto e qualcosa di ciò che avrebbe fatto, quando una voce di penetrante dolcezza, parlando in prima persona, pronunciò queste parole: Vengo per coloro che vogliono simpatia, che vogliono felicità; che desiderano essere liberati; che desiderano trovare la felicità in tutte le cose; vengo per riformare, non per abbattere; non per distruggere, ma per costruire"... Questo stesso Maestro mondiale verrà presto di nuovo, parlando attraverso un altro discepolo, come parlò attraverso Gesù 1926 anni fa... A nostro avviso, tracciamo una chiara distinzione tra Gesù e Cristo... Sappiamo che al Battesimo di Gesù, e di nuovo alla Trasfigurazione, è *stato aggiunto a Gesù qualcosa* che prima non c'era. Questo si spiega perfettamente con la distinzione tra il discepolo Gesù e il Signore Cristo... Guardiamo a Krishnamurti come a un discepolo, il cui corpo sarà usato dal Maestro mondiale... All'inizio i mesi separeranno la manifestazione pubblica del Signore. In seguito parlerà più frequentemente, finché speriamo che il Cristo possa rimanere con noi per molti anni. Quando è venuto in precedenza, gli è stato permesso di rimanere solo per tre brevi anni svolgendo un lavoro pubblico, quando è stato assassinato. Come risultato di questo sforzo, tutto ciò che lasciò fu un piccolo seme di 120 persone... Se facciamo in modo che Egli possa rimanere dieci volte tre anni, quale raccolto non produrrà quel seme? Quando Egli venne prima, solo Giovanni Battista preparò la strada per Lui. Oggi decine di migliaia di persone sincere sono i suoi precursori... Speriamo di rendergli possibile una permanenza di molti anni, quando il corpo dei suoi discepoli sarà sufficientemente temprato per sopportare la fatica. Le Chiese cristiane lo accoglieranno? ..."

Al Campo delle Stelle, nel Castello di Eerde Ommen, nel luglio o nell'agosto del 1926, il Maestro parlò di nuovo attraverso Krishnamurti alle persone riunite, e brevemente disse loro che la "sola felicità che valga la pena di possedere" era quella di agire, pensare e sentire attraverso la mente e il cuore del Maestro! Ecco due resoconti di questa occasione riportati da Geoffrey West nella sua Vita *di Annie Besant*:

"Un ufficiale britannico in pensione scrive:

> È successo al fuoco serale... All'improvviso ho sentito un impulso irrefrenabile a togliermi il cappello con riverenza... Ero consapevole che stava parlando un'altra voce oltre a quella di Krishnamurti. La voce usava l'inglese antico (un'abitudine non rara per questi Maestri!), cosa che Krishnamurti non aveva mai fatto. La cosa continuò per quattro o cinque minuti, poi Krishnamurti si sedette. Ero consapevole della totale immobilità. Non solo i duemila pellegrini, ma anche gli stessi insetti sugli alberi erano silenziosi e persino il fuoco aveva smesso di scoppiettare. Sentivamo di essere diventati tutti parte di un unico grande corpo".

"Un altro testimone, un fisico di Cambridge... dichiarò di aver visto una 'enorme stella sopra la testa di Krishnamurti scoppiare in frammenti e piovere giù'. Per un istante ho pensato di essere tornato in Francia!". Questo fenomeno di luce astrale non è sconosciuto ad altri Ordini illuminati; è il "Fuoco del Serpente" illuminante proiettato da questi Maestri nascosti, e più spesso è ipnotico.

Infine, a Ommen 1927, Krishnamurti annunciò:

> "Il mio amato e io siamo uno". L'ossessione era completata, la personalità di Krishnamurti era in assoluto abbandono!

In un opuscolo pubblicato dalla Società Teosofica della signora Besant, intitolato "La dottrina della rinascita esaminata scientificamente", W. Y. Evans-Wentz, M. A., D.Litt., D.Sc., sembra tentare di dimostrare l'indimostrabile e, citando credenze celtiche, di dimostrare la possibilità della reincarnazione dei cosiddetti grandi maestri. Come

> "Il logico corollario della dottrina della rinascita... gli dei sono esseri che un tempo erano uomini e l'attuale razza di uomini diventerà dio... Secondo la completa credenza celtica, gli dei possono entrare nel mondo umano, e lo fanno, allo scopo specifico di insegnare agli uomini come avanzare più rapidamente verso il regno superiore. In altre parole, tutti i grandi Maestri - Gesù, Buddha, Zoroastro e molti altri... sono... esseri divini che in epoche inconcepibilmente passate erano uomini ma che ora sono dei, in grado di incarnarsi a volontà nel nostro mondo...".

L'opuscolo si conclude:

> "Allo stesso modo, ciò che in questa generazione è eretico sia per il teologo cristiano che per l'uomo di scienza, può essere accettato come ortodosso nelle prossime generazioni".

Suggerisco che questo Maitreya reincarnato non è né un dio né un essere divino, ma è più probabilmente uno di questi ebrei cabalisti, ancora nel corpo della carne, il cui scopo è la perversione delle credenze cristiane.

In un discorso tenuto davanti alla Scuola Esoterica della Società Teosofica, troviamo il signor Baillie Weaver che propone le stesse teorie; ha detto:

> "Altrettanto inevitabile è il fatto che questi esseri sovrumani partecipino ai governi del mondo; che nominino, addestrino e utilizzino allievi e agenti, e che di tanto in tanto vengano sulla terra per insegnare ai loro fratelli meno avanzati, e che questa scuola sia una delle agenzie, sia per l'addestramento degli allievi che per la *trasmissione del potere*".

Ancora, Mary Gray, della California, scrivendo sul "Sentiero della libertà vigilata" nell'*Herald of the Star, nel* dicembre 1926, dice:

> "Man mano che il chela supera con successo le prove, man mano che dimostra la sua capacità di stare in piedi da solo... inizia ad avvicinarsi al Maestro e a condividere la sua opera. Viene messo a disposizione del chela un maggior numero di poteri, poiché si deve dimostrare che si può fare affidamento su di lui per reagire bene alla sua stimolazione. Inizia il suo periodo di servizio, in cui distribuisce la forza del Maestro - o, più precisamente, *una piccola porzione della forza della Loggia Bianca* - sia nel servizio attivo nel mondo esterno, sia nel contatto intimo con coloro che lo circondano. L'uso della forza espande e sviluppa i suoi veicoli e i loro poteri. Il suo cervello aumenta in potenza, la sua devozione in intensità e purezza, le sue azioni in precisione, abilità e potenza... Inoltre, diventa più radioso, una figura luminosa, serena e gioiosa nell'atmosfera oscura della vita mondana. Allo stesso tempo, inizia un addestramento definito sui piani interiori, in cui gli viene insegnato l'uso e il controllo delle forze presenti. A poco a poco acquisisce la conoscenza del controllo dei vari elementi... In tutte queste cose gli viene insegnato come comandare (le forze)... in nome e per l'autorità della Loggia Bianca, *come agente del suo potere...*".

Dopo la consumazione della venuta, l'"Ordine della Stella in Oriente" assunse un nuovo nome. A quanto pare, ritenevano che la stella del Maestro del Mondo fosse finalmente tra loro e che non fosse più necessario cercarla in Oriente e non fosse più necessario un araldo che annunciasse la sua venuta, per cui si ridusse molto semplicemente a "Ordine della Stella", con il suo organo nazionale la *Star Review* La sua organizzazione si diceva fosse internazionale e nazionale, ma nondimeno era universale. I suoi obiettivi erano: (I) riunire tutti coloro che credono nella presenza del Maestro mondiale nel mondo; (2) lavorare con Lui per l'affermazione dei suoi ideali. La sua rivista internazionale era la *Stella*.

Nel numero di febbraio 1928 di questa Rivista, attraverso il suo portavoce Krishnamurti, il Maestro Mondiale, in nome della Liberazione, espone la sua dottrina della negazione assoluta, necessaria per la costruzione del suo nuovo Regno - la pace, l'unità e la felicità dell'universalità e della deindividualizzazione. Ecco alcuni estratti degli insegnamenti tenuti a Ommen, nell'agosto 1927, e a Parigi, il 27 settembre 1927:

> "Lo scopo e il modo di raggiungere questa felicità, di ottenere questa Liberazione, sono nelle vostre mani. Non è nelle mani di qualche dio sconosciuto, né nei templi o nelle chiese, ma in voi stessi. Perché i templi, le chiese e le religioni vi legano e dovete essere al di là di ogni sogno di Dio per ottenere questa Liberazione. Non c'è un Dio esterno che ci spinge a vivere con nobiltà o con bassezza; c'è solo la voce della nostra intuizione... Quando quella voce è sufficientemente forte, quando quella voce - il risultato dell'esperienza accumulata - viene obbedita, e voi stessi diventate quella voce, allora siete Dio... Quindi la cosa più importante è scoprire questo Dio dentro ognuno di voi. Questo è lo scopo della vita: risvegliare il Dio dormiente (la forza sessuale inutilizzata, la Kundalini dentro di voi) per dare vita alla scintilla che esiste in ognuno di noi, in modo da diventare una fiamma (illuminata) e unirsi alla fiamma eterna del mondo (la forza vitale universale o l'etere - come sopra così sotto, di Ermete)... Nel permanente si stabilisce, si vede, l'unico Dio del mondo - voi stessi che siete stati purificati".

Qui abbiamo il credo degli ebrei cabalisti - l'"Uomo divinizzato". Ora, essendo Krishnamurti soltanto il "veicolo", la fiamma, la voce e l'intuizione che sono in lui e che egli ascolta, non possono che essere quelle del Maestro del Mondo; ricordando questo, è interessante il seguente estratto:

> "E quindi è mio desiderio che non vi lasciate ipnotizzare da nulla di ciò che dico, perché se vi fate addormentare dalle mie parole o dal mio pensiero, dal mio desiderio, dalle mie brame, sarete altrettanto o ancor più in prigione di quanto lo foste prima di venire in questo luogo".

Ma non è proprio questo che è successo? Un corpo negativo preparato per la ricezione di queste suggestioni ipnotiche; i suoi seguaci non vivono e si muovono e hanno i loro esseri, per così dire, in Krishnamurti come "veicolo" del Maestro Mondiale? Con la loro messa della Chiesa cattolica liberale non si uniscono forse tutti in comunione con questo Maestro mondiale, questo cosiddetto Cristo?

Inoltre, in una poesia del suo libro *La ricerca*, è richiesta una libertà assoluta da tutto - libertà dalle ristrettezze della tradizione, dell'abitudine, del sentimento, del pensiero, della religione, del culto, dell'adorazione, della nazione, del possesso familiare, dell'amore, dell'amicizia, perfino del tuo Dio, eccetera - allora tutte le barriere saranno cadute; e cosa prenderà il loro posto? La fiamma, la voce, l'intuizione del Maestro Mondiale, il Nuovo Regno della Felicità - il controllo ipnotico dell'Illuminismo!

E chi è questo Maestro mondiale? La signora Besant, nell'*Herald of the Star* dell'aprile 1927, ci illumina Parlando delle "grandi iniziazioni" di Krishnamurti, dove, nella prima, promise ai "Grandi" di custodirlo con il suo *potere*, e Leadbeater promise di guidarlo con la sua *saggezza* (qui abbiamo, con Krishnamurti come apice, il Triangolo necessario per la manifestazione del potere del Maestro mondiale!

> "E poi venne il giorno in cui il nostro incarico finì... portammo il bambino, che avevamo ricevuto come guardiani, come un uomo che non aveva più bisogno di noi (la manifestazione era compiuta!)... al Signore Maitreya...

l'allora germoglio era sbocciato in un fiore meraviglioso; e quel fiore è stato posto ai piedi del suo Proprietario, il Signore Maitreya, il Cristo, il Salvatore del Mondo".

Ancora, nell'*Herald of the Star*, marzo 1927, disse a Ojai, California:

"Per quanto ciascuno possa vedere, la manifestazione del Cristo sarà per ciascuno di voi. Da parte mia, che lo conosco nella sua lontana casa himalayana (astrale), dove l'ho sentito parlare della sua venuta, e che sono qui con il nostro Krishnaji, non c'è bisogno di dire come, avendolo amato per così tanto tempo, mi rallegro di riconoscere in lui la Presenza di nostro Signore."

Non è forse una liberazione dalla schiavitù, un corpo preparato in cui seminare i semi della disintegrazione del mondo, da parte del potere che opera dietro e attraverso la Giudeo-Massoneria del Grande Oriente, a cui la Co-Massoneria della signora Besant è alleata?

E qual è il risultato di questa manifestazione? Al Campo di Ommen del 1929 Krishnamurti annunciò che l'Ordine della Stella sarebbe stato sciolto; tutto ciò che aveva desiderato era condurre le persone alla "libertà", ma, disse, esse non volevano la libertà. Il signor Lansbury, per molti anni seguace della signora Besant e credente nella missione del Maestro del Mondo, traendo il meglio dall'apparente fallimento, disse:

"Krishnamurti ha spezzato la schiavitù della mera organizzazione... con un gesto magnifico ha invitato i giovani circostanti di tutte le razze a sviluppare la propria individualità a modo loro - la responsabilità della propria vita e del proprio carattere dipende da se stessi".

Un corrispondente del *Patriot*, il 29 agosto 1929, fornisce alcuni dettagli interessanti su ciò che accadde a questa riunione di campo a Ommen, che riportiamo testualmente:

"Ho studiato per alcuni anni la Teosofia e i movimenti affini, come la Co-Massoneria, la Chiesa cattolica liberale e la Stella, e mi sono fatto la precisa opinione che dietro la maschera dell'innocente studio del simbolismo, della fratellanza e della religione comparata si nasconda una profonda organizzazione anti-britannica. L'anello di congiunzione tra questi movimenti è la dottoressa Annie Besant...

"L'anno scorso il campo di Ommen era un luogo sorprendente. Sebbene la nota chiave dell'insegnamento della Stella sia "libertà per tutti", il campo era circondato da un recinto di filo spinato di sette piedi; tutti i membri dovevano indossare un'etichetta che mostrava chiaramente il loro nome e il loro numero, e senza la quale non potevano entrare o uscire dal campo; c'erano un'infinità di regole e regolamenti irritanti, tutti destinati a ridurre i detenuti all'ultimo stadio del servilismo.

"Si supponeva che prevalesse la fratellanza tra le diverse nazionalità, ma si notava che il contingente tedesco, che spesso occupava posizioni di autorità, coglieva ogni occasione per insultare i membri inglesi e francesi, mentre gli inglesi si permettevano sempre di trattare così se stessi e le loro donne.

"Le maniere a tavola dei campeggiatori avrebbero disonorato un'aia, anche se, naturalmente, Krishnamurti non si è nutrito con la mandria comune, ma nel lusso del castello di Eerde, la residenza del barone von Pallandt, un membro di spicco della Società Teosofica, che detiene anche un grado molto elevato nell'Ordine Co-Massonico.

"L'accampamento era per uomini e donne di qualsiasi classe, credo o colore, ed era consuetudine costringere le donne inglesi di buona famiglia a ogni pasto a servire gli indigeni indiani e africani, per lo più nei loro abiti nativi. Queste donne erano ridotte in uno stato tale da fare letteralmente le corna agli uomini di colore, pregandoli di mangiare e spesso producendo bocconcini speciali per loro, mentre i loro compatrioti facevano la fame.

I PORTATORI DI LUCE DELLE TENEBRE

"L'abbigliamento indossato da molti membri era il più scarno possibile, compatibile con la più elementare decenza. Lo dimostrano le fotografie portate a casa, le cui copie sono in possesso delle autorità e anche del sottoscritto. Una di queste mostra un nativo, in abiti indigeni, che cammina intorno al campo con una ragazza inglese vestita solo di una camicia fragile e di un paio di pantaloncini, ognuno con un braccio intorno all'altro.

Tra gli altri dettagli, l'odore di etere proveniente da una delle tende di notte era opprimente; questa droga, secondo alcuni occultisti, è una delle più potenti per "liberare lo spirito dal corpo".

"Il campo del 1929 a Ommen si è appena concluso e sembra che sia stato lì che Krishnamurti ha annunciato pubblicamente che l'Ordine della Stella sarebbe stato sciolto. Cosa accadrà ai suoi sfortunati seguaci che lo hanno seguito servilmente, che hanno rinunciato alla propria religione e che lo hanno adorato ciecamente è impossibile dirlo. Le sue stesse parole e i suoi scritti li esortano a non avere altro sostegno se non loro stessi, il che in parole povere significa non avere altro sostegno se non lui; ora li sta gettando via con convinzioni infrante, senza ideali e senza un leader o un Maestro su cui fare affidamento. Ha minato la loro fede in Dio e nel loro Paese e ora li lascia in uno stato di totale caos.

"È possibile che le cose siano diventate troppo calde perché l'Ordine della Stella possa continuare? È perché hanno litigato tra di loro? Oppure è possibile che la dottoressa Besant e il Messia nero abbiano smesso di vedersi in modo amichevole nelle loro attività anti-Impero e occulte?

"Il tempo ce lo dimostrerà; al momento ringraziamo il fatto che un gruppo, almeno, delle società sovversive è come una casa divisa contro se stessa, e che ci sono ancora uomini e donne leali che rischiano il loro tempo, il loro denaro e anche di più nel servizio non ricompensato al loro Re per smascherare queste organizzazioni sovversive e sediziose".

Nulla potrebbe essere più dannoso di quanto sopra, ma è solo un assaggio del vero lavoro diabolico che si sta lentamente portando avanti attraverso le società segrete e molti altri movimenti, alcuni apparentemente innocui. È l'opera dello stesso potere di disintegrazione che si sta portando avanti in Russia attraverso i "Senza Dio" e gruppi simili; significa la degradazione dell'umanità, la morte della sua anima, rendendola inferiore persino alla bestia bruta.

In queste società segrete i metodi sono sempre gli stessi: si tratta di un'ossessione graduale da parte di questo potere nascosto attraverso la cosiddetta illuminazione, o l'antico illuminismo per mezzo della perversione del sesso o delle forze creative nell'uomo e nella Natura. Questo è mostrato nel simbolo della Società Teosofica.

Il simbolo rappresenta l'Illuminazione o l'Iniziazione. La maggior parte di questi Ordini esoterici e segreti sono governati e diretti dai Maestri invisibili della Grande Loggia Bianca, e sotto le loro istruzioni l'illuminazione viene indotta artificialmente e intensamente in un tempo relativamente breve. L'individuo, secondo le istruzioni, lavora dall'interno, mentre il maestro lavora dall'esterno, entrambi utilizzando questo "Potere del Serpente" - le doppie forze creative di tutta la Natura, le forze di attrazione e repulsione. L'individuo, per mezzo di esercizi, meditazioni, ecc. ispirati da questi maestri, risveglia in sé questo "Potere del Serpente" - la Kundalini o forza sessuale inutilizzata - che giace arrotolato nella parte inferiore del corpo. Si dice che sia sublimata o purificata dal fuoco e dall'acqua - come indicato dall'esagramma o dai triangoli intrecciati, la Stella del potere ebraica - o più correttamente pervertita; e risalendo attraverso i centri nervosi, vivificandoli, risvegliando la chiaroveggenza, la chiarudienza e l'intuizione, la testa e la coda - le forze positive e negative - si uniscono alla base del naso, la Ghiandola Pineale. Il simbolo nel piccolo cerchio in alto è la Svastica o Martello elettrico di Thor, una forza elettrica vorticosa e disintegrante che abbatte le barriere protettive - la volontà e la ragione - creando un vortice nel quale entra la forza magnetica esterna della luce dei maestri. In questo modo l'adepto viene illuminato e il legame eterico è formato da questi maestri che lo controllano dall'esterno, proprio come nella Messa liberale cattolica.

L'Ankh al centro è il simbolo egizio della vita, è il principio creativo, il lingam. Il serpente che lo circonda isola, conserva la forza all'interno e rende potente lo strumento illuminato. Questo strumento è pronto per il lavoro stabilito; è libero, non per usare la sua libertà per se stesso, ma per questi maestri. È una liberazione dalla schiavitù. In cima al simbolo c'è il tre, il triangolo del potere o dell'unità, per mezzo del quale il potere si manifesta nell'Ordine e nell'individuo.

Illuminismo - può essere individuale, di gruppo o mondiale, e può essere applicato alle condizioni attuali del mondo. Rivoluzione mondiale - il martello elettrico di Thor. La sua consumazione: il dominio invisibile del mondo attraverso "veicoli" preparati e illuminati.

Prendiamo i *Protocolli dei dotti anziani di Sion*, che sono stati meravigliosamente corretti come profezia, qualunque fosse la loro origine, prima che M. Joly ne usasse una parte nel 1864:

Pagina 10:

> "Oggi posso assicurarvi che siamo a pochi passi dalla nostra meta. Manca poco e il Ciclo del Serpente Simbolico - il distintivo del nostro popolo - sarà completo. Quando questo cerchio sarà chiuso, tutti gli Stati d'Europa vi saranno chiusi, per così dire, da catene infrangibili. Le scale costruttive esistenti crolleranno presto, perché le buttiamo continuamente via e ne distruggiamo l'efficienza" (Il Martello di Thor che si disintegra!).

Epi., pag. 90:

> "... Costantinopoli è indicata (nello schizzo del percorso del Serpente simbolico) come l'ultima tappa del percorso del

Serpente prima che raggiunga Gerusalemme. Rimane solo una breve distanza prima che il Serpente possa completare il suo percorso unendo la testa alla coda...".

Pagina 16:

"Chi o cosa può detronizzare un potere invisibile? Ecco, il nostro Governo è proprio questo. La Loggia massonica (esoterica) in tutto il mondo funge inconsciamente da maschera per il nostro scopo. Ma l'uso che faremo di questo potere nel nostro piano d'azione, e persino il nostro quartier generale, rimangono perennemente sconosciuti al mondo intero".

Philip Graves, nel suo libro *"Palestine, the Land of Three Faiths"*, parlando dell'Okhrana, o polizia segreta zarista, ha detto che questa polizia conosceva così bene i rivoluzionari ebrei e non ebrei che si diceva che nessuno sapesse dove finiva l'Okhrana e dove iniziava la rivoluzione!

Dopo aver letto *La Tcheka*, di George Popoff, si è portati a chiedersi: chi è il potere dominante dietro la Tcheka, e chi era il potere dietro l'Okhrana zarista, molti membri della quale sono rimasti al servizio della Tcheka? Non era forse ebraico e occulto? Secondo Popoff, chi prendeva servizio sotto la Tcheka cambiava immediatamente, e da uomini semplici e onesti diventava astuto, brutale e fanatico, e durante gli esami dei prigionieri sembrava usare la forza ipnotica.

Non è forse lo stesso per la maggior parte di coloro che sono intrappolati da queste società segrete e sovversive? Entrano con alti ideali, alla ricerca di uno sviluppo spirituale per se stessi e per gli altri; il risultato è spesso un'ossessione fanatica, che perverte tutto ciò che è elevato e sacro; curiosamente, invariabilmente più alti sono gli ideali, maggiore è l'accettazione cieca della chiamata del loro padrone a prendere parte alla loro diabolica opera di distruzione.

Inoltre, è interessante scoprire che il giuramento di segretezza e silenzio richiesto al candidato e all'adepto è sempre in relazione ai metodi astrali di contatto con questi maestri e ai veri scopi e lavori dell'Ordine, come diretti da loro in questa misteriosa segretezza e silenzio. A proposito del Giuramento Teosofico, René Guénon scrive:

"Una cosa che viene rimproverata più spesso alle società segrete, e in particolare alla Massoneria, è l'obbligo che esse impongono ai loro membri di prestare un giuramento la cui natura varia, così come l'estensione degli obblighi che impongono; nella maggior parte dei casi si tratta di un giuramento di silenzio, a cui si aggiunge talvolta un giuramento di obbedienza agli ordini dei capi conosciuti o sconosciuti. Il giuramento di silenzio può riguardare i metodi di riconoscimento o il cerimoniale speciale utilizzato dalla società, o anche l'esistenza di quest'ultima, la sua organizzazione o il nome dei suoi membri; più spesso si applica in modo generale a ciò che viene detto e fatto in essa, al potere esercitato e agli insegnamenti ricevuti in essa sotto una forma o un'altra. A volte si tratta di impegni di altro tipo, come la promessa di conformarsi a certe regole di condotta che possono, a ragione, apparire abusive non appena assumono la forma di un giuramento solenne... Ciò che ci interessa al momento è solo questo, che se è un rimprovero valido contro la massoneria e contro alcune altre società più o meno segrete... è altrettanto valido contro la Società Teosofica. Quest'ultima, è vero, non è una società segreta nel senso completo del termine, perché non ha mai fatto mistero della sua esistenza, e la maggior parte dei membri non cerca di nascondere il proprio grado... Per il nostro scopo attuale ammetteremo come sufficiente l'opinione secondo cui una società segreta non è necessariamente una società che nasconde la propria esistenza o i propri membri, ma è, soprattutto, una società che ha dei segreti, di qualsiasi natura essi siano. Se è così, la Società Teosofica può essere considerata una società segreta e la sua stessa divisione in sezioni "exoteriche" ed "esoteriche" ne sarebbe una prova sufficiente; Sia ben inteso, parlando qui di "segreti" non intendiamo i segni di riconoscimento, ma gli insegnamenti strettamente riservati ai membri o ad alcuni di essi, escludendo gli altri, e per i quali si esige il giuramento del silenzio; questi insegnamenti nella Teosofia sembrano essere soprattutto quelli relativi allo "sviluppo psichico", poiché questo è lo scopo essenziale della sezione "esoterica"...

"Torniamo ora alle dichiarazioni di Mme. Blavatsky e vediamo cosa riguarda il giuramento del silenzio: Per quanto riguarda la sezione interna, nota come 'esoterica' dal 1880, è stata stabilita e adottata la seguente regola: "Nessun membro potrà usare per fini personali nulla che gli sia stato comunicato da un membro della sezione superiore. L'infrazione di questa regola sarà punita con l'espulsione". Tuttavia, ora, prima di ricevere qualsiasi comunicazione di questo tipo, il postulante deve giurare solennemente di non usarla mai per fini personali e di non rivelare mai nulla di ciò che gli è stato confidato, a meno che non sia autorizzato a farlo (Mme. Blavatsky's *Key to Theosophy*, 1889). Altrove fa riferimento a questi insegnamenti, che devono essere tenuti segreti: "Sebbene riveliamo tutto ciò che è possibile, siamo tuttavia obbligati a omettere molti dettagli importanti che sono noti solo a coloro che studiano la filosofia esoterica e che, avendo prestato il giuramento del silenzio, sono di conseguenza gli *unici autorizzati a conoscerli" (Key to Theosophy*). In un altro passo si allude a un mistero che riguarda direttamente il potere di proiettare coscientemente e volontariamente il "doppio" (corpo astrale), che non viene mai rivelato a nessuno se non ai "chela", che hanno fatto un giuramento irrevocabile, cioè a coloro di cui ci si può fidare" (*La chiave della Teosofia*).

"Mme. Blavatsky insiste soprattutto sull'obbligo di osservare sempre questo giuramento di silenzio, obbligatorio anche per coloro che, volontariamente o meno, dovrebbero aver cessato di partecipare alla società: pone la questione in questi termini: "Un uomo che viene invitato a lasciare o costretto a dimettersi dalla sezione, è libero di rivelare cose che gli sono state insegnate, o di violare l'una o l'altra clausola del giuramento che ha fatto?". E risponde: "Il fatto di dimettersi o di essere mandato via lo libera solo dall'obbligo di obbedire al suo maestro e di prendere parte attiva al lavoro della società, ma non lo libera in alcun modo dalla sacra promessa di custodire i segreti che gli sono stati confidati... Tutti gli uomini e le donne che possiedono il minimo senso dell'onore capiranno che un giuramento di silenzio fatto su una parola d'onore, ancor più fatto in nome del proprio "Sé Superiore", il dio nascosto in noi, deve essere mantenuto fino alla morte, e che, pur avendo lasciato la società, nessun uomo o donna d'onore si sognerebbe di attaccare la società a cui è stato così legato" (*La chiave della Teosofia*).

Da queste citazioni si evince anche che il giuramento di silenzio fatto nella sezione "esoterica" include un giuramento di obbedienza agli "insegnanti" della Società Teosofica. Si è costretti a credere che questa obbedienza sia portata molto in là, poiché ci sono stati esempi di membri che, ordinati di sacrificare gran parte del loro patrimonio a favore della Società, lo hanno fatto senza esitazione. Questi impegni, di cui abbiamo appena parlato, esistono ancora, così come la stessa sezione 'esoterica'... che non potrebbe esistere in nessun'altra condizione... In un tale circolo ogni indipendenza è completamente abolita".

La signora Besant, al suo ritorno dall'India nel 1924, pretese da tutti i membri della sezione "esoterica" un giuramento di fede implicita e di obbedienza a lei come portavoce dei Maestri occulti. Tuttavia, la Loggia di Londra, che contava circa sessanta membri, si rifiutò di obbedire o di riconoscere il governo autocratico e gli obiettivi politici della signora Besant. Perciò formarono un piccolo gruppo al di fuori della sua giurisdizione per lo studio della religione comparata. Si dice che la sezione "esoterica" della Società Teosofica consista in tre circoli interni: i discenti, gli accettati o iniziati e i maestri della Grande Loggia Bianca. Molto simile al "Tempio del Deserto" nel Vicino Oriente, al quale appartengono alcuni di questi maestri nascosti, come si vedrà parlando della "Stella Matutina".

Come abbiamo dimostrato, gli obiettivi politici della signora Besant sono in gran parte legati alla disgregazione dell'India, con l'idea errata di formare i popoli e le religioni eterogenee dell'India in una "comunità autogovernata".

Nel 1907 si dedicò alla politica, anche se solo nel 1913 si dichiarò definitivamente a favore della Home Rule. Lord Sydenham, parlando alla Camera dei Lord il 24 ottobre 1917, disse della signora Besant e dei suoi obiettivi:

> Scrisse un libro, che contiene più spregiudicatezza nei confronti dei fatti di quanta ne abbia mai vista compressa nello stesso piccolo spazio, e nel suo giornale *Nuova India...* disse che "l'India era stata un paradiso perfetto per 5.000 anni prima del nostro avvento, che era diventata "un inferno perfetto" a causa della "brutale burocrazia britannica""... Il governo di Madras decise di far rispettare le disposizioni della legge sulla stampa, e alla signora Besant fu ordinato di dare una garanzia per la buona condotta del suo giornale. Poiché la violenza della Nuova India continuava senza sosta, la cauzione fu sequestrata. Questo le diede il diritto di appellarsi all'Alta Corte di Madras. Il caso è stato ascoltato da tre giudici, di cui due indiani, e l'azione del governo di Madras è stata confermata... Uno di questi giudici ha fatto notare che "questo scritto pernicioso tende a incoraggiare l'assassinio, eliminando la detestazione pubblica di tale crimine".

Nel suo libro *"L'India come la conoscevo"*, Sir Michael O'Dwyer scrive: "Il Movimento per la Regola Domestica della signora Besant in India, che fu poi adottato e amplificato dagli estremisti indiani, fu avviato nel 1916 subito dopo la ribellione del lunedì di Pasqua in Irlanda". Fu presentato come disegno di legge privato nel 1925 e di nuovo nel 1927, ma suscitò poco o nessun interesse se non tra i laburisti che lo sponsorizzarono.

La signora Besant è stata uno dei promotori e degli azionisti originari della Socialist Publication Company, registrata il 12 aprile 1918, con il titolo di Victoria House Printing Co, Ltd., di cui il signor Lansbury e altri teosofi erano gli animatori. Questa società produsse l'*Herald*, che divenne il *Daily Herald* nel marzo

1919.

Inoltre, Sir Michael O'Dwyer scrive nello stesso libro di un'intervista rilasciata dalla signora Besant a Bombay, il 28 agosto 1924, in cui disse:

> "Posso dire... che ho lavorato per il Partito Laburista in questi cinquant'anni di vita pubblica, e che sono stato membro della Fabian Society, a cui appartenevano diversi ministri, fin dal 1884... Penso che si possa dire che abbiamo fatto dell'India una questione scottante nella vita politica dell'Inghilterra. Abbiamo trovato il Partito Laburista completamente con noi e, come ha detto pubblicamente il signor Smillie, la maggioranza del Gabinetto (laburista) è con noi".

The *Patriot*, aprile I, 1926, parlando del "Labour Research Department", originariamente "Fabian Research Department", osserva: "La maggior parte di questi nomi mostra chiaramente quanto questi Fabiani rosa siano diventati rossi nel riversare le iniquità dei sistemi capitalistici esistenti".

La visione politica di George Lansbury è ben nota - si unì alla Società Teosofica nel 1914 ed era un seguace e un sostenitore di Krishnamurti - e le sue dichiarazioni sediziose sono molte. In relazione allo sciopero ferroviario del 1919, ve ne fu una che incitava all'odio di classe come segue:

> "Uno Stato Maggiore per Londra è necessario per evitare la sanguinosa rivoluzione voluta dalla classe padronale, che solo l'abilità statale, il coraggio e la solidarietà della classe operaia possono impedire. Sappiamo bene che oggi c'è un grande elemento nella classe padronale che desidera e intende deliberatamente provocare una rivoluzione sanguinosa per far sì che i lavoratori siano abbattuti come cani e costretti alla schiavitù dalle baionette e dalle mitragliatrici".

Detto dal seguace del cosiddetto "Principe della Pace e dell'Amore"!

Nella *Nuova India*, il 26 gennaio 1928, la voce della signora Besant si fece sentire ancora una volta per incitare il popolo indiano alla rivoluzione!

> Svegliatevi! Alzatevi! Uomini e donne di ogni casta, classe e comunità. La voce di vostra Madre vi chiama per renderla padrona della sua casa. Non abbandonatela nel momento del bisogno. Boicottate la Commissione Simon - *ANNIE BESANT*".

In qualità di presidente dell'Associazione giornalistica indiana, esortò i redattori dei giornali nazionalisti a boicottare tutti i resoconti dei lavori della Commissione Simon.

In *Massoneria Universale, l'*organo ufficiale della Massoneria Universale della signora Besant, Equinozio di Primavera, 1929, c'è un articolo riprodotto dalla *Nuova India,* che dice:

> "Nel bel mezzo di una crisi come quella attuale, coloro che hanno la conoscenza interiore devono fare ogni sforzo per portare a termine uno dei più grandi trionfi che il mondo abbia mai conosciuto... Cercate di percepire il Grande Piano nel suo insieme... È tutto un piano, e ogni parte non è che una parte, per quanto possa sembrare un tutto, da sola... L'India è la chiave, l'India è il centro di quella grande tempesta che inaugurerà *una splendida Pace*... Nessun vero teosofo, e certamente nessuno che lavori per il *Governo Interiore del Mondo*, sarà incurante del benessere dell'India... La Massoneria offre un'opportunità molto speciale per la pratica della Fratellanza... All'inizio ci deve essere una selezione molto accurata per quanto riguarda l'ammissione, e l'insistenza sulla più scrupolosa osservanza degli Obblighi.- La Massoneria è stata data all'India perché sia una forza potente e organizzata al servizio dell'India".

A quanto pare, anche l'India deve essere spezzata, se necessario, dal "gigantesco erpice" della rivoluzione, in modo da poter partecipare a questa stessa "splendida Pace", sotto il cui giogo la vera Russia ora geme e soffre - una pace che deve inaugurare la

Fratellanza Universale e la Dominazione Mondiale del Centro Invisibile della Massoneria rivoluzionaria del Grande Oriente Giudeo-Francese, a cui la Co-Massoneria della signora Besant è alleata.

A ciò fa seguito, negli Stati Uniti, il 24 agosto 1929, come riportato dal *Chicago Tribune*, una serie di false dichiarazioni contro l'Impero Britannico, diffuse nei quattro quarti del globo.

Al congresso mondiale dei teosofi, tenutosi allo Stevens Hotel, la signora Besant ha dichiarato che recentemente ha cercato di aiutare l'India a ottenere misure politiche che consentano al paese di liberarsi dal "giogo dell'Inghilterra". Si stima che 70.000.000 dei 300.000.000 di abitanti dell'India stiano morendo di fame"... "Il dominio dell'Inghilterra ha soffocato l'istruzione dell'India e la bella civiltà che aveva prima dell'arrivo dell'Inghilterra... I problemi sono iniziati quando è stato distrutto il sistema dei villaggi sotto il quale l'India prosperava". E affermò che le "tasse" erano la causa della fame diffusa (*Patriot*, 19 settembre 1929).

> "Ho cercato di contribuire all'ottenimento del sistema di governo dominante per l'India, la sua unica salvezza. Spero che la rivoluzione non arrivi... Se dovesse scoppiare una rivolta, gli inglesi, con le loro bombe aeree e le loro macchine da guerra terrestri e acquatiche, li taglierebbero come il grano davanti alla falce".

In precedenza aveva annunciato che sarebbe tornata in India per incrementare il movimento per la libertà indiana, il che potrebbe significare una guerra di colore. E cosa c'è dietro questo lavoro malvagio della signora Besant? In *The Theosophist*, ottobre 1928, si legge che: "I Maestri le hanno assicurato che lo stato di dominio per l'India fa parte del Grande Piano, ed ella sa che non se ne andrà finché questa libertà non sarà realizzata!". E ha detto: "Se vedete qualcuno di noi lavorare per un particolare movimento nel mondo, potete sapere che fa parte del Piano Mondiale". E il Grande Piano è: "Un Nuovo Cielo e una Nuova

Terra, costruiti sulle rovine di tutti i vecchi sistemi e civiltà".

CAPITOLO III

LA SOCIETÀ ANTROPOSOFICA

L a storia iniziale di Rudolph Steiner è un po' misteriosa, ma alcuni dicono che sia nato nel 1861, a Krakjevic in Ungheria, altri che fosse austriaco. Nel 1902 divenne membro della Società Teosofica sotto la guida della signora Besant e fu segretario generale della sezione tedesca fino al 1913, "quando si staccò dalla signora Besant, nominalmente a causa dell'affare Krishnamurti e della causa di Madras; cinquantacinque delle logge tedesche si staccarono con lui - circa 2.500 membri in tutto. Formò quindi un nuovo gruppo, sotto il nome di "Società Antroposofica", nome senza dubbio derivato da un'opera, *Anthroposophia Magica*, del 1650, del noto alchimista e occultista Thomas Vaughan.

I suoi centri erano Monaco e Stoccarda, ma non potendo ottenere il terreno necessario a Monaco per il Tempio proposto, lo costruì infine a Dornach, in Svizzera. Il "Johanneum", poi cambiato in "Goethenum", fu terminato nel 1920 e per contribuire a sostenere le enormi spese formò un'associazione chiamata "Società di San Giovanni", alludendo, si dice, all'antica confraternita dei massoni operativi. In questo Goetheanum egli si proponeva di dare una nuova architettura, una nuova pittura e una nuova scultura. In realtà era un simbolo del suo insegnamento, completamente panteistico e del tutto privo di bellezza nella forma e nel design. Il palazzo fu misteriosamente incendiato una notte alla fine del 1922, ma fu poi ricostruito su scala più piccola e meno costosa. A quanto pare Steiner non superò mai la perdita del suo Tempio e morì a Dornach, il 30 marzo 1925, rimanendo fino all'ultimo uno strumento nelle mani dei suoi maestri, che registrava i loro insegnamenti e le loro istruzioni.

In un articolo apparso sul *Patriot* dell'ottobre 1922, un'autorità del settore ha fornito alcune informazioni interessanti sul dottor Steiner e sulla sua storia passata. Si legge:

"A questo punto della mia indagine posso fare un breve accenno all'esistenza di un ramo della Società Teosofica, noto come Società Antroposofica. Questa è stata formata come risultato di uno scisma nei ranghi dei teosofi, da un uomo di nascita ebraica, che era collegato con uno dei rami moderni dei Carbonari. Non solo, ma in associazione con un altro teosofo è impegnato nell'organizzazione di alcune singolari imprese commerciali non estranee alla propaganda comunista; quasi esattamente nel modo in cui il "Conte St. Germain" organizzava le sue tintorie e altre imprese commerciali con lo stesso scopo. Questo strano gruppo d'affari ha legami con il movimento repubblicano irlandese, con i gruppi tedeschi già citati e anche con un altro misterioso gruppo fondato da "intellettuali" ebrei in Francia circa quattro anni fa, che comprende tra i suoi membri molti noti politici, scienziati, professori universitari e letterati in Francia, Germania, America e Inghilterra. Si tratta di una società segreta, ma un'idea dei suoi reali obiettivi può essere desunta dal fatto che ha sponsorizzato la "Ligue des Anciens Combattants", il cui scopo sembra essere quello di minare la disciplina degli eserciti nei Paesi alleati. Sebbene sia nominalmente una società di "destra", è in contatto diretto con membri del governo sovietico della Russia; in Gran Bretagna è anche collegata con alcuni Fabiani e con l'Unione del Controllo Democratico, che si oppone alla "diplomazia segreta".Infine, c'è la vasta rete sotterranea di sette arcane e società occulte che in Europa e in America sono rappresentate dai vari ordini rosacrociani e templari continentali, dai teosofi e dai gradi superiori della massoneria orientale, il cui vero obiettivo è il rovesciamento degli ideali occidentali, della civiltà occidentale e della religione cristiana. Di questo sistema di intricate società segrete, le varie organizzazioni socialiste, comuniste, sindacaliste e anarchiche sono le talpe politiche che indicano la natura dei cunicoli sotterranei che stanno minando le fondamenta della nostra civiltà occidentale... È stato suggerito, e potrebbe esserci un fondo di verità nell'idea, che dietro a tutti i movimenti sovversivi ci sia ancora un'altra Forza senza nome, più in profondità nell'ombra del mondo sotterraneo degli intrighi segreti internazionali - qualcosa di più grande di tutto e che dirige tutto...".

Secondo un articolo del *Morning Post* del 15 maggio 1925, il dottor Steiner "ha creato un legame tra i bolscevichi e le società pan-tedesche e monarchiche, nonché con i gradi più alti della massoneria del Grande Oriente", ed è stato anche associato al bolscevico Tomsky.

Come afferma il compianto dottor Carl Unger, uno dei più devoti seguaci di Steiner, quando gli fu chiesto di definire l'Antroposofia per l'*Oxford Dictionary*, scrisse: "L'Antroposofia è una conoscenza prodotta dal Sé superiore nell'uomo"; cioè l'uomo i cui "sensi interiori" sono stati risvegliati da certi processi, ecc. insegnati dal dottor Steiner nella sua cosiddetta Scienza dello Spirito. È la costruzione di un medium. Per i suoi discepoli la definizione era: "L'antroposofia è una via di conoscenza che guida lo spirituale nell'essere umano verso lo spirituale nell'universo". Qui abbiamo l'assioma ermetico: "Come in alto così in basso"; l'unione della forza vitale o Kundalini all'interno dell'uomo con la forza vitale universale all'esterno, formando l'"uomo divinizzato", che conosce tutto ciò che è stato, è e sarà, leggendo le registrazioni impresse sulla luce astrale, sotto il controllo di questi cosiddetti esseri spirituali o maestri. È l'iniziazione.

Parlando di questa iniziazione nella sua conferenza "Cristo e il ventesimo secolo" (vedi *Antroposofia*, Natale 1926), Steiner dice:

> "I processi a cui l'anima dell'uomo veniva sottoposta negli antichi Misteri erano tali da indurre, attraverso l'influenza di altre personalità più evolute (che a loro volta erano passate attraverso questa 'iniziazione misterica'), una sorta di stato di sonno (trance)... il corpo veniva lasciato indietro... ma

l'anima (corpo astrale) era in grado, per un certo periodo, di guardare nel mondo spirituale (astrale) *in modo consapevole"*.

Dopo essere stata ricondotta al corpo, "quest'anima, avendo partecipato alla vita spirituale (astrale), poteva poi presentarsi come profeta davanti ai popoli..." Secondo questa Scienza dello Spirito, gli antichi insegnamenti di Saggezza "emanano dagli 'Iniziati'". Egli prosegue: "All'epoca dell'inizio della cristianità, l'anima dell'uomo era diventata matura per l'auto-iniziazione, sotto la guida di coloro che conoscevano le esperienze a cui era necessario sottoporsi, ma senza la cooperazione attiva dei capi dei Templi o dei Misteri". Ma abbiamo buone ragioni per sapere che le guide dei Misteri di collaborano ancora sul piano astrale, modellando, forgiando e iniziando i loro futuri strumenti o "profeti".

Ci dice inoltre che i Misteri,

> "Gesù di Nazareth raggiunse il punto in cui... poté unirsi con un Essere che fino ad allora non era stato unito a nessun individuo umano - con il Cristo-Essere... Il Cristo permeò l'essere di Gesù di Nazareth" per tre anni. E "da questo evento scaturiscono forze possenti come impulso per tutto il successivo sviluppo umano... E il fatto che sia stato possibile per l'impulso cristico entrare nell'umanità è stato portato dall'antico principio iniziatico che è diventato un *fatto storico"*.

Dopo l'iniziazione "attraverso il mio io, Dio mi parla". Cioè, diventa chiaroveggente, chiarudiente e intuitivo, come in tutti i gruppi illuminati. Tutto ciò significa che l'impulso del Cristo non è altro che la forza iniziatica del Serpente o Logos degli gnostici! Altrove ci viene detto che il Cristo fu inviato dagli dèi del Sole, della Luna e di Saturno, il potere del Serpente!

Il dottor F. W. Zeylmans van Emmichoven scrive, *in Antroposofia*, Pasqua 1929: "Al Goetheanum di Dornach si trova un grande gruppo scolpito dal dottor Rudolph Steiner. Rappresenta il Cristo come rappresentante dell'umanità, posto tra Lucifero e Ahriman". Di questo Cristo dice: "Nel volto tutte le forze sembrano essere concentrate in un punto della fronte, dove sembra brillare la saggezza divina". Si tratta della Ghiandola Pineale, dove il Potere del Serpente interno si unisce a quello esterno, producendo illuminismo e controllo. Nelle sue conferenze di Stoccarda, nel 1919, Steiner disse che per salvare il mondo dal materialismo l'Oriente è troppo luciferiano e l'Occidente (anglo-americano) è troppo ahrimanico - conoscenza materialistica. La missione della Germania è quella di tenere la giusta rotta tra i due estremi e salvare il mondo! In altre parole, la Germania doveva fungere da impulso cristico per il mondo!

Secondo la signora Besant, Krishnamurti, in trance, fu iniziato dai "Grandi" e divenne così il "veicolo" del Maestro "Maitreya, il Cristo, il Salvatore del Mondo". Come tale ha insegnato al mondo nel suo libro *"Vita in libertà"*: "Come ogni essere umano è divino, così ogni individuo nel mondo dovrebbe essere il proprio maestro, il proprio sovrano assoluto e la propria guida... Non c'è Dio se non l'uomo che si è purificato (attraverso l'iniziazione) e ha così raggiunto la Verità". Tuttavia, come abbiamo visto, l'individualità di Krishnamurti è in sospeso, egli non è che il "profeta" del suo "proprietario" e padrone "Maitreya".

Nella sua conferenza su "Cristianesimo esoterico ed esoterico", tenuta a Dornach nell'aprile del 1922, Steiner espone il suo culto dell'Illuminismo cristiano. Parlando delle prime tradizioni cristiane, dice:

"Il massimo che si possa dire è che esistono sotto forma di note storiche negli archivi di alcune società segrete, dove non sono comprese. Tutto ciò che va oltre le indicazioni frammentarie relative al Cristo dopo il Mistero del Golgotha deve essere oggi riscoperto dalla Scienza dello Spirito antroposofica... È possibile per l'umanità avere maestri divini... esseri che sono scesi sulla Terra dal regno delle Gerarchie e che... hanno effettivamente impartito un insegnamento spirituale. Gli uomini che hanno ricevuto tale insegnamento... sono stati in grado di indurre in loro stessi una condizione di coscienza in cui le loro anime (corpo astrale) si sono ritirate dai loro corpi fisici"...

Questo è lo Yoga, come viene insegnato in tutti i gruppi illuminati. La natura dei cosiddetti "Insegnanti Divini" è così spiegata: "Gli Esseri delle Gerarchie superiori sono dotati di forze per cui hanno creato Saturno, Sole, Luna e (da questi) infine la Terra". Poi, per l'evoluzione dell'uomo, decretarono che era necessario lo sviluppo dell'intelletto, cosa che questi stessi Dei non erano in grado di fare, così "gli Dei furono costretti... a stringere un patto con Ahriman (il "dio nero dei manichei, l'Ahriman dei vecchi idolatri", secondo Eliphas Levi)... Si resero conto che se Ahriman fosse stato una volta ammesso come Signore della Morte, e di conseguenza Signore dell'Intelletto, la terra non sarebbe più rimasta in loro possesso...". Per evitare che ciò accada, gli stessi Dèi devono acquisire la conoscenza della Morte. Era possibile per loro conoscere la morte come avviene sulla terra solo inviando uno di loro - l'Essere Cristo - sulla terra. Era necessario che un Dio morisse sulla terra...".

> "Gli Esseri delle Gerarchie, appartenenti a Saturno, Sole, Luna e Terra, permisero ad Ahriman di svolgere un ruolo nell'evoluzione terrestre, ma riuscirono a limitare il suo dominio, in quanto lo usarono ai fini dell'evoluzione terrestre. Senza Ahriman gli Dei non avrebbero mai potuto trasformare l'uomo in un essere dotato di intelletto; se non fosse che il limite del suo potere è stato spezzato al momento dell'evento cristico, Ahriman sarebbe riuscito a intellettualizzare completamente la Terra, riducendola a uno stato di materialismo assoluto".

Non si può non vedere a colpo d'occhio che questo non è che un altro culto panteistico e illuminato dell'I.A.O. - il Sole, la Luna e il Fuoco distruttore, il Potere Serpente o forza vitale di tutta la Natura - intrecciato con la terra". È la "fissazione della luce astrale in una base materiale", che forma strumenti illuminati. È il Dio Pan ancora una volta sorto, che suona la sua vecchia pipa misteriosa, mostrando i misteri dei triangoli intrecciati: la generazione, la creazione. Con questa forza il mondo doveva essere iniziato o illuminato, ma prima Saturno doveva disintegrare e distruggere tutti i vecchi sistemi e le religioni, e dalle ceneri, come l'antica Fenice, doveva sorgere il nuovo regno di Lucifero - la Grande Perversione! Non con l'intelletto e la ragione, ma con la negazione e la fede cieca.

Dopo aver studiato la "Conoscenza dei Mondi Superiori" o "Via dell'Iniziazione" di Steiner, diventa sempre più chiaro che si tratta in realtà di una preparazione all'ossessione da parte di questi esseri nascosti, di cui Steiner ha tanto parlato, che, operando sul piano astrale, sono ovunque alla ricerca di inganni e strumenti attraverso i quali portare avanti la Rivoluzione Mondiale che conduce al Dominio Mondiale. Con questo mezzo questi esseri istruiscono e orientano, costruendo una "Scienza dello Spirito", attraverso un adepto e un maestro illuminato come Steiner, per cui molti altri vengono addestrati, istruiti e raccolti nel loro ovile di utilità diabolica, in gran parte sotto l'errata convinzione che il piano sia divinamente ispirato per la "superiore evoluzione del mondo".

Anche se, come vedremo, l'Antroposofia è stata dichiarata da Steiner una società interamente pubblica, egli scrive: "Qui verrà spiegato solo ciò che può essere pubblicamente divulgato". La sua scienza è ancora "occulta" e in tutto ciò che conta rimane segreta e nascosta. Il suo schema di iniziazione prevede tre fasi:

(I) La *prova*. - Il risveglio dei sensi interiori attraverso la meditazione. A tal fine, sono necessarie devozione, riverenza, umiltà, la messa a tacere di ogni critica o giudizio negativo; il personale deve essere sottomesso, lo sguardo universale deve essere risvegliato per il servizio dell'"umanità". Bisogna coltivare la calma, che porta alla completa passività, e chiudere tutte le impressioni del mondo esterno; poi arriva il "silenzio interiore", in cui gli "esseri nascosti" gli parlano. Per risvegliare questi sensi deve vivere possibilmente vicino alla natura, tra le foreste profumate di pino e i boschi, o guardare le cime innevate. In queste meditazioni i suoi pensieri devono essere orientati da quelli di uomini avanzati che, secondo Steiner, nel corso dei secoli sono stati ispirati da esseri simili: "la Bhagavad Gita, il Vangelo di San Giovanni, Tommaso da Kempis e la Scienza dello Spirito!". Qui abbiamo il Johannismo e uno dei noti metodi di Weishaupt più o meno universalmente impiegati nell'illuminismo. La Kundalini deve essere risvegliata concentrandosi sulle *sensazioni* prodotte dalla crescita e dal decadimento in natura, una simile al "sorgere del sole", la forza vitale attiva, e l'altra al "sorgere della luna", la forza vitale passiva; e questo apre il "piano astrale". Non deve mai *intellettualizzare*, ma solo *sentire*. Questo porta all'orientamento: inizia a sentire. La passività deve estendersi "all'ascolto senza critica, anche quando viene avanzata un'opinione completamente contraddittoria, quando viene commesso davanti a lui l'errore più disperato; allora impara, a poco a poco, a fondersi con l'essere dell'altro e a identificarsi con esso". Questo lo addestrerebbe a lasciar andare la propria personalità e le proprie opinioni, rendendosi disponibile all'ossessione di un altro, o anche di questi esseri nascosti", sul piano astrale, che solo in tali condizioni possono comunicare con lui, impiantando le loro idee in un "vaso vuoto".

(2) *Illuminazione.* - Ancora. risvegliando ulteriormente queste forze positive e negative della Kundalini - la forza unita che deve infine attrarre le forze di controllo dei maestri - diventa chiaroveggente e vede i colori di queste forze: sono il rosso-giallo e il blu, i poli positivi e negativi dell'OD degli ebrei, la luce astrale. Infine, risveglia la forza centrale e unificante, quindi incontra questi esseri. Inoltre, bisogna vincere ogni paura, perché, come dice il rituale Stella Matutina, "la paura è fallimento", perché senza la fede impavida del soggetto ipnotizzato, da parte dell'adepto, questi esseri non possono tentare con sicurezza la fase finale di questa ossessione diabolica.

(3) *Iniziazione.* - Deve passare attraverso delle "prove", per testare la sua resistenza e la sua fede. In queste prove tutti i suoi dubbi vengono eliminati, egli agisce istantaneamente come ispirato da questi esseri, cessa di agire e pensare da solo, viene controllato - "come sopra così sotto". Ora diventa un contenitore di luce e gli viene insegnato da questi maestri

come applicare la conoscenza data e usarla per "l'umanità" o, più correttamente, contro l'umanità. Gli viene detto che "deve prestare la sua mano alla distruzione solo quando è anche in grado, attraverso e per mezzo della distruzione, di promuovere una nuova vita" - l'antico credo dell'Illuminismo, "il male aiuta a portare avanti il bene!". È una perversione e la via della Rivoluzione Mondiale, che non porta alla "salvezza e all'evoluzione superiore dell'uomo", ma alla sua regressione collettiva e alla morte di tutta la civiltà cristiana, come si vede nella Russia di oggi.

Quanto segue, tratto dall'articolo di M. Robert Kuentz, "Le Dr. Rudolph Steiner et la Théosophie actuelle", in *Le Feu*, dicembre 1913, è interessante perché apparentemente scritto dall'interno.

Riporta testualmente ventiquattro domande che rivolse al rappresentante di Steiner in Francia, riguardo alla società di Steiner e al suo legame con la massoneria del Grande Oriente e il rosacrocianesimo, un questionario che fu eluso e non ebbe mai risposta. Ecco alcune delle domande:

I. Esiste o no una somiglianza tra le cerimonie occulte di Steiner e quelle del Grande Oriente? Le formule sono le stesse? Vi si ritrova la storia di Hiram e le tre circumambulazioni nell'oscurità, con gli occhi bendati (quest'ultima deve essere familiare ai membri della Stella Matutina!)?

4. Gli esercizi dati da Steiner, in modo incompleto, nel suo libro sull'*Iniziazione* - esercizi di cui ho visto i dettagli e gli sviluppi occulti forniti dallo stesso Steiner - non portano forse a quello stato mentale massonico, a me così ben noto?

5. Gli esercizi, per esempio, chiamati "Fede" e quello che sviluppa la "Passività", non orientano forse l'allievo in modo tale, da un lato verso la *credulità* e dall'altro verso il terrore di ogni spirito critico, che la mente così lavorata è pronta a digerire tutto ciò che le viene offerto e a trovarlo buono e bello anche quando è brutto e cattivo?

6. Ci sono, in verità, un gran numero di sciocchi o di menti squilibrate nella massoneria del dottor Steiner e pochi veramente intelligenti?

8. Il dottor Steiner non dice forse nei suoi libri che la Teosofia, che non ha un credo, si eleva al di sopra delle religioni che hanno un credo e le domina?

9. Ma Steiner non officia forse davanti all'altare nel suo Tempio della Rosa-Croce?

10. Non è forse il Sommo Sacerdote di questo Ordine?

11. Non ha forse i paramenti sacerdotali, come i sacerdoti cattolici?

12. Non sposa i massoni teosofici?

14. Volete costruire il "Tempio", chiamato "Volta", a Monaco, perché, oltretutto, rappresenterà il simbolo che quella parola esprime?

16. Perché negli scritti di Steiner non c'è traccia di tutto questo, di questo "Santo dei Santi", di questa scuola massonica, dove penetrano solo gli "eletti", cioè coloro che hanno studiato consapevolmente i libri di Steiner e che hanno fatto gli esercizi indicati nel libro *Iniziazione?*

17. Giurano essi stessi (sotto la pena "di vagare nello spazio per l'eternità senza una guida") di mantenere il segreto su ciò che vedranno nel Tempio, prima di sapere qualcosa di ciò che promettono con questo giuramento, che sicuramente deve terrorizzare i veggenti e i deboli di mente (simile al giuramento nella Stella Matutina!)?

24. Il titolo "Gnosi luciferina" della vecchia rivista di Steiner non è forse infelice e inutilmente preoccupante, se non significa veramente una vera iniziazione luciferina (satanica) e gnostica?

M. Robert Kuentz continua a dare l'equivoco che ha ottenuto al posto della risposta al suo questionario:

"Ecco il comando della massoneria. Rispondere in modo diretto a queste domande dirette mi avrebbe semplicemente conferito l'iniziazione stessa, lì per lì, senza i riti ordinari e le condizioni richieste. L'iniziazione non è altro che la risposta a queste domande, dopo la promessa giurata da parte del candidato di non tradire questo segreto, e quando il discepolo è stato sufficientemente estraniato dal proprio libero giudizio per sopportare e accettare questa "verità" senza orrore, o senza capire più la natura di essa o a cosa conduce. Questa polverizzazione delle facoltà mentali, questo trattamento della mente attraverso il processo di "esercizi occulti" a cui viene sottoposto il discepolo, che senza dubbio diventerà presto il "paziente", spiega nello Steinerismo questi adepti di buona fede e di incontestabile moralità che sono vittime che seguono un fine e dei maestri di cui ignorano l'esistenza, nell'illusione dell'idealismo. (Questo vale per tutti gli Ordini di questo tipo).

"La risposta del rappresentante di Steiner fu di "confessare che sono tali dubbi a formare un setaccio intorno agli insegnamenti di Steiner, a disperdere tutte le menti deboli dal suo esoterismo"... Inoltre non volle dare altre informazioni oltre a quelle contenute nei documenti che già possedevo, in modo che "la mia fede nelle sue spiegazioni non prendesse il posto che il mio libero e assoluto giudizio dovrebbe da solo ispirare!"".

Parlando del proprio questionario, M. Kuentz osserva:

"Non è stato un gesto cavalleresco di fiducia e di confidenza chiedere, non le prove, ma una parola d'onore che neghi i fatti incriminati. *Siamo quindi obbligati ad accettare i fatti!*".

Descrivendo questi esercizi di purificazione della mente dell'iniziazione di Steiner, M. Kuentz scrive:

Senza andare oltre, però, si può facilmente intuire che non ha a che fare con la "Fede", ma con la "Credulità", e con una rara e devastante "passività", se si vogliono accettare con serenità le mostruosità religiose e storiche incarnate nella prima parte di questo studio. Tuttavia, Steiner chiama questa "passività, equilibrio" e io gli cedo volentieri l'originalità della sua espressione. Nel descrivere una qualità che permette di accettare con fiducia che "l'orologio della chiesa vicina si sia, durante la notte, improvvisamente messo in posizione orizzontale". Il discepolo, dice Steiner, nel quinto esercizio non deve rifiutare il bizzarro come assurdo. Tutte le cose stupefacenti che vi vengono presentate devono essere messe da parte senza essere rifiutate. Per arrivare a questo punto ci deve essere un addestramento completo, un regime deprimente a cui sottoporsi, che varia a seconda del candidato; queste sono le tappe della prostituzione della mente.

Dal primo esercizio, che consiste nel "concentrarsi su un pensiero" (banale all'inizio), l'allievo si abitua a perdere il contatto con il senso di ciò che è pratico e reale; il secondo gli inculca una routine folle, indispensabile per perfezionare il suo squilibrio interiore. Il terzo esercizio è in verità "passività". ... È quello che smorza la forza del sentimento e della sofferenza, che spegne meccanicamente l'entusiasmo, l'orrore e tutte le sensazioni forti e sane, che soffia sulla mente in nome del "temperamento equo" come uno scirocco di indifferenza. Allora si è pronti per la "positività" - esercizio di erosione quadripartita della facoltà critica... Si dice che l'allievo esoterico sappia bene che se conserva ancora lo spirito critico, deve abbandonare ogni speranza di sviluppo occulto, anzi deve aiutare a curarsi da questo! Solo allora è in grado di fare il quinto esercizio: "per sviluppare un certo sentimento di fede, non deve più rifiutare subito qualsiasi cosa, qualunque essa sia, che si presenti alla sua mente".

"Questo è il terribile noviziato a cui ci si deve sottoporre per molto tempo per diventare un iniziato adatto! Si vede qui la formazione sistematica della mente massonica; così come l'ispirazione insinuante e sottilmente ingannevole di una sorta di allucinazione (o ipnosi) che assicura la sua docilità.

Questi esercizi occupano tutte le facoltà e hanno curiose precisioni.

Leggete questo!

"Gli esercizi interiori si fanno la sera e la mattina a letto. Dovete immaginare di essere in un mare di luce da cui le onde di fuoco entrano nel corpo. Poi la testa, il centro del corpo e tutto il corpo dovrebbero vivere separatamente: attraverso la fronte (ghiandola pineale) la luce entra, e si sente una voce alla radice del naso dire: "I puri raggi del divino sono in te". Il cuore a sua volta sente qualcosa di simile, solo che i raggi passano attraverso di lui. Poi l'addome parla (non ridete!), in modo che la forza del mondo possa uscire attraverso l'ombelico".

Ora sappiamo che il movimento di Steiner non solo è alleato alla Massoneria, se non addirittura al Grande Oriente, ma è anche rosacrociano; su quest'ultimo punto sono costretti a tacere perché, come gli Illuminati di Weishaupt, nessun rosacrociano può ammettere di esserlo. M. Robert Kuentz descrive così l'"iniziazione al grado di apprendista rosacroce" di Steiner:

"La sera cominciano a radunare tutti i nuovi aderenti, e dopo un piccolo sermone di Steiner, vago e fraterno, vi viene detto di firmare un foglio con il quale riconoscete che Steiner è il *Gran Maestro dell'Ordine della Rosa-Croce*; si aggiunge che dovete sottoscrivere le spese dell'Ordine, che dovete considerare i vostri inferiori come vostri pari, e si conclude con la formula del giuramento indicata nel mio questionario... Vi viene detto in anticipo di vestirvi preferibilmente di bianco. Entrate, riconoscete i teosofi; c'è un'aria di mistero; tutti parlano a bassa voce... Siete bendati e vi viene tolto tutto il metallo - catene, anelli, ecc. Un ufficiale dietro di voi vi mette le mani sulle spalle, poi inizia la processione.

Il primo dialogo si svolge davanti alla porta del Tempio... La porta del Tempio si apre, voi entrate e fate tre volte il giro della stanza, sedendovi tre volte, durante le quali il "Maestro delle Cerimonie" declama con voce religiosa, misteriosa e sfingea, le note formule del rito usato dal Grande Oriente... Poi finalmente vi sedete ancora bendati, e sentite che qualcosa accade alla vita e al collo. Improvvisamente la guida solleva la benda e si vede davanti a sé un teschio che Steiner tiene sotto il naso. Steiner ha un severo, uno per lato - un diacono e un vice-diacono (come nella Messa cattolica liberale!) - portatori di candele di cera: il tutto in una fitta oscurità. La benda cade di nuovo: dopo un po' viene tolta del tutto, si è... *iniziati*: si comincia a vedere la luce. Questa luce proviene da candele di cera poste su tre altari; dappertutto pendono drappi neri che simboleggiano l'oscurità che è sempre vicina... Steiner, il Sommo Sacerdote, è completamente vestito di rosso, con una lunga coda mefistofelica e un berretto rosso; è davanti a un altare, a forma di cubo, su cui si trovano un crocifisso, una coppa e una candela; i due servitori, che indossano grembiuli massonici, sono davanti a un altro cubo con in mano delle candele; il Gran Maestro delle Cerimonie è vicino a Steiner (una donna dell'alta nobiltà bavarese, ben nota ai teosofi, a volte ricopriva questa carica; aveva una specie di alba e casula). Ti guardi e vedi il grembiule massonico davanti a te con triangolo e cazzuola. Si mette la mano sul Vangelo di San Giovanni (Johannismo); poi si dice la parola d'ordine, il segno dell'apprendista e il nome sacro che si può solo balbettare: è YAKIM. Poi, con due spade allungate, vengono fatti dei segni curiosi davanti a voi. Poi un sermone di Steiner sulla leggenda di Hiram e Salomone... Poi il banchetto, durante il quale si cerca il Tempio sotterraneo, la Volta, allora in costruzione a Monaco (senza dubbio il banchetto panteistico dell'illuminismo). Secondo discorso di Steiner, che si è tolto la veste rossa e ora indossa un'alba di pizzo; parla del Triangolo e dell'occhio di Dio (?), che è al centro del Triangolo e dell'essere dell'uomo. (Questo è il Triangolo della manifestazione, e l'occhio è il potere manifestato - il Principio Creativo Universale, la luce astrale dell'Illuminismo, perché tale è lo Steinerismo). Chiusura della cerimonia, durata quattro ore: colpi rituali con mazze sui tre cubi; candele spente e di nuovo accese, vengono tolti i drappi neri della sepoltura; si è circondati dal rosso del sangue di bue (rubino il colore dell'unità); è finalmente la luce! ... Ite missa est! ... Siete *iniziati!*

"Non conosco forma più precisa e insidiosa dell'occultismo di Steiner (di questo satanismo del XX secolo).

Questa è la conclusione a cui mi ha condotto la mia indagine... Steiner attacca prima l'individuo di cui deruba le facoltà; poi rovina la società traendone i suoi adepti; infine e soprattutto, facendo dell'uomo Dio (l'"Uomo Deificato") il suo rituale laico sfida e brucia la religione con l'anarchia di Lucifero. Per giustificare e concludere questo studio, non possiamo fare di meglio che citare M. Ferrand: "Conoscere i teosofi è un dovere sociale, smascherarli un dovere politico e combatterli un dovere religioso!".

"Aggiungiamo che l'Apprendista-Rosicruciano è solo una frangia dell'Ordine Rosacrociano. Seguono Ordini minori e Ordini sacri in cui l'iniziazione va più lontano - molto più lontano!".

Robert Kuentz parla del "Tempio sotterraneo", il "Santo dei Santi" che Steiner stava costruendo a Monaco. Presumo che questo contenesse la "Volta" o Tomba degli Adepti, che figura in tutti i gradi e le cerimonie rosacrociane superiori.

Nonostante la natura segreta e "occulta" degli insegnamenti di Steiner, che portano all'iniziazione finale e alla perdita della personalità sotto il controllo di questi cosiddetti esseri spirituali o maestri nell'astrale, e nonostante i suoi gradi segreti massonici e rosacrociani, Steiner, nel suo *Foglio notizie del* Natale 1923, scrisse:

"La Società Antroposofica è un'organizzazione interamente pubblica: la politica non rientra tra i suoi compiti. (Tutte le pubblicazioni della Società saranno aperte al pubblico, come quelle di altre società pubbliche. Lo stesso varrà per le pubblicazioni della Scuola di Scienza dello Spirito; ma a proposito di queste opere, i responsabili della scuola si riservano fin dall'inizio il diritto di negare la validità di opinioni non supportate dalle dovute qualifiche, cioè dalla formazione di cui le opere stesse sono il risultato. In questo senso, e come è consuetudine nel mondo scientifico riconosciuto, non ammetteranno la validità di alcun giudizio che non sia basato sugli studi preliminari richiesti. Le pubblicazioni della Scuola di Scienza dello Spirito conterranno quindi il seguente avviso:

> "Stampato manoscritto per i membri della Scuola di Scienza dello Spirito, classe "Goetheanum" ... nessuna persona è ritenuta qualificata a formulare un giudizio sul contenuto di queste opere che non abbia acquisito attraverso la scuola stessa o in modo equivalente riconosciuto dalla scuola - le conoscenze preliminari richieste; altre opinioni saranno ignorate: gli autori rifiutano di prenderle come base per la discussione".

Il ricercatore di questa affidabile (?) Scienza dello Spirito ottiene così la sua conoscenza:

> "Con le facoltà che sono in lui (i suoi sensi interiori risvegliati!), egli entra coscientemente nei mondi in cui dimorano gli esseri spirituali e si svolgono i processi spirituali. Vede gli esseri spirituali e i processi spirituali, e vede anche come gli esseri e i processi del mondo fisico nascono dallo spirituale. La scuola condurrà i suoi membri nelle regioni del mondo spirituale che non possono essere rivelate dalle idee, dove diventa necessario trovare i mezzi per esprimere l'immaginazione, l'ispirazione e l'intuizione. Anche qui i vari dipartimenti della vita - artistico, educativo, etico, ecc. - saranno portati in quelle regioni dove ricevono la luce esoterica e l'impulso al lavoro creativo".

Se sostituiamo "astrale" con "spirituale" e uomini in carne e ossa che lavorano sul piano astrale "per esseri spirituali", arriviamo di nuovo al gioco secolare di questi ebrei cabalisti, che cercano di dominare il mondo attraverso inganni creduloni e strumenti illuminati - permeando, in questo modo, tutti i dipartimenti della vita nazionale, sociale e religiosa con le loro idee di disintegrazione e i loro sistemi di perversione.

Un altro metodo sviluppato da Steiner per realizzare questo illuminismo che distrugge la mente è l'"Euritmia", costruita, come in altri Ordini occulti, a partire da ispirazioni mistiche e magiche. Qui si gioca con le forze nascoste della natura e la magia diventa bianca o nera, a seconda della fonte di ispirazione. Oggi esistono molte forme semplici di danze euritmiche, svedesi e popolari, del tutto innocue e persino salutari. La maggior parte di questi Ordini è stata costruita attraverso comunicazioni di maestri occulti in gran parte o del tutto per scopi sub versi; pertanto l'euritmia ad essi ispirata sarebbe un pericolo non solo per l'individuo, ma anche per il Paese in cui viene insegnata, poiché come ci dice Eliphas Levi: "La magia nera è un contagio di vertigini e un'epidemia di irragionevolezza", come quella di cui soffre oggi il nostro Paese.

Dobbiamo innanzitutto capire che l'uomo stesso è un piccolo universo - il *Microcosmo* - all'interno del Grande Universo - il *Macrocosmo* - vincolato dalle stesse leggi e costituito dalle stesse forze. L'Etere permea tutto, e collega tutti insieme - "come sopra così sotto". Nella sua "Euritmia" Steiner usa le vocali per rappresentare le attività planetarie e le consonanti quelle dello Zodiaco. Nel XVI secolo Cornelius Agrippa attribuiva le cinque vocali e le consonanti j e v ai sette pianeti; le consonanti *b, c, d, f, g, l, m, n, p, r, s, t*, ai dodici segni dello Zodiaco; *k, q, x, z*, ai quattro elementi, e h, l'aspirazione, allo spirito del mondo - l'etere.

Inoltre, Arthur Avalon, nella sua traduzione dal sanscrito *del Tantra della Grande Liberazione*, dice:

> "Un Mantra è composto da alcune lettere disposte in una sequenza definita di suoni, di cui le lettere sono i segni rappresentativi. Per produrre l'effetto desiderato, il Mantra deve essere intonato nel modo giusto, secondo il ritmo e il suono... un Mantra è *una potente forza di costrizione*, una parola di potere".

In uno dei Tantra si dice: "Temo, o Signore, che anche ciò che hai ordinato per il bene degli uomini, attraverso di loro si riveli per il male". L'euritmia del dottor Steiner è dunque per il "grande bene o per il grande male"?

La sua euritmia sembra essere magica, risvegliando e risvegliando forze corrispondenti nell'uomo e nell'universo, come sappiamo che avviene in tutte le cerimonie di questi ordini occulti. Le vibrazioni sono messe in moto dal suono, dal ritmo, dal colore e dal movimento, attirando per polarità le forze magnetiche più sottili della Natura, creando legami non solo con forze universali simili, ma anche con altre menti che lavorano con lo stesso insieme di vibrazioni, avendo senza dubbio la stessa chiave di lettura di chi ha ispirato l'euritmia! Nell'*Antroposofia* si dice che: "L'euritmia è infatti un'espressione del Canto delle Stelle, del discorso degli dei all'uomo". Si tratta della pipa del dio pagano Pan, le vibrazioni dell'armonia a sette voci dei pianeti. Essendo gli dei forze della Natura, presso gli antichi Egizi Osiride rappresentava il Sole, Iside la Luna, Apophis il fuoco distruttore - Sole, Luna e Fuoco del Potere del Serpente, la luce astrale che, come ci dice Eliphas Levi, è di per sé una forza cieca, ma che sotto l'impulso di potenti volontà è alla base di ogni magia, sia bianca che nera. Sempre l'*Antroposofia* dice: "Il movimento in euritmia passa in forma plasticamente visibile nella *luce* e viene visto dall'occhio". Questi movimenti, quindi, attraggono e fanno scendere questa stessa luce astrale, e queste forze vengono attirate nell'individuo che "diventa portatore dell'io spirituale", o non è forse lo spirito di un'altra mente ossessionante!

Ci chiediamo quindi: Steiner si è evoluto e ha costruito la sua euritmia grazie alla chiaroveggenza, alla chiarudienza e agli insegnamenti impressivi, ispirati da maestri o "esseri spirituali"? Questi maestri non erano forse lo stesso Potere invisibile che dirige e istruisce tutti questi gruppi occulti per la realizzazione dei loro progetti mondiali? Se è così, questa euritmia non è forse semplicemente un mezzo per creare "vasi di luce", ricevitori e trasmettitori di queste forze, controllati ipnoticamente da questi maestri, ciecamente obbedienti a tutti i loro sottili e segreti suggerimenti? Non sono forse solo mantra euritmici, potenti forze costringenti, che risvegliano la Kundalini, che creano l'illuminismo, provocati dalla volontà di questi maestri dall'esterno?

In The *Socialist Network,* citando il resoconto di Walter Pahl sulla religione del "Movimento giovanile tedesco", la signora Webster scrive:

> "Non essendo più cristiani, hanno liberato il corpo e si sono dedicati alla *"danza della terra e delle stelle dentro di noi",* per riportare la grande armonia e la santità nella nostra vita. *La danza, infatti, offre la più grande emozione religiosa a gran parte della nostra gioventù tedesca".* È qui che si può rintracciare l'ispirazione della danza euritmica praticata dagli steineriani in Germania, ecc. ".

In *Antroposofia,* il primo numero del trimestrale steineriano, troviamo un articolo sull'"Euritmia", in cui si legge che: "L'Euritmia è nata dall'essenza della Scienza dello Spirito antroposofica e si basa sulla comprensione *della vera natura dell'uomo e della sua relazione con la Terra, nonché con i Misteri Planetari e Zodiacali del Cosmo".* Non è forse questa "la terra e le stelle in noi" del "Movimento giovanile"?

Ancora una volta, per citare gli steineriani:

> "Il corpo eterico trae la sua mobilità interiore dalle forze planetarie e zodiacali (mondi stellari!), quindi dalle forze cosmiche... Nell'Euritmia la mobilità viene portata dall'Io coscientemente nel corpo fisico (terra)... (l'Io può attirare queste forze nei vari corpi). Lo spirito vitale si sta esprimendo".

Questa è la fissazione della luce astrale in un corpo materiale; è l'illuminazione o l'illuminismo come raffigurato nel disegno "Anthropos", - come sopra così sotto - all'inizio del secondo numero del loro trimestrale. Questa danza emozionale del

"Movimento Giovanile" in Germania non risveglia forse la Kundalini allo stesso modo e per lo stesso scopo? E in effetti entrambi i movimenti sono completamente panteistici!

Per cercare di spiegare la *ragion d'essere* del culto di Steiner e della sua euritmia, che sta penetrando anche oggi nell'istruzione e nelle scuole - come dicono i "Protocolli": "Rieducazione della gioventù mediante nuove religioni temporanee" - può essere utile fare un confronto con le danze ritmiche e il culto della setta russa primitiva, la "Khlysty", o "Popolo di Dio", a cui apparteneva Rasputin, quel genio licenzioso e malvagio della Russia.

Il culto del dottor Rudolph Steiner, come abbiamo visto, è in gran parte gnostico ed è un manicheismo, che suppone il dualismo nella Divinità, l'ineguaglianza nell'Assoluto, l'inferiorità nel Potere Supremo. È luciferiano. Ha come obiettivo la deificazione panteistica dell'uomo.

Il Khlysty - una setta diretta da Cristi o da uomini divinizzati - è generalmente datato alla metà del XVII secolo. Si dice che il fondatore fosse un soldato fuggitivo di , Danila Philippovitch, che gettò i suoi numerosi libri di pietà nel Volga, dichiarando di essere una reincarnazione di "Dio Padre" e che non c'era altro Dio all'infuori di lui, che l'unico e solo "Libro d'Oro" dell'ispirazione era dentro ognuno di noi; non è forse solo "l'intuizione", il dio di Krishnamurti, il "Genio Superiore" dei Rosacroce, il "Dio dentro" di Mme Blavatsky? Insieme a Ivan Timothéiévitch Souslov, il suo "Cristo", vagò per la Russia, diffondendo il suo culto, che si diceva fosse una forma di gnosticismo, in particolare di manicheismo e montanismo. Montano era dedito a una sconfinata licenziosità di frenesia ed estasi, come è evidente tra i Khlysty; essi pretendono di spiritualizzare la materia, ma in realtà materializzano lo spirito, e il culto dei Khlysty mostra una concezione panteistica della Divinità. La setta era più o meno segreta e il nuovo affiliato giurava di mantenere il segreto su tutto ciò che vedeva e sentiva durante le cerimonie; di soffrire il fuoco, lo knout, la tortura e la morte, piuttosto che rinnegare la sua fede. Era inoltre vincolato al celibato - a parte il suo culto!

Il culto era officiato dal Padre, dalla Madre, dai Profeti e dalle Profetesse e la sua forma principale e più popolare era il "fervore". Il fervore consisteva in numerose figure ritmiche di danze circolari sempre in movimento con il sole, sempre in accelerazione, e accompagnate da canti ed esclamazioni, a volte "Eva Evo!" - il grido delle baccanti del dio Dioniso, l'I.A.O. dei Rosacroce - i canti segnavano il ritmo del fervore. Produceva l'illusione di muoversi come su ali, e di solito continuava per molte ore - a volte terminava con la pronuncia della "parola" o di profezie, oppure la luce si spegneva, seguita da un'orgia sessuale. In breve tempo si accorsero di non poter vivere senza questo fervore; avrebbero rinunciato prima a un dogma o a una regola morale. Lo scopo del fervore era la discesa dello "Spirito" o della luce astrale, la divinizzazione e la creazione di "Cristi" - l'Illuminismo!

Nel suo libro *"La setta russa, il popolo di Dio* o il Khlysty", M. J. B. Severac cita quanto segue come spiegazione di questo fervore:

> "La storia di tutti i tempi, scrive M. Ribot, abbonda di processi fisiologici, impiegati per produrre un'estasi artificiale... per così dire, avere la divinità dentro di sé. Ci sono forme inferiori, l'ebbrezza meccanica prodotta dalla danza, la musica ritmica dei primitivi, che li eccita e li mette in una condizione matura per l'ispirazione; il soma, il vino, la dionisia, le orge di Ménades, lo spargimento di sangue così diffuso nei culti dell'Asia Minore, la dea Atys, i Corybanti, i Galli, che si mutilano e si tagliano con le spade; nel Medioevo i Flagellanti, e ai nostri giorni i fachiri e i dervisci, ecc."

M. Séverac dice:

> "Il fervore del popolo di Dio ha il suo posto accanto a questi esempi di processi fisiologici di forma inferiore destinati a raggiungere questa divinità".

Questa Euritmia del Dr. Steiner, che è anche accompagnata da musica ritmica, per quanto dotta, scientifica e occultisticamente pensata e applicata, raggiunge né più né meno che il fervore di questi gnostici primitivi, i Khlysty. Il loro dio è né meno né più del dio di tutto l'Illuminismo, il principio creativo di tutta la Natura, e in entrambi i gruppi cercano di risvegliare la Kundalini, il serpente interiore, per essere, secondo entrambe le credenze, "penetrati" dallo "spirito" universale della Natura dall'esterno, al fine di realizzare la condizione nota come "deificazione", un Illuminismo che possa unirli, all'insaputa di loro stessi, con il loro "maestro", l'Ebreo Cabalista, l'ideatore del misticismo gnostico. Così sono diventati solo un oracolo o uno strumento.

Dmitrij Merejkovskij, lo scrittore storico russo, fa descrivere a uno dei suoi personaggi in "Pierre le Grand" il credo dei Khlysty, un credo applicabile a molti movimenti più o meno degradanti e squilibrati di oggi:

> "Ti spiegherò un grande mistero: se desideri vivere, mortifica, per la gloria di Dio, non solo il tuo corpo, ma anche la tua anima, la tua ragione e persino la tua coscienza. *Liberati da tutte le regole e da tutte le leggi, da tutte le virtù del digiuno, dell'astinenza e della verginità.* Liberati dalla santità. Scendi in te stesso come in una tomba. Allora, misteriosamente morto, risorgerai, e in te dimorerà lo Spirito Santo, che non perderai mai, qualunque cosa tu faccia". "Credeva di volare senza sapere dove volasse, se verso il cielo o verso l'abisso, verso Dio o verso il diavolo!".

Questa è la via crucis dell'Illuminismo e conduce senza dubbio all'abisso e alla degradazione morale.

Nelle conferenze di Steiner, tenute a Stoccarda nel 1918, abbiamo un'idea molto chiara della sua visione politica di allora e siamo costretti a concludere che non era quella di un alto maestro spirituale. Ecco un autentico riassunto:

> "Parla della guerra come un tedesco e dà l'impressione che la Germania avrebbe dovuto vincere, e questo gli avrebbe fatto

piacere. Parla a lungo della violazione del Belgio, ma non dice una parola di condanna. Spiega il sistema bolscevico; apparentemente lo approva, in quanto dà per assodato che solo i lavoratori dovrebbero avere dei diritti, che il capitale è sbagliato e dovrebbe scomparire, che i mezzi di sussistenza non devono dipendere dal lavoro, ecc. Quando si compra, ad esempio, un cappotto, con il proprio denaro si compra il lavoro degli uomini, e lui lo condanna! Il denaro dovrebbe essere autorizzato a comprare solo beni. (Non spiega le contraddizioni).

"Un'opera d'arte si trova, per esempio, a Roma; un 'borghese' (capitalista) può andare a vederla; il suo denaro comanderà il lavoro di molti ferrovieri, ecc... per permettergli di godere della vista di quell'opera d'arte. Perché un povero operaio, a cui appartiene così come al borghese, non dovrebbe vederla? Le opere d'arte dovrebbero essere portate ai lavoratori ovunque. Il denaro lasciato in banca con l'interesse composto raddoppierà in quattordici anni, eppure il capitalista sarà rimasto inattivo. Il denaro è il potere di requisire il lavoro degli altri!

"In Inghilterra esistono società occulte che ispirano la politica inglese. Esse conoscono il corso dell'evoluzione per i prossimi decenni e utilizzano le loro conoscenze per il vantaggio materiale dell'Inghilterra. Gli inglesi cercheranno di mantenere i popoli a est del Reno (Europa centrale e Russia) in uno stato di debolezza, mantenendo tra di loro istituzioni socialiste; al fine di sfruttare il loro lavoro come schiavi, a beneficio dell'Impero britannico come padroni.

"Sono gli occultisti inglesi che hanno causato il rovesciamento dello Tzar e la conquista del potere da parte del bolscevismo. Stanno facendo esperimenti socialisti a spese della Russia e dell'Europa centrale. Ma poiché i popoli di lingua inglese (Inghilterra e America) saranno in grado di sviluppare solo l'occultismo materialista, che alla fine distruggerà la loro evoluzione, essi sfrutteranno a loro vantaggio gli altri tipi di occultismo che le loro vittime svilupperanno: l'occultismo igienico dei tedeschi e l'occultismo eugenetico dei russi e degli asiatici.

"Gli occultisti inglesi sono già in possesso di conoscenze che presto permetteranno ai datori di lavoro di far funzionare le loro macchine con una forza che eliminerà la maggior parte degli operai. Le masse di operai oziosi si ribelleranno con rabbia, ma gli occultisti inglesi conoscono i mezzi che li sottometteranno. (Steiner non spiega i mezzi!). La causa degli attuali disordini in Europa è il tipo di cose che un clero "pigro" ha predicato nelle chiese per molto tempo, perché la sua predicazione non ha alcun rapporto con gli uomini e le vite. Steiner spiega a lungo cosa vogliono i bolscevichi e cosa hanno fatto. Pur non perdendo occasione per insultare le chiese, è molto gentile nei confronti dei bolscevichi e si guarda bene dal dire che non li sta criticando. Quando spiega cosa hanno fatto con i loro oppositori, non usa la parola "omicidio" e nemmeno "esecuzione"; dice che li hanno "cacciati" o che si sono liberati di loro.

Sulla politica britannica dice che sono molto potenti e riusciranno a governare il mondo perché sono essenzialmente egoisti; dice che l'egoismo non deve essere criticato, perché fa parte dell'evoluzione, dello sviluppo dell'autocoscienza. I francesi sono finiti, perché le loro qualità di logica, intelletto, ragione, ecc. sono solo il perfezionamento della civiltà romana. L'unica nazione al mondo che sa distinguere il bene dal male è quella tedesca (1918)! Steiner è apparentemente così ansioso di dimostrare che intende ciò che dice, che aggiunge: "Le altre nazioni non ne capiscono assolutamente nulla". La politica tedesca è sempre idealista!

"Il telefono, la radio, i treni espressi e altre comodità moderne sono state messe al nostro servizio a costo della miseria di milioni di lavoratori. È stato molto facile per i primi teosofi inglesi della seconda metà dell'Ottocento accettare di buon grado il nuovo insegnamento nelle loro comode stanze ben riscaldate dal carbone estratto in condizioni terribili alle quali non hanno mai pensato. L'umanità come insieme collettivo è sul punto di oltrepassare più o meno consapevolmente la soglia, e questo passo epocale sarà compiuto dal proletariato.

Se il pensiero del proletariato è ancora caotico e sbagliato, è perché sta ancora imitando la mentalità borghese.

"Già nel 1880 i leader occulti anglo-americani, che dirigevano i leader politici, sapevano dell'imminente guerra mondiale e si preparavano ad affrontarla. I leader tedeschi non ne sapevano nulla e non hanno voluto prendere l'avvertimento, ed è per questo che hanno perso! La guerra fisica è stata facilmente vinta dall'Inghilterra, ma sarà seguita da una guerra spirituale tra Est e Ovest (Est-India, Russia e Germania; Ovest-Anglo-America), che sarà molto più pericolosa per l'Occidente. Per esempio. L'India, che è mezza morta di fame (secondo la signora Besant!), si ribellerà e sarà aiutata da potenti forze spirituali provenienti dal suo passato. La Germania deve compiere la sua missione, altrimenti la civiltà europea sarà rovinata".

Osservazioni. - Dall'inizio alla fine, in questo corso di circa otto conferenze, Steiner abusa quasi continuamente di tutti e di tutto, tranne che di se stesso e dei suoi insegnamenti. Trae ripetutamente conclusioni generali e persino cosmiche da condizioni tedesche puramente locali (per esempio, la presa autocratica del governo sull'istruzione, la religione e la stampa) e minaccia il mondo intero di terribili catastrofi se queste condizioni non saranno modificate. Il suo stato d'animo è ovviamente quello di pensare che nell'intera evoluzione cosmica la Germania sia il TUTTO e il resto il nulla.

Alla domanda su cosa ne sarà del denaro e del capitale nel suo schema "Triplice", ha risposto che non deve preoccuparsi di questi dettagli, perché essendo il suo schema così chiaramente fondato su una base pratica, ogni dettaglio si risolverà da solo nella giusta direzione!

In questo folle schema comunistico di un "Triplice Stato", ancora una volta evoluto da questa pericolosa "Scienza dello Spirito", sotto la direzione di esseri sconosciuti nell'astrale, Steiner sosteneva che tutte le nazioni, i popoli e le razze dovessero essere divisi in *tre* Corporazioni *internazionali*, indipendenti e autonome (senza testa, come qualcuno ha osservato!) - spirituale (religione e istruzione), politica ed economica. Per coprire le enormi spese di questo piano di disintegrazione, costituì una società per azioni chiamata "Der Kommende Tag Act" - "The Coming Day, Ltd.", o, come si dice in Inghilterra, "Futurum, Ltd.", ma ben presto si scoprì che era troppo comunista per le idee inglesi e fu chiusa. Tra i suoi sostenitori c'erano il defunto dottor Carl Unger e il dottor Arensohn.

Un'altra delle sperimentazioni di Steiner, basata su questa "Scienza dello Spirito", è la sua "Nuova Terapia", e per distribuire i risultati di questa cosiddetta "Ricerca Medica Antroposofica", la British Weleda Co. Ltd. fu costituita il 19 gennaio 1925, con un capitale di 2.000 sterline in azioni da 1 sterlina. I primi amministratori furono Daniel Nicol Dunlop, Heinrich Dank, austriaco, e Josef Emanuel Van Leer, olandese. Il 5 marzo 1925 l'International Laboratorien di Arlesheim, Svizzera, deteneva 1.050 azioni, ricevute per i diritti venduti nell'Impero Britannico (eccetto il Canada) per alcuni rimedi medicinali. L'attività è descritta come quella di Chimici e Farmacisti; sede, 21 Bloomsbury Square.

Nei suoi laboratori svolgeva le sue "ricerche per la medicina futura - l'arte di guarire attraverso la conoscenza spirituale". Non aveva una laurea in medicina, ma apparentemente basava la sua "Nuova Terapia" su indagini psichiche, con le quali sosteneva di vedere i processi esterni alla Natura e le loro relazioni con i processi all'interno del corpo umano, sostenendo di essere in grado di arrestare l'attività vegetale richiesta e di liberarla all'interno dell'organismo umano come energia cinetica, intrappolando l'energia cosmica! Lasciamo che coloro che sono ancora liberi da questa "Scienza dello Spirito" che distrugge la mente si rendano conto del possibile pericolo di sottoporre la mente e il corpo a questa nuova terapia psichica.

Inoltre, poiché lo stesso Dr. Steiner ha dichiarato che "tutte le pubblicazioni della Società saranno aperte al pubblico come quelle di altre società pubbliche", vorremmo consigliare vivamente a tutti i membri della Società Antroposofica e a coloro che sono interessati agli insegnamenti del Dr. Steiner di procurarsi non solo queste circa otto Conferenze di Stoccarda, ma anche l'*Apologia Germanica* di Steiner, scritta alla fine della guerra, e di giudicare da soli se, come vorrebbe farci credere il Sig. Steiner per la vera comprensione di tali insegnamenti, giudicheranno da soli se, come il signor Dunlop vorrebbe farci credere, questi sono gli insegnamenti di un leader spirituale il cui scopo è "rivolgere la vita e la mente dell'uomo alle vere cose dello spirito", o di un Illuminato, sovversivo e rivoluzionario, che mira alla distruzione di tutta la vita nazionale, dei vecchi sistemi consolidati e del cristianesimo stesso.

CAPITOLO IV

LA STELLA MATUTINA E LE ROSAE-RUBEAE ET AUREAE CRUCIS

S iamo in possesso di una delle copie originali di una breve storia della Stella Matutina, redatta dal dottor Felkin nel 1912, prima di partire per la prima volta per la Nuova Zelanda. Vi si recò per fondare un Tempio a Havelock North, in gran parte su suggerimento di un membro londinese, padre della Comunità della Resurrezione e di Mirfield, un collegio di formazione per il giovane clero, che aveva svolto un lavoro di missione in Nuova Zelanda, e allo stesso tempo un po' di propaganda per la Stella Matutina. Nel 1921, quando due dei capi di Londra, che avevano motivo di sospettare che l'Ordine fosse sovversivo, si schierarono contro il dottor Felkin, chiedendo informazioni più precise e indagini sulla vera natura della S.M. e sul suo più recente legame con la Germania, questa storia, su loro richiesta, fu rivista e annotata da uno dei capi originali, il dottor Wynn Westcott, che scrisse alla fine: "Do un assenso generale a tutto ciò che non ho segnato - *(firmato)* Sapere Aude 5-6; Non Omnis Moriar 7-4", questi sono i suoi motti esterni e interni. Inoltre consigliò ai due Capi di non consegnare alcun documento dell'Ordine, allora in loro possesso, né al dottor Felkin né ai suoi delegati fino a quando non si fossero ottenute informazioni certe e soddisfacenti. Nulla di soddisfacente fu mai garantito, e dal 1919, anno in cui il sospetto fu per la prima volta definitivamente sollevato, fino ad oggi, le indagini sono state condotte da un piccolo gruppo, e gradualmente il sospetto è diventato una certezza.

L'Ordine della "Stella Matutina" o, come viene chiamato nei

MSS originali, *"L'Ordine" dei Compagni della Luce Nascente del Mattino - l'Alba d'Oro nell'Esterno"*, è stato costruito a partire da alcuni MSS cifrati, trovati da un ecclesiastico, il Rev. A. F. A. Woodford, nel 1884, in una vecchia libreria di Farringdon Street. I MSS. consistevano in appunti e schemi approssimativi per i cinque rituali dell'Ordine Esterno - da O a 4-7 - insieme ad alcune lezioni di conoscenza occulta e cabalistica elementare. Ad accompagnare questi MSS. c'era una lettera in tedesco in cui si diceva che se qualcuno avesse voluto decifrare questi MSS. e avesse comunicato con "Sapiens Dominabitur Astris", c/o Fräulein Anna Sprengel, residente ad Hannover, avrebbe ricevuto informazioni interessanti. Dopo aver decifrato i MSS, la S.D.A. disse loro di elaborare i rituali, cosa che fu fatta da un massone, MacGregor Mathers, assistito dal dottor Wynn Westcott. Fu poi detto loro che se fossero stati diligenti avrebbero avuto il permesso di formare un ramo elementare dell'Ordine Rosacrociano in Inghilterra, e infine la S.D.A. scrisse a Wynn Westcott e lo autorizzò a firmare il suo nome su qualsiasi mandato o documento necessario per la costituzione di un Ordine, promettendo in seguito ulteriori rituali e insegnamenti avanzati se l'Ordine preliminare avesse avuto successo. Il 1° marzo 1888 fu redatto un mandato secondo il progetto riportato nei MSS, firmato dal Dr. Woodman, da MacGregor Mathers e, per la S.D.A., da Wynn Westcott; tutti e tre ricevettero il grado onorifico di 7-4 dalla S.D.A., in modo da poter agire come capi nel nuovo Tempio.

Tra questi uomini e la S.D.A., c/o Fräulein Anna Sprengel, sono passate diverse lettere, ma nessuno di loro l'ha mai incontrata e non si è mai saputo nulla se non che Anna Sprengel è morta in un oscuro villaggio tedesco nel 1893. Questi MSS non recano alcuna data, né indirizzo, né sono firmati da alcun adepto, tranne che nella lettera di accompagnamento. Quando sono stati decifrati, sono risultati redatti in inglese, sebbene le lettere ricevute fossero in tedesco. Siamo quindi portati a credere che questi MSS. non siano opera della S.D.A., e che siano stati indubbiamente destinati all'uso di persone di lingua inglese di , forse con l'idea di penetrare in Inghilterra e nella Massoneria inglese, e che siano stati depositati di proposito sulla libreria da qualche membro in visita in Inghilterra.

Tra le altre istruzioni fornite nei MSS. troviamo: "Evita i cattolici romani, ma con pietà"; e l'obbligo da assumere nell'Iniziazione era: "Il candidato che chiede la Luce viene portato all'altare e costretto ad assumere un obbligo di segretezza sotto pena di espulsione e di morte o di paralisi da corrente ostile di volontà". Nella versione elaborata ciò è diventato: "Inoltre (all'espulsione) sotto la terribile pena di sottopormi volontariamente a una corrente di volontà mortale e ostile messa in moto dai Capi dell'Ordine, per mezzo della quale cado ucciso o paralizzato senza armi visibili, come colpito da un lampo".

A.E. Waite, nel suo *Brotherhood of the Rosy Cross*, 1924, citando dalle *Transactions and History* of the "Societas Rosicruciana in Anglia", ricapitola molte delle informazioni di cui sopra sul "Tempio di Iside Urania degli studenti ermetici della Golden Dawn", il cui nome ebraico è "Chabreth Zerech Aur Bokher". Waite conclude che questi MSS. cifrati sono posteriori al 1880 (ma forse facevano parte della riorganizzazione degli Illuminati di Weishaupt nel 1880). "I gradi, oltre al *Neofita*, erano quattro (i quattro elementi o il Tetragramma): *Zelator, Theoricus, Practicus e Philosophus*; inoltre c'era un sottogrado, il Portale, che portava dalla Golden Dawn" alla *Rosoe Rubeae* et *Aureae Crucis*, l'Ordine Interno. A parte i mss. e i mss. cifrati trovati nelle biblioteche da MacGregor Mathers, la maggior parte dei primi insegnamenti - tuttora utilizzati nella Stella Matutina - è stata ricevuta in modo chiaroveggente dalla signora Mathers, sorella di M. Henri Bergson, l'ebreo-francese di origine cristiana. Henri Bergson, lo scrittore ebreo-francese, dai "Capi nascosti e segreti del Terzo Ordine"; contro il suo desiderio fu indotta a prestare un giuramento di segretezza prima che l'insegnamento fosse impartito, e in seguito fu detto da questi Capi sconosciuti: "Nel caso di Mathers, l'ex Capo, c'era un adepto umano (come intermediario o collegamento eterico), e anche la comunicazione gli fu data tramite chiaroveggenza, chiaroveggenza e insegnamento impres sionale, grazie al quale gli fu data la vera interpretazione dei MSS esistenti". gli fu data la vera interpretazione dei MSS esistenti". Mathers svolgeva anche attività politica sotto questi capi segreti ed era coinvolto in questioni belliche e militari.

Nel 1897 il dottor Wynn Westcott si dimise dall'Ordine e da quel momento cessò di prendere parte attiva o ufficiale al lavoro. Il motivo, da lui stesso raccontato, è che il presidente della Coroners' Society di Londra aveva saputo che insegnava magia e lo aveva spinto a dimettersi dall'Ordine.

René Guénon, in *Le Théosophisme*, 1921, afferma: "La società segreta inglese "The Order of the Golden Dawn in the Outer" è una società di occultisti che studiano la più alta magia pratica, in qualche modo simile al rosacrocianesimo. Uomini e donne sono ammessi a parità di condizioni. Ci sono tre ufficiali principali. *Imperator, Praemonstrator* e *Cancellarius*". Inoltre, MacGregor Mathers scrive in una lettera, *Lucifer* luglio 1889: "Questa società studia le tradizioni occidentali... La Società Teosofica è in rapporti amichevoli con loro". La lettera reca i seguenti motti: "Sapiens dominabitur astris (l'adepto continentale), Deo duce comite ferro (Mathers), Non omnis moriar (Westcott), Vincit omnia veritas (Woodman)". Si conclude con queste parole: "Pubblicato per ordine del Superiore, 'Sapere Aude' (Westcott), Cancellarius a Londra". René Guénon continua dicendo che nel 1899 e nel 1903 a Parigi si è creato molto scalpore per il tentativo dei coniugi MacGregor (Mathers) di ripristinare il culto di Iside. Il signor MacGregor Mathers rappresentava la G.D. a Parigi ed era membro della Società Teosofica.

Un resoconto di questo tentativo è stato riportato nel *Chronicle* del 19 marzo 1899:

> "M. Jules Bois, il littérateur ... ha recentemente scoperto qui un Sommo Sacerdote e una Sommo Sacerdotessa di Iside ... e li ha indotti a fare le loro 'devozioni' in pubblico, al Teatro Bodinière ... Questa coppia di devoti alle antiche divinità si professa convertita allo strano e appassionato misticismo del culto di Iside durante i loro viaggi in Egitto. Pretendono di aver costituito i riti e le cerimonie della religione, e da

qualche tempo portano avanti le loro devozioni in una cappella sotterranea che hanno stabilito nella loro residenza... Dopo le preghiere preliminari, la Gran Sacerdotessa ha eseguito la cerimonia di "svelamento degli dei", e poi ha invocato Iside con una tale passione e forza... che salvò la situazione... che altrimenti avrebbe potuto sfociare nel ridicolo... in conclusione... gli uomini (presenti) furono riforniti di alcuni chicchi di grano che, depositati sull'"altare", avrebbero portato al successo l'impresa che avevano in mente, anche se di carattere politico e mondano"."

A. E. Waite fu un primo membro della "Golden Dawn", ma in una riunione tenutasi presso la residenza del dottor Felkin nel 1903, secondo la storia del dottor Felkin, "si verificò una scissione, poiché Waite e i suoi seguaci negarono l'esistenza del Terzo Ordine, rifiutarono di sottoporsi a esami interni, si opposero a tutto il lavoro occulto e dissero che dovevano lavorare su linee puramente mistiche". Tra i due Templi fu redatto un Concordato, ma nel 1912 ebbe fine, poiché si dimostrò inattuabile da entrambe le parti. Quando Waite e coloro che si separarono da lui se ne andarono, portarono con sé alcune proprietà e mantennero il nome di "Golden Dawn", mentre il dottor Felkin e i suoi sostenitori divennero alla fine la "Stella Matutina", un Tempio di medianità politico-pseudo-religiosa. Waite usava ancora gli stessi rituali magici, in qualche modo modificati, per adattarli alle sue idee mistiche. Nel 1915 cessò di essere il capo della "Golden Dawn", che poco dopo fu abbandonata. Tuttavia, formò un nuovo Tempio, chiamandolo "Croce Rosata" e, abbiamo ragione di credere, utilizzando ancora i vecchi rituali del Cypher MSS. e mantenendo così il legame con questi sconosciuti Rosacroce e Illuminati continentali.

Dall'inizio degli anni Novanta la "Stella Matutina" (allora nota come "Golden Dawn") è stata diretta e istruita da capi sconosciuti, che agiscono sotto vari pseudonimi. Curiosamente, un tempo si ipotizzava che il dottor Falk, l'ebreo cabalista giunto a Londra nel 1742, fosse l'autore dei MSS originali del cifrario, ma ciò non può essere garantito. In questo Ordine si parla per la prima volta di loro come dei "Capi nascosti e segreti del Terzo Ordine", sotto i quali lavoravano Mathers e sua moglie. Nel 1900 il Tempio di Londra si ribellò a Mathers, che aveva "pubblicato un manifesto ai membri del T.A.M. (interno), richiedendo fedeltà personale a lui... e questo manifesto fu molto risentito dai membri anziani di Londra". Si tenne una riunione ed egli fu destituito. In un interessante documento, stampato a Londra durante questa rivolta, Mathers viene descritto come "il Conte di Glenstrae, altrimenti Conte MacGregor", e il suo emissario, inviato da Parigi per prendere possesso, a nome di Mathers, del Tempio di Londra e delle sue proprietà, variamente conosciuto come "E. A. Crowley, Aleister MacGregor". A. Crowley, Aleister MacGregor, Conte Svareff ... arrivò in abiti delle Highlands, con una maschera nera sul viso, un plaid sulla testa e sulle spalle, un'enorme croce d'oro o dorata sul petto e un pugnale al fianco!". Inutile dire che il bluff fu scoperto e, dopo qualche problema, Crowley fu allontanato ed espulso. Durante questa rivolta troviamo Mathers che scrive ai "ribelli" il 2 aprile 1900:

"So dunque... quando i Grandi Adepti di questo Pianeta, ancora nel corpo della carne, i Capi Segreti del nostro Ordine sono con me... e vi dico chiaramente che se fosse *possibile* rimuovermi dal mio posto di Capo Visibile del nostro Ordine - cosa che non può avvenire senza il mio consenso, a causa di certi legami magici - non trovereste altro che disordini e problemi che ricadono su tutti voi finché non avrete espiato un Karma così grave come quello di opporvi a una corrente inviata alla fine di un secolo per rigenerare un Pianeta". E per la prima volta da quando sono legato all'Ordine formulerò la mia richiesta ai Capi supremi affinché *la corrente punitiva* sia preparata per essere diretta contro coloro che si ribellano, qualora lo ritengano opportuno".

Ancora, nel 1902 il dottor Felkin e il capo del Tempio di Edimburgo "Amen Ra" contattavano questo Terzo Ordine attraverso i "Maestri del Sole". Si trattava dei maestri occulti di un Ordine del Sole, tuttora esistente, al quale appartenevano questi capi, strettamente connesso e influenzato dalla "Golden Dawn", e che fu avviato a Edimburgo all'inizio degli anni Novanta. Nella storia si racconta che, dopo la rivolta del 1900, "fu deciso che l'Ordine fosse governato da un comitato di dieci persone". Questo andò avanti per un anno, ma non fu molto soddisfacente, e allora si decise di tornare alla regola dei tre capi, e i Fratelli L.O., F.R. (Dr. Felkin) e S.S. (Edimburgo) furono nominati capi (3 maggio 1902)". Il 28 maggio 1902, il Dr. Felkin dice:

> "Vi assicuriamo che siamo pienamente d'accordo con l'opinione che se l'Ordine è privo della guida e dell'ispirazione di intelligenze superiori, la sua logica è venuta meno. Tuttavia, alcuni membri hanno pensato che fosse possibile, tornando alla costituzione originale, ristabilire un legame con il Terzo Ordine. Ci sono ora ragioni tangibili per credere che questo passo non sia stato fatto invano e, sebbene noi, come capi nominali, non cederemo con leggerezza la fedeltà a nessuna forza, potere o essere che pretenda di agire come il Terzo Ordine, le prospettive ci sembrano sufficientemente incoraggianti da giustificare la nostra continua attività nell'Ordine, e suggeriamo anche la vostra cooperazione".

Questi maestri controllarono e diressero sia l'Ordine Esterno che quello Interno in questo modo almeno fino al 1911-13; ciò includeva le istruzioni riguardanti i rituali e i regolamenti del Tempio, e persino il loro atteggiamento nei confronti di Waite, che si era malamente distaccato da loro.

Nel 1909 fu richiesta una promessa che doveva essere firmata prima che questi maestri impartissero ai capi ulteriori e più elevati insegnamenti; essa li impegnava a credere assolutamente nei messaggi, negli insegnamenti e nei rituali impartiti da questi esseri sconosciuti e diceva:

> "Frater F.R. (Dr. Felkin) - La tua comunicazione è stata sottoposta ai capi interni e segreti che governano l'Ordine del R.R. e A.C., e in risposta dicono - le comunicazioni con il Terzo Ordine (segreto) sono riprese, ma solo attraverso i mezzi attuali, e tu devi prendere l'impegno, da parte di tutti coloro che ritieni più terribili e sacri, di non tradire mai questi

mezzi agli uomini mortali... C'è sempre stato un collegamento tra il Secondo e il Terzo Ordine in ogni Tempio che riceve l'insegnamento, attraverso il quale tale insegnamento viene impartito... Un membro del nostro Consiglio, essendo anche un adepto del Terzo Ordine dei RR et A.C., credendo che nel Tempio di Amoun ci fossero studenti seri, pieni di fede e ansiosi di progredire, era disposto a fare da intermediario e a permettere il passaggio di comunicazioni e insegnamenti. Devi capire che questa è la via consentita, e che non ce n'è un'altra... Un gruppo piccolo e fedele è molto più potente di un grande corpo diviso contro se stesso. Perciò sii coraggioso... se la seguente promessa... sarà scritta e firmata da ogni membro dell'Ordine che ha diritto e desidera ricevere ulteriori insegnamenti nella R.R. e A.C., l'Adepto che ho menzionato chiederà il permesso di riaprire le comunicazioni: Dichiaro, in presenza e in nome di tutti coloro che ritengo più terribili e sacri, che credo pienamente nella genuinità dei messaggi e delle comunicazioni, degli insegnamenti e dei rituali dell'Ordine dei ... Che non so, né cercherò di sapere, come gli stessi vengano trasmessi o ricevuti, ma li riceverò senza fare domande dal loro medium designato, e che se in futuro sarò assalito da dubbi, li rivelerò solo ai Maestri. Non cercherò mai, direttamente o indirettamente, di distruggere o indebolire la fede di altri, ma al contrario cercherò di eliminare i dubbi e di confermare la fede. Non porterò, né porterò. Non ascolterò alcuna accusa o imputazione di malafede contro alcuno dei miei fratelli o sorelle dell'Ordine, ma rimprovererò chiunque tenti di farlo in mia presenza e ricorderò loro la promessa di fratellanza. E se in passato ho trasgredito alla promessa, prometto che, al meglio delle mie capacità. E questo vale anche per tutte le comunicazioni del Terzo Ordine del R.R. e A.C. che possono essere garantite dai Maestri dell'Ordine (del Sole) attraverso il loro mezzo di comunicazione. Infine, se in qualsiasi momento dovessi trovarmi nell'impossibilità di mantenere questo impegno, non dirò nulla ai miei fratelli e sorelle dell'Ordine per indebolire la loro fede, ma passerò tranquillamente in secondo piano".

Abbiamo ragione di credere che questa sia stata presa e firmata, poiché il suddetto Capo scrive il II aprile 1911:

"Finora ho mantenuto una perfetta fiducia nei confronti dei Maestri e ho seguito i loro consigli".

Ecco un'altra comunicazione curiosa e interessante ricevuta da questo Terzo Ordine dal dottor Felkin:

Ordo R.R. et A.C.

"I Capi Interni e Segreti del Terzo Ordine, al V. H. Frater F. R. Imperator del Tempio di Amoun, saluto.

"Con la presente, per mano di Q.M., nostro scriba, sanzioniamo e approviamo per l'uso generale il rituale 5-6 inviato per l'approvazione e che qui restituiamo. Il ritardo nell'approvare questo rituale è stato inevitabile, poiché nessuna parola o lettera o simbolo di un rituale può essere legittimamente modificata dalla costituzione dell'Ordine dopo essere stata approvata, se non con il consenso di un consiglio del Terzo Ordine, che si riunisce solo occasionalmente, o in base ai poteri da esso conferiti ad alcuni adepti. Tuttavia, non dovrete abbandonare del tutto il rituale già in uso, ma dovrete conservare lo stesso e le copie che avete, per riferimento e per l'uso in occasioni speciali, se così ordinato, ma non dovrete fare nuove copie.

"La parola d'ordine per i sei mesi successivi sarà Osiride Onophris-Osiride il Giustificato, a significare che il vostro zelo e il progresso del vostro Tempio hanno trovato il favore dei Capi Interni del Terzo Ordine, e che con ciò siete giustificati, e a significare anche che le vostre speranze e la vostra fiducia devono essere in colui che il Signore dell'Universo (I.A.O. - il Principio Creativo) ha giustificato con qualsiasi nome gli uomini lo chiamino. Buona continuazione".

Inoltre, quanto segue mostra come gli ignari adepti siano

controllati e usati da questi Maestri, 19 maggio 1902:

> "Nel venire da te non è venuto di sua iniziativa, ma in obbedienza a un impulso dei Capi del Terzo Ordine, che desideravano usare la sua aura come veicolo per metterti alla prova ed esaminarti. Ma questo era del tutto ignoto a lui, che veniva usato inconsapevolmente".

Verso il 1908 apparve improvvisamente un altro maestro astrale, un arabo, Ara Ben Shemesh, il quale disse, il 26 gennaio 1909, che era venuto

> "Il Tempio nel Deserto" e coloro che vi abitano sono i "Figli del Fuoco". Ci sono tre gradi: i *neofiti o catecumeni, gli accettati* e *provati* e gli *indemoniati*. Gli ultimi sono quelli che chiamiamo Maestri. Vivono in comunione personale con il Divino (deificati) e, non essendo più legati alla carne (liberati), la loro vita materiale è interamente una questione di volontà. Finché saranno richiesti come insegnanti, potranno continuare ad abitare il tabernacolo terreno. Quando avranno portato a termine il loro compito, dovranno solo cessare di volere e si smaterializzeranno. Christian Rosenkreutz è venuto da noi e ha imparato molto. Da noi ha preso le lettere C.R., la cui vera interpretazione è uno dei grandi misteri dell'Universo".

Il Tempio, a suo dire, si trovava nel Vicino Oriente, in Mesopotamia, e lui si professava un insegnante personale dei Felkin, ma gradualmente e subdolamente dominava e controllava l'Ordine, e non solo in Inghilterra ma anche in Nuova Zelanda preparava l'Ordine e i suoi membri al ruolo che avrebbero dovuto svolgere nel dramma di questo Grande Movimento Mondiale, che, a suo dire, avrebbe dovuto portare all'"Unione dell'Oriente e dell'Occidente". Verso la fine del 1918 quest'opera fu portata a termine con soddisfazione in Nuova Zelanda, ma, disse, sarebbero stati impartiti nuovi insegnamenti al Tempio di Londra, Amoun, che avrebbero avuto difficoltà ad assimilare. Poi, nel 1917-19, il Signore della Luce - il cabalistico "Principe dei Volti", il trasmettitore di luce - e i suoi Dodici Fratelli fecero il loro tentativo di prendere possesso e controllare questo Tempio attraverso un Triangolo di adepti, come verrà spiegato in seguito.

Inoltre, Christian Rosenkreutz, il mistico e forse del tutto mitico Capo dei Rosacroce, sarebbe stato contattato nella Volta della R.R. et A.C., e si diceva anche che si sarebbe reincarnato intorno al 1926-33 possedendo un corpo adulto - sospettosamente simile a un'ossessione; infine, troviamo questi maestri che impersonano un Cristo (solare) con la Croce di Luce e le Rose Rosse - un simbolo di ciò che ci si aspetta da tutti gli adepti così controllati - la crocifissione attraverso la sofferenza e il sacrificio assoluto della propria individualità, sulla Croce dell'Illuminismo - un vero e proprio Christian Rosenkreutz!

Torniamo al dottor Felkin e alla storia del suo incarico di capo. In seguito divenne insoddisfatto dello status dell'Ordine e nella sua storia ci racconta che nei suoi viaggi in Germania fece molti sforzi per contattare i Rosacroce, e

> "... alla fine incontrò un professore, sua figlia adottiva e un altro gentiluomo nei pressi di Hannover, che riteneva fossero indubbiamente dei Rosacroce. Erano però molto riservati e non volevano dare molte informazioni, perché dicevano che, pur conoscendolo come uomo di scienza, non era un massone, né apparteneva ad alcuna società occulta di cui fossero a conoscenza. Per questo motivo, il Frater F.R. si rivolse immediatamente al suo vecchio amico ... di Edimburgo, e fu iniziato come massone nella Mary's Chapel, Edinburgh Lodge, No. I., l'8 gennaio 1907.

> "Nel 1908 Frater F.R. e Soror Q.L (sua moglie) entrarono finalmente in contatto... con alcuni membri del Terzo Ordine in Germania".

Eppure, come abbiamo visto in precedenza, il dottor Felkin avrebbe firmato una promessa nel 1909, data al misterioso Terzo Ordine astrale! Di nuovo:

> "Nei mesi di giugno e luglio 1912 il Frater F. R. e la Soror Q.

L. hanno potuto recarsi in Germania e hanno visitato complessivamente cinque Templi Rosacroce in diverse parti del Continente e sono stati iniziati essi stessi, la Soror Q. L. ottenendo gradi equivalenti al nostro 7-4 e il Frater F. R. 8-3... I rituali, non essendo in forma di MS, sono stati memorizzati. ".

Riportarono gli appunti di queste cerimonie dal 6-5 all'8-3, e le elaborarono, usando a questo scopo il "Libro dei Morti" egiziano, alcuni estratti dagli scritti di Mabel Collins, anche l'"Inno di Ermete", e un mantra - una forza costrittiva - dato loro dall'arabo de "Il Tempio nel Deserto", e questi divennero i Gradi Superiori del R.R. e A.C.! Questi, man mano che avanzano di grado, vengono sempre più impartiti sul piano astrale dai capi nascosti, mentre l'adepto si trova in una condizione di trance o di semi-trance, provocata dalla preparazione e dalla cerimonia di apertura, o da questi stessi capi nascosti. L'ultimo grado, il 10-1, non viene mai impartito sul piano materiale, ma interamente su quello astrale; l'adepto è in trance e completamente sotto controllo ipnotico, e da quel momento in poi è solo l'oracolo e il veicolo di questi Maestri! È l'Illuminismo!

La storia continua:

> "Ma si è giunti a un accordo in base al quale chiunque conosca il tedesco, il francese, l'italiano o l'olandese, e sia completo di 5-6, può essere inviato all'estero con un'introduzione firmata da F.R., e se si ritiene che un candidato sia sufficientemente sviluppato, gli si può dare uno o più gradi. Questo non è essenziale, poiché, se i nuovi metodi vengono introdotti con cura nel nostro programma di studi (processi psichici che portano all'Illuminismo), i candidati progrediranno altrettanto bene senza la necessità di andare all'estero".

È noto che alcuni membri del R.R. et A.C. hanno avuto una formazione e dei gradi sotto la guida di Steiner, e che alcuni steineriti sono stati membri del R.R. et A.C. Ancora una volta, la storia dice: "F.R. ricevette l'incarico di rappresentare l'Ordine

(Continentale) in Gran Bretagna e Irlanda, e anche nell'emisfero meridionale".

Il Dr. Steiner è stato interrogato, nel marzo 1921, e il rapporto ha detto:

> "Il Dr. Felkin era ansioso di ottenere una carta dal Dr. Steiner e fece molti tentativi per ottenerla ed essere nominato suo unico rappresentante in Inghilterra. Il Dr. Steiner, in una lettera al Dr. Felkin, di cui io (il nostro informatore) ero latore e che ho letto, diceva di non poter accogliere la sua richiesta, perché, pur essendo pronto ad ammettere che l'Ordine del Dr. Felkin era benefico e utile, il suo modo di lavorare era del tutto diverso... Il Dr. Felkin fu spettatore di una delle cerimonie del Dr. Steiner a Monaco. Il dottor Steiner non gli ha dato alcun voto, né gli ha dato alcun voto a Monaco, ma il dottor Steiner ha dato al dottor Felkin una grande quantità di istruzione, come quella che dà agli altri allievi che la desiderano".

Inoltre, il suo insegnante arabo disse al dottor Felkin:

> "Continuate con Steiner, che non è il fine ultimo della ricerca, e verremo a contatto con molti studenti seri che ci condurranno al vero Maestro dell'Ordine, che sarà così prepotentemente impressionante da non lasciare spazio a dubbi".

Nel 1914 il dottor Felkin e la signora si spinsero fino a Pyrmont, nell'Hannover, con l'intenzione di mettersi in contatto e ricevere ulteriori gradi e istruzioni, ma la guerra intervenne e furono costretti a tornare in Inghilterra verso la fine di agosto. Crediamo che sia stato soprattutto grazie all'aiuto dei massoni di Hannover e Amsterdam che lui e Q.L. sono riusciti a lasciare la Germania. Quando interrogarono il loro maestro astrale, l'Arabo, il 9 agosto, egli "ripeté che il nostro lavoro non è ancora finito, e finché non lo sarà siamo al sicuro... Mi dispiace che questo sia accaduto ora, *non era previsto fino a qualche mese dopo*". A quanto pare il piano non ha funzionato fino ad oggi!

Il 9 giugno 1918, F.R. scrive:

> "Da quello che mi è stato detto all'estero ho avuto l'impressione... che alcuni, mi è stato detto DUE, dovevano essere scelti da tutti i Templi per essere addestrati ad aiutare C.R.C. quando si sarebbe manifestato di nuovo, verso il 1926-33 o il 35° secolo. Tutto questo mi sarebbe stato detto di persona nel 1914, quando andammo in Germania. Allora avevamo i biglietti che ci portavano in un luogo a sud-est dell'Austria, dove saremmo stati accolti e portati alla Vecchia Volta, e avremmo anche incontrato diversi Capi Nascosti. Perché non ci sia stato detto di andare all'inizio dell'anno è un mistero, perché avremmo potuto farlo se ci fosse stato detto. Sapevano quando ci eravamo proposti di andare".

La guerra "non era prevista" così presto! Nei suoi "Suggerimenti" per il futuro funzionamento dell'Ordine, il Dr. Felkin disse nel 1916:

> "Oltre a C.R.C. (Christian Rosenkreutz), ci sono alcuni membri che funzionano ancora sul piano materiale; la maggior parte di loro vive una vita molto appartata (si dice che tutti i gradi pari a 9-2 si ritirino dal mondo!), e possono essere incontrati solo dopo aver superato molte difficoltà... Anche Q.L. e io li abbiamo incontrati in vari momenti, ricevendo istruzioni e aiuto".

Leggendo quanto sopra dobbiamo renderci conto che il dottor Felkin era un mero strumento nelle mani di alcuni sovversivi, che lo avrebbero informato come ritenevano opportuno per il loro gioco.

Qual è dunque la verità su questo misterioso Terzo Ordine e sulla pretesa del dottor Felkin di essere "l'unica autorità tedesca"?

Ci sono ampie prove che dimostrano che la Stella Matutina e il R.R. et A.C. non sono, costituzionalmente, in alcun modo affini alla Massoneria britannica, ma sono collegati ai Massoni continentali e ai Rosacroce - sottilmente e segretamente sovversivi e controllati da questi "Capi Sconosciuti", *tutti ancora* "funzionanti sul piano materiale".

Per continuare la storia del dottor Felkin:

"I metodi che (S.D.A., c/o) Fräulein Anna Sprengel, sanciva erano (a detta di questi tedeschi) totalmente contrari ai metodi che erano e sono sempre stati in voga in Germania, e si può dire che i primi tre gradi erano molto simili ai primi tre gradi della massoneria ordinaria (eppure Steiner li approvava come utili!), e, di fatto, fino a una data che non si può indicare con precisione, massoneria e rosacrocianesimo andavano di pari passo. Fu verso il 1597 che i massoni si separarono completamente dai rosacroce e decisero di modificare la loro procedura, rifiutando in futuro di ammettere le donne alle loro cerimonie. Ciò fu in parte dovuto a circostanze politiche, poiché sia i massoni che i rosacroce cercavano di influenzare lo sviluppo politico delle nazioni tra le quali vivevano e lavoravano... In pratica, le logge massoniche divennero agenzie politiche molto attive, mentre i rami rosacrociani erano più segreti nelle loro operazioni, ed era, ed è, una regola assoluta che nessuno dovesse confessare di essere un rosacroce. La regola era così rigida che i Rosacroce che si conoscevano non potevano parlare o discutere di questioni legate alla loro società all'interno di una città o di un paese. C'erano regole precise su quando un membro della Fraternità si recava in un nuovo luogo e incontrava un confratello o una consorella. Veniva stabilito un orario per incontrarsi al di fuori della città o del paese, con riferimento a determinati punti della bussola. È vero che in diverse occasioni si sono verificate perdite di MSS. Una fu dovuta all'azione di un certo numero di sacerdoti cattolici che appartenevano all'Ordine; un'altra volta, nel 1777, si verificò una fuga di rituali a Parigi, che rese i nostri Fratres e Sorores continentali ancora più severi nei loro metodi... F.R. aveva ricevuto la promessa che il Consiglio avrebbe indagato sulla condizione del ramo dell'Ordine a Londra con cui era collegato e che, se possibile, avrebbe stretto relazioni definite con lui... Si giunse quindi a un accordo definitivo tra l'E.O.L. (di cui si parlerà più avanti) per conto di F.R., e i capi della Società Rosacroce in Germania, che avrebbe portato i "processi" necessari per lo sviluppo psichico a F.R., il quale è l'unico autorizzato a trasmetterli (ai suoi membri allo scopo di suscitare la Kundalini e realizzare l'Illuminismo)".

Nel 1916 il capo dell'Amen Ra di Edimburgo scrive al dottor Felkin di questo presunto legame con la Germania:

> Qualunque fosse l'origine dei rituali e degli insegnamenti (Stella Matutina e R.R. et A.C.), essi ci sono indubbiamente giunti da Mathers, essendo egli, come so per certo, l'intermediario di Autorità Superiori (Capi Nascosti)... Il vostro Tempio ha perseguito, e persegue tuttora, questo fino a un certo punto - quando siete entrati in contatto con i tedeschi. Poi è arrivata la promessa (richiesta da questi tedeschi, di non lavorare con Mathers!), il cui effetto è stato quello di usare tutto il lavoro di Mathers e di ripudiarlo, affermando anche che ulteriori insegnamenti e aiuti dovevano essere dati su altre linee... dati a membri scelti apparentemente, come ricompensa per aver accettato la posizione tedesca, sempre, come ho detto, usando e basandosi sul lavoro di Mathers. Anche questo non poteva provenire da altro che da fonti tedesche... il corso onesto sarebbe stato quello di lasciarsi alle spalle tutti i rituali e gli insegnamenti, e iniziare de *novo* con il sistema superiore".

Ancora una volta, un altro membro scrive al Dr. Felkin in merito a quanto sopra:

> "Naturalmente non potete accettare la sua proposta, perché avete accettato l'*autorità esclusiva* della Germania, ma questo lui non lo sa!".

Nonostante questa rivendicazione di "unica autorità" dalla Germania, il dottor Felkin si trovò tristemente nella necessità di ulteriori insegnamenti avanzati per i suoi adepti, che li richiedevano a gran voce; e avendo apparentemente ricevuto poco o nulla dal suo legame tedesco, nel 1913 scrisse al Capo di Amen Ra a Edimburgo, cercando di attingere al suo pozzo di conoscenza nascosta. In risposta il Capo scrisse:

> "Per me ha poca importanza personale: Ho pile di MSS. e insegnamenti che vanno molto più lontano di quanto pensassi possibile... Tutto l'insegnamento che ho ricevuto lo trasmetterò volentieri a voi alle stesse condizioni in cui l'ho ricevuto... Ho ricevuto i MSS. come Vice Archon Basileus in questo Paese". (5 agosto 1913). Il mio incarico in quanto tale proviene dal Terzo Ordine - o, per non creare ambiguità, da quegli Adepti superiori di che io definisco così - e posso trasmetterlo a coloro che riconoscono la mia autorità e la mia posizione. Questo naturalmente implica anche il riconoscimento di Mathers, che mi ha affidato la sua autorità".

Nonostante l'impegno di non lavorare con Mathers o con i suoi seguaci, alcuni di questi MSS sono diventati l'insegnamento 6-5 sotto il Dr. Felkin.

La seguente lettera, scritta a un membro tedesco dal suddetto adepto E.O.L., che per un certo periodo è stato addestrato dalla connessione tedesca, è interessante in quanto mostra il metodo proposto per la penetrazione dell'Inghilterra e della Massoneria britannica da parte dell'Illuminismo continentale e del Grande Oriente, 1912.

> "CARO SIGNORE E FRATELLO (Barone C.A.W.),-

> "Ho saputo dal dottor F. della proposta del Bund internazionale, che sembra per molti versi un progetto eccellente al quale auguro ogni successo. Poiché. Il nome del dottor S- è così potente sul continente, è destinato a prosperare. In Inghilterra ha un gruppo di ammiratori, ma il suo nome non è così conosciuto. Anche le condizioni in Inghilterra sono particolari. Lo stesso Dr. S. mi ha detto di riconoscere la differenza. Perciò vi scrivo, perché abbiamo un doppio legame - la Fraternità Rosacroce sia del Continente che dell'Inghilterra, possiamo parlare liberamente. Quello che dico ora desidero che sia esposto al Dr. S. da voi, e il rischio è mio. Perché se non parlo senza paura o favore,

nessun altro potrà farlo.

"Il dottor S. è uno statista nei suoi schemi (?). Ma uno statista, quando si informa sulle condizioni di un Paese a lui sconosciuto, non si rivolge solo ai membri di un partito. Per la politica austriaca non consulterebbe solo i magiari, né per la Germania solo i membri del blocco cattolico. In Inghilterra i pochi membri dell'Ordine Continentale sono tutti teosofi, cioè membri della S.T. Non sono membri della Massoneria inglese. Vedono le cose dal punto di vista dei T.S. e devono usare i loro occhiali. Io sono l'unico membro dell'Ordine Continentale che non è e non è mai stato un membro dei T.S.; non devo alcuna fedeltà alla signora Besant. Come il Dottore sa, sono completamente d'accordo con lui nella politica di abbandonare la formazione orientale e indiana per quella europea o cabalistica; sono anche un massone inglese, quindi posso dargli il punto di vista degli altri partiti.

"L'occultismo inglese si divide grosso modo in (I) membri della S.T., cioè i seguaci della signora Besant con a capo i co-massoni in un certo senso; (2) membri degli Ordini Ermetici e dei Massoni; (3) Indipendenti, sia in piccoli gruppi che individuali.

"La prima classe è l'unica realmente conosciuta dal Dottore. Della seconda il Dr. F. è molto rappresentativo. Della terza, il signor T. P.... Ora, quando il Dottore verrà a costituire il suo BUND, ci sono alcune considerazioni di grande importanza. Per quanto riguarda il Gruppo I, il T.S. e i suoi rami, non posso pretendere di dire cosa succederà. Il signor S. e il signor C. conoscono entrambi il popolo del T.S. e il suo stile di lavoro - tramite conferenze, ecc. Il rischio, tuttavia, riguarda i Gruppi 2 e 3. Il BUND, a meno che non sia gestito con cura, sarà considerato semplicemente come uno scisma della S.T. Attirerà l'attenzione quanto la Quest Society di G. R. S. Mead, e potrebbe suscitare grandi pregiudizi, perché molti lo prenderanno esattamente nello spirito con cui l'Inghilterra ha preso il telegramma tedesco al Presidente Krüger. Sono molto serio quando dico che per molti il BUND sarà considerato in questo modo: "Non ci interessa la signora Besant più di quanto ci interessasse Jamieson e il suo raid, ma dopo tutto la signora Besant è inglese; chi sono questi tedeschi per interferire?" Può sembrare ridicolo, ma conosco il mio Paese.

"Il prossimo punto, molto serio, è l'atteggiamento dei massoni. Questo deve essere preso in considerazione. Qui per un momento devo apparentemente divagare. Vorrei mettere a confronto il lavoro dei Gruppi I, 2 e 3. Il Gruppo I lavora sulle linee familiari delle conferenze, delle pubblicazioni su riviste, ecc. Il dottor S. fa più o meno lo stesso. Il Gruppo I attira un gran numero di donne oziose che hanno il tempo di prendere un po' di occultismo con il loro tè pomeridiano, praticamente tutti i membri sono persone con tempo e denaro. Attira un gran numero di persone, ma ogni conferenziere ha la tendenza ad avere un seguito personale, da cui derivano gli scismi, cioè la Quest.

"Il Gruppo 2 è poco numeroso. Lavora per logge e fa circolare manoscritti. L'insegnamento avviene per corrispondenza, da parte di singoli ufficiali, ecc. Raramente tiene conferenze. Si rivolge a una classe completamente diversa, a strati sociali più vari, a una proporzione di uomini molto più ampia. Essendo altamente organizzato, ha una maggiore coerenza; allo stesso tempo, ogni Tempio tende a essere geloso delle interferenze esterne. La maggior parte dei suoi uomini sono massoni. Alcuni interi Templi sono massoni, ad esempio la Societas Rosicruciana in Anglia. Ora, queste persone sono impegnate, tra loro ci sono pochi uomini e donne oziosi, ricchi o benestanti, sono molto orgogliosi e indipendenti. Col tempo, se riusciranno a ottenere l'insegnamento alla loro maniera, tramite MSS. in circolazione, visite di membri da Loggia a Loggia, da o tramite i loro capi, sono certo che tutti loro, col tempo, si uniranno al vostro BUND. Ma non accetteranno alcuna dettatura della S.T., non tollereranno Capi che non conoscono, non si preoccuperanno di partecipare a cicli o conferenze per i quali non hanno tempo o voglia. Se assecondati, vi aiuteranno. Se non sono considerati, non si opporranno né vi terranno in considerazione. Semplicemente lasceranno in pace il BUND, esattamente come lasciano in pace i T.S., i massoni, ecc. *Devono essere affrontati dall'interno, non dall'esterno.*

"Il terzo gruppo posso aiutarlo con il tempo. Ma come si comporteranno ora non pretendo di saperlo. La maggior parte di loro non accetterà alcuna autorità su di loro. Ora vengo al punto massonico.

"Qui mi muovo su un terreno molto delicato. Ma sento di dover esporre il caso, come ho detto, senza timori o favori. Il Dottore è un uomo troppo grande per essere irritato con me. Dopotutto, tutto ciò che desidero è fare in modo che il miglior insegnamento raggiunga le persone più adatte nel modo più semplice.

"Attualmente stabilire un ramo definito dell'Ordine Continentale che dia gradi, ecc. in Inghilterra sarà una questione molto difficile. Lei non è un massone. A volte chiamiamo il nostro Ordine, l'Ordine Continentale, *Massoneria Esoterica.* I gradi sono molto simili alla Massoneria. Il dottor S. ha effettivamente un legame con alcuni massoni inglesi o scozzesi - me ne ha dato il nome - dai quali trae una certa autorità, un legame fisico (non eterico!).

Ora, la Massoneria inglese non è occulta, anche se ha Logge occulte, e la maggior parte degli occultisti inglesi che non sono T.S. sono massoni, anche se uomini. La Massoneria inglese vanta la Gran Loggia del 1717, la Loggia Madre del mondo. È un corpo orgoglioso, geloso e autocratico. La co-massoneria deriva dal Grande Oriente di Francia, un organismo illegittimo secondo la sentenza inglese. Nessun massone inglese può lavorare con i co-massoni. Ora, i massoni che hanno fornito al dottor S. il suo link sono considerati - è meglio che il dottor F. mi confermi qui - degli eccentrici che inventano gradi spuri. Se la Gran Loggia inglese viene a conoscenza di qualcosa chiamato "Massoneria Esoterica", derivata da tali fonti, sotto i capi una volta membri della T.S., sotto un capo a Berlino, non chiederà chi sia il Dr. S. o quale sia la natura del suo lavoro; dirà semplicemente "nessun massone inglese dei Liberi e Accettati Muratori può unirsi a qualsiasi società che lavora con riti pseudo-massonici", cioè nessuno della Massoneria ordinaria accettata può partecipare a riunioni o prendere gradi in questo organismo illegittimo! Finis!

"Allora noi, che siamo membri della Loggia del Dr. S. e che siamo Massoni, ci troveremo in una triste situazione. Al momento questo riguarderebbe solo me, e anche il Dr. F.. Ma se in Inghilterra si parla di Massoneria esoterica e il fiat è contrario, nessun massone inglese vorrà unirsi al BUND. [Nota del Dr. Felkin: "Questo è ciò che è già successo con gli "Antichi Muratori" (misti), ai quali molti massoni regolari sarebbero perfettamente amici personalmente, ma sono preclusi dal loro giuramento"].

"Dopo tutta questa acqua fredda, mi chiederete quale suggerimento utile immagino di dover dare. Beh, forse non c'è nulla di molto utile. Tuttavia, questo è il mio suggerimento pratico. Che il Bund venga avviato. Lasciate che i signori S. e C. ottengano tutti i MSS che possono e che stabiliscano relazioni con gli organismi del Gruppo 2. O lasciate che forniscano l'insegnamento scritto che può essere dato ai capi delle Logge che arriveranno, senza cercare alcuna interferenza con le Logge, o lasciate che formino un comitato definito sotto il Dr. S. con persone rappresentative al suo interno. Tutto questo deve essere fatto lentamente.

"Il sistema di avere nelle Logge persone come il Dr. F. per insegnare i 'processi' (vedi sopra nella Storia del Dr. Felkin) all'interno del Gruppo 2 è il più pratico, e avere funzionari del BUND come i signori S. e C., uno dei quali dovrebbe entrare in una Loggia inglese, per andare tra l'Inghilterra e il Continente, e per ottenere l'insegnamento scritto probabilmente funzionerà abbastanza bene.

"Ma se una Loggia dell'Ordine Continentale deve essere stabilita in Inghilterra, il Dr. S. si troverà di fronte alla difficoltà massonica. Questo è davvero grave e nessuno dei T.S. lo capirà, e nemmeno i massoni continentali. Guardate la mia posizione e quella del Dr. F.: se fossimo banditi da ogni associazione con i massoni, cioè praticamente da tutte le Logge del Gruppo 2, oppure dall'associazione con il BUND. O dobbiamo essere tagliati fuori di nuovo, o la nostra utilità per scopi generali è finita. Se il Dr. S. convocasse una o due persone non teosofiche per discutere con lui, se ne accorgerebbe subito. La soluzione pratica si troverà in un compromesso. Se eviterà il nome di "Massoneria Esoterica" e consentirà forse un rituale come quelli usati nella Societas Rosicruciana o nella S.M., e avrà come ufficiali in Inghilterra un gruppo misto, comprendente i capi delle principali Logge Ermetiche, eccetera - oltre a persone della S.T., che si uniranno a qualsiasi cosa del Dr. S. - avrà successo. Altrimenti, temo molto che all'inizio aderiranno solo poche persone della T.S. e poche persone che il Dr. F. e io possiamo influenzare direttamente. In quanto scisma teosofico e scisma massonico straniero e invadente, il BUND susciterà ogni possibile pregiudizio inglese contro di esso. Devoti al Dottore come siamo, ce ne rammaricheremmo entrambi.

Vostro fraterno saluto".

La signora Nesta Webster, nel suo *Secret Societies* and *Subversive Movements*, scrive di un Congresso massonico tenutosi a Ginevra nel settembre 1902, durante il quale fu adottata all'unanimità una proposta che "tendeva alla creazione di un Ufficio Internazionale per gli Affari Massonici"; e il Fratello Desmons, del Grande Oriente di Francia, dichiarò che il "sogno della sua vita" era sempre stato quello che "tutte le democrazie si incontrassero e si capissero in modo tale da formare un giorno la Repubblica Universale".

Ancora una volta cita Lord Ampthill come pro-Grand Master dei massoni britannici, il 2 marzo 1921 in risposta a un invito ai massoni britannici a partecipare a un Congresso massonico internazionale a Ginevra; disse:

"Un'ulteriore conseguenza di alcuni avvenimenti della guerra è quella di rendere più ferma la nostra determinazione a mantenere, per quanto è in noi, la Massoneria rigorosamente lontana dalla partecipazione alla politica, sia nazionale che internazionale... Per queste ragioni, l'invito a partecipare alla proposta Conferenza Internazionale dei Massoni a Ginevra non può essere accettato... non possiamo distoglierci dal pieno riconoscimento del Grande Architetto dell'Universo, e continueremo a proibire l'introduzione di discussioni politiche nelle nostre Logge".

Sotto questa nuova autorità continentale il dottor Felkin, nel 1916, prima di partire finalmente per la Nuova Zelanda, redasse una "Nuova Costituzione", debitamente e astralmente approvata dai capi occulti, e sotto questa Costituzione tentò di fondare tre templi filiali in Inghilterra, sperando in questo modo di collegare tra loro diversi gruppi massonici esoterici esterni all'ombra della Srella Matutina, favorendo così il "Bund Internazionale".

In questa Nuova Costituzione il dottor Felkin dice:

"Come sapete, posso autorizzare personalmente la creazione di qualsiasi ramo di Società Rosacrociana. Ma poiché sto per lasciare l'Inghilterra, ritengo naturalmente che tali rami debbano essere in stretta relazione con la Stella Matutina e il R.R.et A.C. Propongo, prima di lasciare l'Inghilterra, di formare tre rami di questo tipo, e spetterà a voi prendere tutti gli accordi che desiderate per quanto riguarda l'utilizzo delle vostre stanze, ecc, I due rami che propongo di formare a Londra potrebbero pagarvi una somma annuale per l'uso del Tempio e della Volta, in un giorno preciso da voi stabilito, oppure potreste fare in modo che paghino la metà delle loro quote di iniziazione a voi, che dovreste essere, credo, il Tempio Madre. Per quanto riguarda il Ramo di Bristol, che ho intenzione di formare, al momento possono lavorare interamente all'esterno e prendere accordi con voi quando avranno dei candidati per l'interno.

"Le condizioni alle quali dovrei fondare questi tre rami sono le seguenti:

"I. Ogni Ramo deve essere assolutamente autonomo e governato da tre Capi che siano attualmente a pieno titolo 5-6 nel R.R. e A.C., e devono seguire esattamente le tradizioni del nostro Ordine.

"2. I primi tre capi dovrei nominarli io stesso; se uno di loro dovesse rinunciare alla carica, i capi governanti e i tre Adepti del Tempio Madre (Amoun) dovrebbero conferire con gli altri due capi per la nomina di un successore.

"3. I Templi Figlie devono finanziare i propri Templi e il Tempio Madre non è in alcun modo responsabile delle loro finanze, se non nella misura sopra indicata; essi dovrebbero pagare delle quote in qualche forma se utilizzano le stanze del Tempio Madre.

"4. I membri dei Templi Figlie che sono 5-6 membri a pieno titolo apparterranno al Collegio degli Adepti del R.R. e A.C. in Anglia...

"5. Per quanto riguarda il Ramo di Bristol (Hermes), i primi tre Capi saranno: V. H. Sorores Lux Orta est, Magna est Veritas, Benedicamus Deo, quest'ultimo solo fino a quando un Fratello in quel distretto sarà qualificato.

"6. Il primo Tempio Figlia di Londra sarà riservato ai membri della Societas Rosicruciana in Anglia, che abbiano conseguito almeno il grado 4. Posso dire che la ragione per cui sono obbligata a costituirlo è la seguente: Quando E.O.L. e io abbiamo preso accordi per il riconoscimento da parte dei nostri Fratelli continentali, abbiamo stabilito, e lui ha acconsentito, che ai Rosacroce massoni, che sono numerosi, venisse data l'opportunità di unirsi a noi. I primi tre capi di questo Tempio saranno: V. H. Fratres Pro Rege et Patria, Fortes Fortuna Juvat, Faire sans dire.

"Per quanto riguarda il terzo Tempio Figlia (Merlino), ci sono circa cinquanta o sessanta membri del Tempio (Golden Dawn) che era governato da S.R. (Waite) e alcuni membri della Società Antroposofica che chiedono di essere ammessi. Mi è stato fatto notare che, poiché queste persone hanno lavorato su linee diverse dalle nostre, non sarebbe bene ammetterle alla S.M., poiché causerebbero senza dubbio confusione nel Tempio della S.M.. Propongo quindi che formino un Tempio a sé stante e che i primi tre capi siano: V.H. Fratres Cephas, Benedic Animo mea Domino e Non Sine Numine. Questo Frater non lo conoscete, ma è stato membro della Società per venticinque anni, è T.A.M. a pieno titolo e per molti anni è stato uno dei tre Chieis reggenti della S.R..

"7. I primi tre capi governanti dei Templi Figlie diventeranno i primi tre adepti dei rispettivi Vault, qualora li avessero.

"Mi assumo la piena responsabilità della formazione di questi tre Templi Figlie, e spetta a voi fare tutto ciò che è in vostro potere per aiutarli ad essere una potenza aggiuntiva per il Movimento Rosacroce.

La nostra parola d'ordine per questo semestre è ACHAD, che significa "Unità", ed è mio grande desiderio che tutte le forze rosacrociane disperse a portata di mano si riuniscano in un insieme armonioso, invece di disperdersi in un'inutilità comparata o in canali indesiderati.

"(*Firmato*) CAPO DI FINEMBRE, 18 giugno 1916".

Avendo quindi formato e lanciato il petardo sovversivo del suo Maestro, il dottor Felkin, nel bel mezzo della guerra, se ne andò nell'atmosfera relativamente calma della Nuova Zelanda e lasciò il suo trio più o meno inesperto di Capi di governo a gestire questi elementi infuocati e ad affrontare al meglio le inevitabili esplosioni. Come era prevedibile, ha lasciato la sua scia di tragedie e sofferenze. Di questi Tre Templi Figlie, l'unico sopravvissuto è il Tempio di Ermete di Bristol, che era, e senza dubbio è, molto influenzato dall'insegnamento sovversivo e panteistico del Dr. Rudolph Steiner.

Che gli steineriani sognino ancora un "Bund internazionale" di questo tipo è evidente dalla loro *Antroposofia*, Pasqua 1929, in cui si dice: "Questo porta ad ogni sorta di 'movimenti' sotto i quali si celano i veri desideri. Tuttavia gli uomini entreranno sempre più nelle mete che Rudolph Steiner ha rivelato, e diventeranno così suoi seguaci". E questo sogno - spirituale, politico ed economico - è il sogno della Massoneria del Grande Oriente Giudaico.

Inoltre, l'insegnante arabo del dottor Felkin, il 9 gennaio 1915, fornisce le seguenti interessanti istruzioni:

> "L'addestramento alternativo per coloro di cui abbiamo parlato dovrebbe essere fissato definitivamente ora e messo sullo stesso piano dei Templi Figlie, come gruppo speciale per la guarigione. Dovrebbe chiamarsi Guaritori o Terapeuti, e Padre F. dovrebbe esserne il capo in modo particolare e definitivo, e coloro che desiderano seguire questa formazione dovrebbero essere presi da tutti i diversi Templi e tenuti in contatto tra loro".

Questo non si è forse tradotto nella Corporazione di guarigione Stella Matutina di San Raffaele, che è quindi la Massoneria continentale e internazionale?

Dopo che i capi di Londra avevano chiuso il Tempio nel 1919, il dottor Felkin scrisse: "Ho scritto più volte che A.B.S., l'arabo, non ha nulla a che fare con l'Ordine". Eppure, già il 9 giugno 1912, troviamo questo arabo che istruisce il dottor Felkin, Q.L. e Q.A. nella Volta di Londra:

> "*In* Nuova Zelanda avremo l'opportunità, mai avuta in migliaia di anni, di entrare in un'atmosfera completamente nuova e limpida, che ci lascerà liberi di formare simboli nuovi e non condizionati da alcuna tradizione precedente. È molto importante che tutto sia nuovo, pulito e fresco; per quanto possibile dobbiamo cercare di scartare gli errori recenti e ottenere un simbolismo più accurato.

> "Selezionare alcune persone che si dedichino interamente al lavoro occulto, compresa la guarigione, e altre che si

occupino dei bisogni materiali dei pochi, per vivere insieme in numero uguale in una sorta di monastero diviso; altri possono andare e rimanere per periodi. Deve sempre avere una camera per gli ospiti e una sorta di ala speciale per la guarigione.

"Tutto ciò che prendiamo deve essere accuratamente purificato, consacrato e avvolto nel bianco. Dovremo occuparcene per un periodo di tempo considerevole. Si svilupperà in larga misura secondo linee indipendenti. Nome del Tempio: "Smeraldo del Mare n. 49-Smaragdine Thalasses".

"La nuova impresa è molto più importante (di Londra)... È molto colpito dall'importanza del terreno vergine, nessun ordine occulto è stato lì prima, i Teosofi hanno solo rotto il terreno".

Ancora una volta, il 15 luglio 1919, uno dei capi neozelandesi scrisse "ai capi governanti in Anglia":

"Per quasi sei anni A. B. S. ci ha insegnato regolarmente, incontrandoci ogni settimana. Il suo insegnamento ci è stato di grande aiuto e i suoi consigli erano validi... Potete capire che abbiamo avuto un periodo difficile dopo la fondazione dell'Ordine in Nuova Zelanda. Ritengo che l'aiuto di A.B.S. e il fatto di avere un gruppo equilibrato e unito al centro ci abbiano permesso di andare avanti...".

Come i "Capi nascosti e segreti" dissero al dottor Felkin nel 1909:

"Un gruppo piccolo e fedele è molto più potente di un grande corpo diviso contro se stesso!".

Le seguenti istruzioni, ricevute nel 1914 dal dottor Felkin da questo arabo, sono significative del lavoro richiesto all'Ordine:

"La nostra funzione è quella di dirigere la nuova vita che sorgerà quando gli attuali disordini avranno dissodato il terreno; è come se un gigantesco erpice passasse sulla faccia del mondo, e quando ciò avverrà quelli come noi (Illuminati) dovranno essere pronti a *gettare il seme*". Questa guerra è stata un mezzo inevitabile per distruggere il vecchio ordine di cose per fare spazio al nuovo; che già le idee di pace e di unità (pacifismo o apatia e Fratellanza Universale) sono state impiantate, ma non potevano diffondersi liberamente finché il vecchio non fosse stato spezzato. È la "torre colpita dal fulmine", la "rottura del velo". "

Questo, secondo Papus e altri cabalisti, significa fissare la luce astrale in una base materiale: l'Illuminismo individuale e universale.

Le istruzioni continuano:

"La vitalità è costretta ad agire in questo momento e la reazione sarà il completo esaurimento, a meno che coloro che non partecipano effettivamente al conflitto non *accumulino un potere da liberare non appena il conflitto cessa*. Non solo il nostro gruppo, ma tutti quelli che conosciamo dovrebbero essere istruiti a dedicarsi a questo scopo. I mezzi per raggiungere questo scopo si trovano nella meditazione e nella preghiera... Nella meditazione, nella contemplazione e nell'estasi lo spirito umano cerca di liberarsi dalla terra e di elevarsi alle massime altezze di cui è capace (come nel *Cammino di iniziazione* di Steiner!)... ma il cervello umano è come il trasmettitore di una stazione senza fili, il suo macchinario è limitato, eppure può inviare una vibrazione che continua a riecheggiare nello spazio finché non trova il suo corrispondente ricevitore, e per ogni aspirazione c'è una risposta... E la preghiera è anche un'invocazione; non solo vi porta in comunione con ciò che pregate, ma risveglia e formula anche forze che prima erano latenti (come nella Messa liberale cattolica). Un uomo che prega il diavolo entra nella comunione del male, ma formula anche le forze del male che reagiscono su tutti coloro che non sono positivamente alla ricerca del bene. Non bisogna mai dimenticare, infatti, che ogni forza che può essere contattata attraverso tale preghiera non è solo un ricevitore negativo, ma anche un trasmettitore positivo che invia le sue correnti e vibrazioni a tutti coloro che sono in grado di riceverle. (In sintonia con esse)".

Continua dicendo che formando un cerchio alla ricerca di questa *pace e di questa luce,* non solo si contattano questi invisibili esseri supremi controllori che governano il mondo, ma si aprono anche canali molto potenti attraverso i quali questi esseri possono riversare le loro influenze e i loro suggerimenti, che vengono chiamati benefici!

Quanto sopra è apparentemente un esempio di "Influenze reciproche tra il Mondo Visibile e quello Invisibile", il Comitato Supremo Sconosciuto di cui parla Wronski nel suo *Misticismo e Magia.* Il R.R. et A.C. è Illuminismo e Rosacroce, legato alla Massoneria del Grande Oriente, e la meravigliosa opera dei Rosacroce doveva iniziare in Russia, ma dov'è la "Pace e la Luce"?

Quanto sopra assomiglia molto ai metodi di camuffamento di Weishaupt!

> "... La massima cautela deve essere esercitata per non rivelare al novizio dottrine che potrebbero essere in grado di sconvolgerlo. Per questo scopo gli iniziatori devono acquisire l'abitudine di "parlare avanti e indietro" per non impegnarsi. Bisogna parlare", spiegò Weishaupt ai superiori dell'Ordine. 'Si deve parlare', spiegava Weishaupt ai superiori dell'Ordine, 'a volte in un modo, a volte in un altro, in modo che il nostro vero scopo rimanga impenetrabile ai nostri inferiori'".

Esistono tre forme di iniziazione - individuale, di gruppo o universale - tutte e tre conducono al controllo consapevole o inconsapevole da parte di un potere centrale, che in qualche modo misterioso fa sentire la sua influenza; spesso viene visto e sentito in modo chiaroveggente e chiaroveggente, ma *mai* fisicamente presente o visibile. Il sistema in tutti e tre i casi è lo stesso: cabalistico. Segretamente, qua e là, si preparano individui che formano gruppi o centri da cui si diffondono le influenze fino a formare una vera e propria rete magnetica che copre il mondo intero. Come raggi di un sole nascosto, questi gruppi sono apparentemente divergenti e distaccati, ma in realtà provengono tutti dallo stesso corpo centrale. Studiando tutti questi diversi gruppi e movimenti si vede che il sistema è una diffusione insidiosa e segreta di idee, che orienta e crea la prospettiva di vita richiesta, ecc. e che alla fine abbatte tutte le barriere della famiglia, della religione, della morale, della nazionalità e di ogni pensiero auto-iniziatico, sempre sotto il mantello di una nuova e più moderna religione, di un nuovo pensiero, di una nuova morale, di un nuovo cielo e di una nuova terra, fino ad evolvere in un gigantesco robot che risponde semplicemente alla volontà e ai comandi di una mente maestra segreta. Sognano di essere individui liberi, originali, autodeterminanti; non sono che la luna negativa che riflette e riproduce la luce dello stesso Sole nascosto e cabalistico. Gli Illuminati la chiamano *rigenerazione*; in realtà è morte e disintegrazione individuale, seguita da una resurrezione come "portatori di luce" negativi di questo Sole cabalistico. Come si dice "nel grado 6-5 della R.R. et A.C.: "Alzati, risplendi, perché la tua luce è venuta e la gloria del tuo Signore è su di te". La luce e la gloria del Sole cabalistico! Illuminismo!

Nel numero di luglio 1929 della *Revue Internationale des Sociétés Secrètes*, un interessante e raro disegno intitolato "Il Drago e la Donna, " raffigura apparentemente il Pentagramma della Massoneria illuminata e rivoluzionaria, simbolo dei poteri magici e potenti con cui il centro misterioso spera di ottenere l'impero sull'universo e quindi di governare gli uomini. La parte inferiore è il Drago dell'Apocalisse con le sette teste; sul suo corpo è scritta la parola "Kabalah", come anche in ebraico, "Schem Hamphoras" e "Yod, He, Vau, He" - il Tetragramma. Lo Schem Hamphoras, le chiavi cabalistiche di Salomone, le chiavi della scienza universale, dalle cui combinazioni si dice che tutti i segreti della natura siano rivelati. Le quattro lettere, per così dire la base materiale, sono le quattro bestie della visione di Ezechiele; sono la Sfinge con la testa di uomo, il corpo di toro, le ali di aquila e gli artigli di leone. Anche le quattro proprietà della luce astrale o Fuoco del Serpente - dissolvere, coagulare, riscaldare e raffreddare - che, dirette dalla volontà, si dice modifichino tutta la natura, producendo la vita o la morte, la salute o la malattia, eccetera, secondo l'impulso dato. Inoltre, è la croce della vita o della generazione: la Kundalini.

La morte e la disintegrazione devono precedere la cosiddetta rigenerazione; perciò la coda del Drago termina con la testa dell'avvoltoio di Saturno, il distruttore, che tiene nel becco la spada magica dell'adepto con la doppia mezzaluna dell'unità sull'elsa; questa viene conficcata nel corpo del Drago, perché il sangue deve essere versato. Sotto il Drago arde il fuoco, deve essere immolato, come l'antica Fenice, affinché dalle ceneri possa risorgere rinnovato e rigenerato. Come ha detto Rabaud Saint-Etienne: "Tutto, sì, tutto deve essere distrutto, perché tutto deve essere rifatto": è la rivoluzione. Il numero della bestia è 666, che cabalisticamente corrisponde al 9, il numero della generazione. Le sette teste rappresentano i sette pianeti o potenze del Sole o colori del prisma; cabalisticamente sono collocate sul triangolo intrecciato, le doppie forze creative, ogni angolo ha un pianeta con il Sole al centro. Insieme rappresentano il potere magico completo: il Talismano ebraico, lo Scudo di Davide!

Sopra questa base si erge la donna BABALON, la madre di tutti i culti panteistici e abominevoli. Sta in piedi nell'atteggiamento ermetico, "come sopra così sotto", la sua mano sinistra sollevata in alto tiene una torcia accesa a forma di lettera ebraica Shin; questa lettera, insieme al Tetragramma in basso, forma il Pentagramma, il "Cristo" o strumento della Massoneria rivoluzionaria illuminata. Sulla torcia c'è questa curiosa iscrizione, decifrata da M. Henri Guillebert: "Per quanto riguarda i bambini, uccideteli in gran numero. Santo, santo, santo è l'atto di immolarli, come anche di sterminarli". Non è forse ancora una volta Saturno, che divora i propri figli - la rivoluzione e l'anarchia? Sul suo petto è scritto "Democrazia", lo strumento negativo e ispirato di tutte le rivoluzioni. L'ispirazione è indicata dalla lettera "M" sopra la ghiandola pineale, dove la testa e la coda del serpente si uniscono, producendo l'illuminismo. È l'intermediaria che riceve e trasmette l'influenza dall'alto. Da una coppa nella mano destra versa sul fuoco sottostante tutti gli abomini e le impurità, incitando così l'olocausto, preparando il dominio delle Potenze invisibili. Le vecchie civiltà devono essere disintegrate e i sistemi consolidati distrutti.

Ora, nel 1914, nelle istruzioni ricevute dall'insegnante arabo della R.R. e A.C. si diceva che: "Prima di qualsiasi cerimonia, sia nel tempio che in privato, il *fuoco* deve essere bandito (energia) e la *terra* invocata, e il rituale di invocazione di *Saturno* eseguito 'per portare pace e calma!'". Pearce ci dice, nel suo *Text-book of Astrology*: "L'influenza di Saturno è la più duratura e maligna di tutti i pianeti", non porta al mondo la pace ma la disintegrazione, la sofferenza, il disonore, la guerra di classe e l'anarchia. "Saturno assomiglia a una tisi che, pur essendo appena percettibile nel suo progredire, è difficile da scongiurare con qualsiasi sforzo di abilità umana". Non è forse così per la crescita cancerosa delle influenze di queste società segrete sovversive e della propaganda bolscevica?

È curioso notare come, con tutti questi strumenti illuminati della "Mano Nascosta", la guarigione magnetica e la politica di ispirazione magica siano andate di pari passo. Basta considerare gli attuali Illuminati d'Inghilterra per rendersene conto. Nella Stella Matutina, dal defunto dottor Felkin, il loro ex capo supremo, alla loro Gilda di guarigione di San Raffaele, gestita da un certo gruppo influente di membri clericali, si trova la guarigione magnetica unita a una sottile forma di influenza politica invocata che spesso sfocia nel comunismo, nel socialismo e nel pacifismo, inculcando debolmente la dottrina della pace e dell'amore per i nemici ad ogni costo, il tutto ispirato dai loro "maestri nascosti".

Le cerimonie organizzate dal maestro arabo sono state eseguite nella R.R. e A.C. durante la guerra per stabilire il potere del Pentagramma, con una speciale concentrazione sulla Russia e su altri paesi, preparando i centri di forza per il lavoro diabolico di questa "Mano Nascosta"; collegando magneticamente il gruppo in Nuova Zelanda con i gruppi in Inghilterra, formando una banda intorno al mondo controllata dal Potere Invisibile che porta avanti l'idea del "Protocollo" della catena magnetica indissolubile del Serpente Simbolico.

Nella sua *Magia trascendentale* Eliphas Levi spiega così questa "catena magica":

> "Fare la Catena Magica significa stabilire una corrente magnetica che diventa più forte in proporzione all'estensione della catena... Ecco il segreto della loro forza, che essi (i chierici) attribuiscono unicamente alla grazia o alla volontà di Dio! ... La concentrazione avviene per isolamento e la distribuzione per mezzo della catena magnetica".

Cioè coloro che sono "messi a parte" come ricevitori delle forze dei maestri e trasmettitori delle stesse.

> "Questa forza è di per sé cieca, ma può essere diretta dalla volontà dell'uomo ed è influenzata dalle opinioni prevalenti. Il Fluido Universale (forza vitale)... essendo il mezzo comune di tutti gli organismi nervosi e il veicolo di tutte le vibrazioni sensibili, stabilisce un'effettiva solidarietà fisica tra le persone impressionabili e trasmette da una all'altra le impressioni dell'immaginazione e del pensiero".

In tutti i gruppi illuminati le cerimonie, gli esercizi, gli insegnamenti e i messaggi dei maestri mettono in moto una corrente magnetica e, come spiega Elipbas Levi:

> "L'azione della corrente è quella di trasportare, e spesso esaltare oltre misura, persone impressionabili e deboli, organizzazioni nervose, temperamenti inclini all'isteria e all'allucinazione. Queste persone diventano presto potenti veicoli di forza magica e proiettano efficacemente la luce astrale *nella direzione della corrente stessa*".

Come si vede nelle cifre meteorologiche di tutte le rivoluzioni! Per combattere con successo contro una tale corrente sono necessarie una volontà e un'iniziativa costanti e concentrate. L'insieme di questi gruppi forma la catena magnetica che trasmette le forze degli ebrei cabalisti nella vita sociale, religiosa, politica, economica, artistica, curativa ed educativa. Come scrisse il defunto dottor Felkin nel 1917: "Noi siamo il piccolo lievito che lievita la massa". Secondo Weishaupt, gli artisti sono tra gli strumenti più desiderabili!

Credo che si debba comprendere chiaramente che l'obiettivo di questo libro non è mostrare che il Grande Arcano Ermetico sia di per sé malvagio, ma piuttosto la sua perversione, e che la conoscenza e il potere di applicare queste leggi nascoste della natura possano diventare, nelle mani di adepti malvagi e ambiziosi, soprattutto di "capi sconosciuti", un enorme pericolo per l'incauta e ignara "umanità". Il potere utilizzato nell'Illuminismo si basa in gran parte su una profonda comprensione della scienza della luce, della forma (simboli geometrici), del movimento (ritmo), dei numeri, del suono, del colore (Minutum Mundum), dei profumi, ecc. Tutti questi elementi, sotto forma di corrispondenze, sono utilizzati nelle società occulte per risvegliare forze-vibrazioni che agiscono sulla mente e sul sistema nervoso di uomini e donne. Come si dice nel rituale 5-6 della R.R. et A.C.: "I colori sono forze e le firme delle forze, e tu sei il figlio dei figli delle forze".

Ad esempio, prendete un quadrato con un simbolo al centro, colorato di un rosso brillante, e ponete intorno a quel simbolo e in giustapposizione ad esso il giusto colore complementare o negativo di quel rosso; immediatamente l'intero quadrato lampeggerà e si animerà di vibrazioni.

Per illustrare le vibrazioni sonore, il defunto Max Heindel, della "Rosicrucian Fellowship", in California, ha scritto nel suo *Rosicrucian Cosmo-Conception*:

> "Queste invisibili vibrazioni sonore hanno un grande potere sulla materia concreta. Possono sia costruire che distruggere. Se una piccola quantità di polvere finissima viene posta su una lastra di ottone o di vetro e un archetto da violino viene tirato sul bordo, le vibrazioni faranno assumere alla polvere

bellissime figure geometriche. Anche la voce umana è in grado di produrre queste figure; sempre la stessa figura per lo stesso tono. Se si suona una nota o un accordo dopo l'altro - un violino - si raggiunge infine un tono che provoca nell'ascoltatore una vibrazione distinta nella parte posteriore della testa... questa nota è la "nota chiave" della persona che colpisce. Se viene suonata lentamente e in modo rilassante, tonificherà i nervi e ripristinerà la salute. Se viene suonata in modo dominante, forte e a lungo, ucciderà con la stessa sicurezza di un proiettile di pistola".

De Quincey ha detto:

"Questo Tempio (di Salomone) deve essere costruito da uomini, da pietre vive, e il vero metodo e l'arte di costruire con gli uomini è compito della magia (rosacrociana) insegnarlo".

Queste sono alcune delle forze utilizzate per costruire questo Tempio di pietre vive.

È interessante scoprire che anche l'insegnante arabo del dottor Felkin era un costruttore che utilizzava pietre vive, perché troviamo che diceva:

"Le pietre devono essere tutte presenti prima che il cerchio possa essere utile. Ogni pietra deve prima essere sbozzata nella forma corretta. Ognuna deve essere in grado di stare in piedi mano nella mano con le altre. La Luce all'interno di ciascuna di esse deve diventare forte in modo da irradiare abbastanza lontano, e fondendosi con le altre si formerà un arcobaleno (unendo e formando la cosiddetta "Luce Bianca Divina o Brillantezza", lo I.A.O. o Potere del Serpente). Ci deve essere armonia tra i membri e fiducia in se stessi. Ogni pietra percepirà intuitivamente dentro di sé un simbolo che denoterà al tempo stesso la funzione della singola pietra e la sua idoneità a svolgerla. Questo simbolo deve essere osservato e sviluppato dall'interno; infatti, sebbene il simbolo sia nella mente dell'arabo e sia quindi suggerito a ciascuno dall'esterno, deve essere sviluppato dall'interno, incontrando gradualmente l'impressione dall'esterno. La forza necessaria per sviluppare questi simboli dall'esterno sarebbe così grande da comportare uno spreco di forze, e non è la strada giusta da seguire".

Le pietre dovevano essere sette pianeti per il cerchio interno e i dodici segni dello Zodiaco per quello esterno.

Come esempio di questi metodi, è illuminante quanto segue: Uno dei membri del gruppo dell'arabo era molto esaurito dopo una seduta, e il motivo fu spiegato dall'arabo:

"Deve essere più positiva, facendo in modo di *smettere di formulare pensieri in certi momenti,* rendendo così la piscina della sua aura liscia. Prima di incontrare forti vibrazioni, deve fare una croce armata uguale all'interno della sua aura; questa si incontrerà con quella che io sto facendo all'esterno. Così facendo, formerà una porta da cui le vibrazioni potranno entrare, e arriveranno quindi in modo equilibrato".

Pertanto, se si seguissero queste istruzioni, dopo aver indotto uno stato di passività e aver aperto una porta, abbattendo così ogni opposizione, l'arabo sarebbe libero di riversare tutte le vibrazioni e le suggestioni necessarie per plasmare questa pietra per la nicchia che è stata designata ad occupare in questo tempio di pietre vive.

Ancora, quanto segue mostra come un adepto più avanzato sia usato, anche a grande distanza, per agire su un altro adepto per portare avanti questi schemi. Il dottor Felkin in Nuova Zelanda scrisse, il 4 febbraio 1918, al Capo di governo in Inghilterra:

"All'improvviso sentii una presenza lì (nel suo studio), ed era un uomo alto, non dissimile da Tagore (orientale), vestito con una specie di abito marrone e scarpe marroni con punte lunghe e rivoltate. Mani lunghe, belle e bianche, senza copricapo. Disse: "Sta arrivando il momento di una grande crisi, mandate tutto l'aiuto che potete a Het-ta (il capo del governo), che ha bisogno di aiuto". Le vibrazioni erano così forti che la mia mente si è intorpidita. Cercai di saperne di più, ma le parole sembravano del tutto incomprensibili. Mentre faceva un segno... una nuvola lo ha avvolto ed è scomparso. È venuto due volte la scorsa settimana".

Il cosiddetto aiuto consisteva nell'abbattere l'eventuale opposizione del capo di governo londinese ai loro piani diabolici. I loro sforzi ebbero successo, ma solo per un breve periodo. Chi può dire chi siano questi invisibili operatori magici, che avrebbero costruito questo Tempio di pietre vive - uomini e donne, di cui avrebbero "divorato" le vite? Solo loro detengono i veri segreti e per questo rimarranno sempre i Maestri.

In quattro articoli apparsi sul *Morning Post* del 25-29 ottobre 1927, Sir Oliver Lodge tratta di. "Il suo obiettivo è quello di sostenere l'indagine scientifica di tutti i fenomeni psichici, a parte l'uso dei medium o della fotografia, entrambi metodi che considera, a ragione, inaffidabili come prova della realtà delle comunicazioni con i morti. Scrive che gli studenti di metapsichica,

> "sappiamo per esperienza reale e per esperimento che esiste un metodo di comunicazione telepatica tra mente e mente che non utilizza gli organi di senso ed è condotto in un modo che al momento è del tutto sconosciuto... il piano più sicuro è quello di supporre che un qualche veicolo fisico sia coinvolto anche nella telepatia e nella chiaroveggenza... Coloro che studiano la metapsichica sono a conoscenza di fatti che hanno suggerito l'esistenza di un corpo *eterico* - cioè, di un qualche strumento fisico che può oltrepassare le limitazioni dello spazio e compiere imprese impossibili per un organismo più materiale. La *chiaroveggenza itinerante* (o proiezione astrale) è una di queste, l'apparizione è un'altra... L'etere è abbondantemente consistente e può trasmettere ogni tipo di forza conosciuta".

L'etere, dice, ha tre proprietà: "coefficiente dielettrico, permeabilità magnetica e velocità della luce". Queste tre proprietà, secondo Clerk Maxwell, sono collegate tra loro e insieme possono formare "un'unità definitiva e assoluta": la forza elettromagnetica, il potere del serpente, l'etere onnipervadente!

Nelle società occulte si fa molto lavoro psichico e magia allo scopo di staccare il corpo astrale dalla materia - mantenendo sempre un legame di connessione - in modo che possa essere proiettato a volontà attraverso l'etere a qualsiasi distanza e a velocità incredibile. Più spesso sono la volontà e la magia del Maestro che, all'insaputa dell'adepto, ritira e manda il suo corpo astrale qua e là - un po' come fa un medium sotto controllo ipnotico - creando collegamenti eterici e svolgendo in altro modo il lavoro di aiutare a portare avanti i piani di questi Illuminati. È il loro strumento. A dimostrazione di ciò, la signora Felkin scrive, in una breve Storia dell'Ordine del 1919:

"L'Ordine nascosto è quindi internazionale, non appartiene a nessuna razza o nazione. Sebbene sia sempre segreto e nascosto, i Maestri di tanto in tanto ne selezionano uno o due da inviare come insegnanti quando il mondo è pronto per loro... Tali insegnanti si riuniscono attorno agli Ordini segreti interni, e ai membri di questi che sono ritenuti degni vengono inviati messaggeri dei Maestri nascosti per dare loro insegnamenti, non materialmente ma sul piano astrale.

"Se gli allievi avranno il coraggio, la pazienza, la perseveranza e la lealtà di seguire questo insegnamento e di praticare i metodi, verrà il momento in cui riceveranno istruzioni dirette dai maestri occulti, singolarmente o in gruppo; e può darsi che alla fine gli allievi saranno condotti in uno dei grandi templi segreti occulti che ci sono qui e là nel mondo. Noi, i vostri capi, possiamo dire di saperlo, perché abbiamo ricevuto e visitato questi templi. È in vostro potere fare come abbiamo fatto noi, ma richiede pazienza, fede, abnegazione e l'ordinamento della vita esteriore prima che l'insegnamento interiore possa essere ricevuto. Ci deve essere sacrificio, e dovete essere pronti a rinunciare persino alla vostra volontà, a volte, e a eliminare molti lavori e piaceri che ad altri sembrano piacere".

Quanto sopra è senza dubbio ispirato da questi stessi maestri per ingannare e ottenere gli strumenti necessari alla loro Grande Opera. La via che conduce a questo insegnamento è l'"iniziazione", che come abbiamo visto porta alla perdita della personalità e alla possibile ossessione.

Il Tempio di cui si è parlato sopra, visitato dai Capi, era un Tempio del Sole, al quale furono portati dall'Arabo in modo astrale. Aveva molte piccole cappelle, ognuna delle quali rappresentava uno dei dodici segni dello Zodiaco, i pianeti, ecc. e aveva come capi un Triangolo di Maestri: il Maestro della Luce, il Maestro della Pace e il Maestro della Rosa. Parteciparono a molte cerimonie e ricevettero molti insegnamenti. Di questo Tempio l'Arabo ha detto, il 2 novembre 1911:

> "Ogni cappella prefigura una forza vitale che ora dobbiamo iniziare a sperimentare. Abbiamo messo insieme, per così dire, gli ingredienti, e ora il FUOCO deve essere acceso e gli ingredienti devono bollire. Finché questo non è avvenuto, egli non può completare le nostre istruzioni, perché non possiamo penetrare il velo che sempre incombe sull'Oriente...

Ha spiegato ancora una volta:

> Non dobbiamo esporci o forzarlo, ma se si presenta un'apertura dobbiamo essere rapidi e pronti a coglierla, perché aiuterebbe a collegare la catena (magnetica) che egli sta gradualmente formando a livello psichico. Tutte le cerimonie e le persone che abbiamo visto con l'A.B.S. avevano uno scopo preciso che lui sta lentamente portando avanti, ma quando riusciamo a cogliere un anello qua e là sul piano materiale, rafforziamo notevolmente l'effetto dell'altro".

Ancora una volta riceviamo un ulteriore messaggio dal presunto Christian Rosenkreutz che dice: 15 giugno 1919:

Stiamo arrivando a una crisi e coloro che sono stati ammessi all'Interno hanno diritto a una chiara dichiarazione di ciò che noi stessi crediamo riguardo all'Ordine. Se andremo avanti senza paura, confidando in ciò che abbiamo ricevuto, egli (il C.R.C.) starà come è stato finora, dietro di noi, usandoci come strumenti nell'opera che ha intrapreso. Se vogliamo essere *strumenti*, dobbiamo mettere da parte il pensiero di noi stessi e pensare solo al messaggio".

Per dimostrare in che modo la signora Felkin sia usata come portavoce di questi poteri pericolosi e insidiosi, è più che significativa la seguente dichiarazione, fatta dal dottor Felkin (giugno 1919):

Ieri abbiamo avuto una splendida giornata del Corpus Domini (cerimonia per far scendere la luce nella Volta Interiore e nel Tempio e per riaffermare il legame con questi maestri)... quando abbiamo attraversato la Volta sembrava di passare attraverso il fuoco liquido. Più tardi, quando è stata fatta scendere la "Divina Brillanza Bianca" (luce astrale), la luce elettrica sembrava davvero fioca, tanto era forte. Tutti sono rimasti molto colpiti; quando Q.L. (la signora Felkin) ha parlato, la sua voce sembrava completamente cambiata, e ha detto che in seguito ha detto cose che non era affatto preparata a dire, ma le parole le sono venute in mente".

Questo è molto simile all'oscuramento di Krishnamurti da parte di Maitreya; è stata un'ossessione parziale da parte di questi maestri, C.R.C. o arabi! È il risultato di una fede cieca e credulona!

Per fugare ogni dubbio o sospetto sui messaggi, l'arabo ha detto:

"I visitatori angelici passano continuamente, portano i loro messaggi rapidamente, possono sfiorarvi con le loro ali, possono solo passarvi accanto, rivestendovi per un attimo della loro atmosfera, ma in questi momenti misteriosi e meravigliosi lasciano nel vostro essere un messaggio del divino, e voi perdereste un'opportunità se non accettaste questo messaggio e non lo meditaste; potrebbe passare molto tempo prima che tornino di nuovo, e quando torneranno, potrebbe essere troppo tardi per lo stesso messaggio... Fa' in modo che le tue orecchie siano vigili e i tuoi occhi sempre aperti, e non temere di accettare tali messaggi. Il loro uso non può nuocerti finché rimani sotto la protezione dell'Ordine. Finché dimori nel Sacro Cuore e ti inginocchi in umiltà ai piedi della Croce dove il tuo Maestro è morto per te".

Non il Cristo dei cristiani, ma il Maestro del Grande Oriente giudaico-massonico. E secondo gli Arabi il loro vero simbolo di vita eterna è l'*ellisse, il* percorso di Luce che tutta la Natura segue: è rappresentato nell'uovo, da cui esce la vita - che contiene tutte le cose. La loro saggezza è quindi la saggezza della Natura, e non dell'Onnipotente Creatore Divino.

In questo modo ingannano e rendono schiavi coloro che vorrebbero usare come strumenti. Come faranno, dunque, questi ricercatori scientifici a dimostrare a se stessi e agli altri che queste apparizioni spirituali e i fenomeni che le accompagnano non sono maestri occulti mascherati da insegnanti spirituali e spiriti dei morti in cerca di chi divorare? Per gli occultisti, così come per gli spiritisti, si tratta di una questione di primaria importanza; entrambi cercano un Nuovo Cielo e una Nuova Terra, una Nuova Razza e una Nuova Era - il sogno secolare di Israele!

È curioso notare le seguenti istruzioni, inviate dalla Nuova Zelanda dal dottor Felkin e impartite dal presunto Christian Rosenkreutz nella Volta del Tempio Interno; si tratta, a quanto pare, di un sottile metodo di vibrazioni reciproche da instaurare tra il Tempio neozelandese e quello londinese, legandoli insieme per mezzo del Potere del Serpente o delle forze più sottili della Natura, inaugurando un potente strumento, una catena magnetica controllata da questo misterioso Centro, che cerca sempre di dominare l'umanità. Ecco le istruzioni e le spiegazioni:

"Il Capo Governante a Londra deve fare come noi qui, portare a turno ciascuno dei 5-6 membri nella Volta e presentarli personalmente al C.R.C., ricevendo per ciascuno di loro una carta speciale del mazzo TAROT. Quando ognuno viene presentato, C.R.C. gli dà una carta, e questa carta è una chiave per lo sviluppo dell'individuo (il suo simbolo)... Se riusciranno a ottenere il Tempio completo di 78 (numero del mazzo di Tarocchi!), i nostri Templi saranno in grado di funzionare appieno, e se ognuno riuscirà a scoprire il vero significato spirituale (astrale) della propria carta, ogni Tempio sarà allora, nel suo insieme (completo). Quando questi due Templi saranno completi nei loro membri interiori, si polarizzeranno e le correnti reciproche si risveglieranno, e coloro che avranno carte simili (nei due Templi) faranno coppia e dovranno essere in contatto tra loro, perché ogni carta ha un aspetto positivo e uno negativo... Quando verrà il momento, i due Templi dovranno essere pronti ad agire di concerto".

Ecco di nuovo la "catena infrangibile" dei "Protocolli", e a quale scopo? "Le scale costruttive esistenti crolleranno presto, perché le stiamo continuamente sbilanciando per usurarle più rapidamente e distruggere la loro efficienza" Rivoluzione mondiale e distruzione dell'odiato Impero britannico!

Nel *Grande Conosciuto,* un libro scritto dal capo del "Movimento Sadol", un gruppo massonico illuminato della California sotto il controllo della Grande Scuola (o Grande Loggia Bianca), troviamo un metodo con cui viene insegnato a contattare questi maestri sconosciuti, di cui si parla come "i saggi e potenti Luminosi". Il libro insegna che "il corpo materiale, mentre si evolve sui piani spirituali della vita, diventa una dinamo di potenza e di LUCE sempre maggiori". Parlando di questa condizione, Eliphas Levi, nella sua *Storia della Magia,* scrive: "Ciò può avvenire quando, attraverso una serie di esercizi quasi impossibili... il nostro sistema nervoso, abituato a tutte le tensioni e a tutte le fatiche, è diventato una specie di pila galvanica vivente, capace di condensare e proiettare potentemente quella Luce (astrale) che inebria e distrugge". Il testo tenta di dimostrare che conduce alla maestria e all'autocontrollo, ma a un'attenta analisi si rivela una mera medianità cosciente ispirata da un inganno astuto e intenzionale, che dà all'adepto una falsa fiducia, inducendolo a lasciar andare i sensi fisici e a lavorare sull'astrale, dove, racchiuso da formule date da questi stessi maestri, è comlpetamente alla loro mercé.

Il metodo è comune ad altri gruppi illuminati - il R.R. e l'A.C. e l'Ordine del Sole di Edimburgo - e può essere usato da uno o da un gruppo di adepti. La stanza deve essere preparata con formule che, essendo segrete, non vengono fornite, ma servono a racchiudere e isolare gli adepti di e a risvegliare certe forze e a creare le vibrazioni necessarie per ottenere il contatto. L'adepto deve sedersi davanti a una tenda nera, concentrandosi coscientemente e cercando di "colmare l'abisso della percezione sensoriale", che deve essere attraversato se si vuole stabilire il contatto. Questo può essere realizzato sotto forma di suggestione, parole, simboli, immagini, con la venuta del Maestro stesso nel suo corpo astrale, o anche con la proiezione del corpo astrale dell'adepto in un Tempio o in qualsiasi altro luogo desiderato, sempre sotto il controllo del Maestro! Non c'è modo di mettere alla prova questi maestri; devono essere presi sulla fiducia, una questione di fede cieca, l'abrogazione di ogni ragione, che porta inevitabilmente alla medianità e non alla maestria. Questo era il metodo usato dagli adoratori del santuario arabo; essi dovevano formare una dinamo di potere e di Luce, da usare per la prossima *rigenerazione* del mondo da parte degli Illuminati!

In verità c'è apparentemente molto metodo in tutta questa follia! L'unico nome possibile è Magia Nera, e ci si può stupire delle esternazioni blasfeme e sediziose del nostro clero "rosso", alcuni dei quali sono almeno membri della Stella Matutina e della R.R. et A.C., il cui scopo principale era, ed è, quello di accaparrarsi il maggior numero possibile di chierici in modo da infierire dall'interno, sconvolgere la Chiesa e metterla in ridicolo, come fa il Soviet! Ora, chi sono questi maestri e cos'è la Grande Loggia Bianca"?

Nelle pubblicazioni e negli atti dei teosofi e di alcune altre società segrete, si fa spesso riferimento alla Grande Loggia Bianca come a un Potere Superiore esterno che dirige gli affari di queste società terrene. In molti riferimenti sembra che la Loggia sia composta da esseri sovrumani o addirittura celestiali, e in altri che sia semplicemente umana. La nostra convinzione è che si tratti di un gruppo di uomini in carne e ossa, che possono creare *legami eterici*, a qualsiasi distanza, con i leader di queste società, e che lavorano segretamente per mezzo di quella Luce che può "uccidere o rendere vivi", inebriando, accecando e, se necessario, distruggendo uomini e donne incauti, usandoli come strumenti o "portatori di Luce" per portare a compimento questo folle e malvagio piano di dominazione del mondo da parte del Dio-Persona - l'Ebreo Cabalista.

Secondo il defunto Max Heindel, discepolo di Steiner e ultimo capo della "Rosicrucian Fellowship", in California:

> "Esistono in diversi luoghi della terra un certo numero di queste scuole dei misteri minori, ognuna delle quali è composta da DODICI Fratelli e da un *tredicesimo* membro. Quest'ultimo è l'anello di congiunzione tra le diverse scuole, e tutti questi capi o tredicesimi membri compongono quella che è normalmente conosciuta come la Loggia Bianca, ossia un conclave supremo dei più anziani tra i nostri Fratelli, che ora sono pienamente responsabili dell'evoluzione umana e pianificano i passi che dobbiamo seguire per avanzare".

Per alcuni anni il dottor Felkin e un gruppo di membri della R.R. e A.C. si sono incontrati la domenica per contattare e fare lavoro astrale con il maestro arabo, la cui missione era, come abbiamo visto, di realizzare l'unione di "Oriente e Occidente", formando una catena magnetica di adepti in tutto il mondo come mezzo di controllo da parte di questi maestri. Quella che segue è una delle esperienze astrali più significative. Nel momento in cui si è verificata, è stata registrata parola per parola dallo scriba, e il "canale" - che, insieme ad altri due, l'ha vista - è stato il nostro informatore:

> "16 *aprile* 1916.

> "Una stanza buia con pavimento lucido e pareti scure.

Persone sedute attorno a un lungo tavolo lucido. Un vecchio seduto in testa su una poltrona intagliata. Le luci delle applique intorno alle pareti si riflettono sul pavimento lucido. Tutti indossano abiti scuri; il vecchio ha un curioso cappello, non dissimile da quello del Sommo Sacerdote ebraico, ricurvo ai lati come corna. È rosso, ricamato con oro e gioielli. Un braciere è al centro del tavolo; di tanto in tanto qualcuno vi getta un po' di incenso. Ognuno ha davanti a sé un piatto di incenso, ognuno di tipo diverso, e tutti lo spargono a turno. Il posto ai piedi del tavolo, simile a quello del capo, è libero, quindi *tredici* in tutto; ci sono sei persone ai lati del tavolo. Il vecchio sta parlando. Ha occhi scuri e luminosi con le palpebre piuttosto cadenti. Sembra dire: "Il tempo si avvicina e non siamo ancora del tutto pronti. Io devo restare qui per tenere acceso il fuoco, ma voi dovete tornare ognuno al proprio paese, e quando ci riuniremo di nuovo qui la sedia vacante sarà occupata". Fanno tutti un segno con la mano sinistra, come se volessero tracciare rapidamente una linea con essa sulla mano destra che è stata tenuta con le dita rigidamente unite, il gomito destro appoggiato sul tavolo. Hanno anelli di sigillo profondamente incisi sul primo dito, grandi pietre scure. Potremmo incontrare colui che tornerà in questo Paese. È difficile vedere i volti, perché indossano il domino con il cappuccio in testa. Ora sono tutti in piedi e ripetono un versetto latino. Prima qualcosa all'unisono - Giovanni IV, 7-12 (Johannismo!). Poi ognuno dice una parola a turno da uno dei testi. L'uomo che deve venire qui dice "Amor". Poi insieme dicono: "Nobis hoc signum". Il vecchio sembra italiano o ebreo... Fuori è molto montagnoso... Ora è in piedi e si è messo a lato della sua sedia, che sembra essere su due gradini, in modo da essere a livello del tavolo. Le persone passano davanti a lui e ognuno dà una presa e una parola d'ordine. Questa parola d'ordine sembra essere la parola di ciascuno che è stata pronunciata nella frase. Si mettono in fila davanti a una porta chiusa da una tenda e si trovano di fronte a lui. Lui ha una pesante croce d'oro al collo con la quale li benedice. Fanno un gesto simile a un salaam e scompaiono dietro la tenda. Sul tavolo davanti al sedile del vecchio c'è una bacchetta di loto di ebano nero. Il loto è chiuso a forma di cono e ha una luce intorno. Il vecchio rimane solo; gira intorno al tavolo e mette i resti dell'incenso di ogni piatto sul braciere. Ora si toglie il suo curioso cappello e lo posa sul tavolo accanto alla bacchetta. Si toglie il domino, con aria molto pensierosa. Non ha più di cinquantacinque o sessant'anni, ha una barba scura e setosa, baffi scuri, capelli scuri divisi al centro, che si arricciano e si intravedono appena in cima. Ha indossato una tonaca. Ora sta prendendo la bacchetta; preme un piccolo pomello nel manico e il fiore si apre. Il fiore è di madreperla con un centro di cristallo brillante. È piatto, ma scintilla alla luce. Sta dicendo qualcosa in una lingua straniera sulla Legge: 'La Legge sarà adempiuta'!".

Il motivo per cui ha mostrato quanto sopra è stato: "L'Arabo vuole che ci rendiamo conto che in tutto il mondo coloro che sono i portatori di Luce per il futuro si stanno preparando per essere pronti". Ci sono dunque uomini misteriosi, ancora nel corpo della carne, che appaiono astralmente e stabiliscono legami eterici e costruiscono canali attraverso i quali possono preparare il mondo alla cosiddetta "Fiamma Pentecostale" o Illuminismo Mondiale, che deve realizzare il Grande Oriente Giudaico "Repubblica Universale".

Ora, la Stella Matutina e la R.R.et A.C. hanno come maestri nascosti un capo e dodici Fratelli, come vedremo in seguito, che lavorano sotto di lui.

Nelle Profezie di Jane Lead, 1681-1704, che sono rosacrociane e illuministe, e corrispondono strettamente all'insegnamento della S.M., e sono, con i loro sette Profeti successivi, l'ispirazione dell'attuale Società Panacea, troviamo: "Egli (il Maestro) ora eleggerà e assegnerà anche DUE persone principali come costruttori di fondamenta... secondo le direttive del loro Capo principale; e così via, per moltiplicare il numero dei discepoli, fino a renderli innumerevoli". Le profezie riguardano un secondo avvento.

Riguardo all'uso di I John, Mrs. Nesta Webster, nel suo *Secret Societies and Subversive Movements, scrive:*

"Così il dottor Ranking, che ha dedicato molti anni di studio alla questione... in uno scritto molto interessante pubblicato sulla rivista massonica "Ars Quatuor Coronatorum", osserva: "Che fin dall'inizio del cristianesimo è stato trasmesso attraverso i secoli un corpo di dottrine incompatibili con il cristianesimo nelle varie Chiese ufficiali. Che gli organismi che insegnano queste dottrine professano di farlo con l'autorità di San Giovanni, al quale, come sostengono, i veri segreti erano stati affidati dal Fondatore del Cristianesimo, che durante il Medioevo, il principale sostegno degli organismi gnostici e il principale depositario di questa conoscenza (Johannismo) era la Società dei Templari". E ancora: "La storia dei Templari in Palestina è un lungo racconto di intrighi e tradimenti da parte dell'Ordine". "

Molti gruppi di oggi credono di essere in comunicazione diretta con Cristo!

Ancora una volta cita Lecouteulx de Canteleu:

"In Francia i Cavalieri (Templari) che lasciarono l'Ordine, ormai nascosto e per così dire sconosciuto, formarono l'Ordine della Stella Fiammeggiante e della Rosa-Croce, che nel XV secolo si diffuse in Boemia e in Slesia".

Curiosamente il simbolo della Stella Matutina è la Stella a cinque punte, mentre quello della R.R. et A.C. è la Stella a sei punte e la Rosa-Croce.

Inoltre, ci dice che nelle "Logge Melchisedeck" il grado Rose-Croix occupa il posto più importante. Che l'Ordine era solitamente descritto come "Fratelli Asiatici", il cui centro era a Vienna, anche se le sue vere origini sono oscure.

"Il loro ulteriore titolo di 'Cavalieri e Fratelli di San Giovanni Evangelista' suggerisce un'ispirazione giovannea ... de Luchet, che come contemporaneo era in grado di acquisire informazioni di prima mano, descrive così l'organizzazione dell'Ordine che, come si vedrà, era interamente giudaica. La direzione superiore è chiamata il piccolo e costante Sinedrio d'Europa... l'Ordine ha i veri segreti e le spiegazioni, morali e fisiche, dei geroglifici del venerabilissimo Ordine della Massoneria". L'iniziato deve giurare assoluta sottomissione e obbedienza alle leggi dell'Ordine... "Chi", si chiede de Luchet, "ha dato all'Ordine questi cosiddetti segreti? Questa è la grande e insidiosa domanda delle società segrete. Ma l'iniziato che rimane, e deve rimanere eternamente nell'Ordine, non lo scoprirà mai; non osa nemmeno chiederlo. Deve promettere di non chiederlo mai. In questo modo, coloro che partecipano ai segreti dell'Ordine rimangono i maestri". (Si veda la promessa del dottor Felkin al Terzo Ordine nel 1909).

Questo è profondamente vero per le società segrete di oggi. Nelle Profezie di Jane Lead si parla della "Corte Superiore e del Consiglio" e si legge: "Per salire ai gradi successivi dell'Ordine di Melchisedeck, è richiesta l'intera offerta del rogo". Nel S.M. troviamo un rituale speciale per l'invocazione di Melchisedeck, e anche un grado superiore nel R.R. et A.C. Come disse il Conte di Saint-Germain del suo Sacerdozio di Melchisedeck: "Voi guiderete il corso delle stelle, e coloro che governano gli imperi saranno governati da voi". Non è forse vero anche per queste società segrete di oggi, o almeno per il potere che opera attraverso di esse?

Inoltre, la signora Nesta Webster scrive in riferimento al "Maestro" della Massoneria della signora Besant:

> "Ma in terzo grado viene confidata la sorprendente informazione, con un'apparenza di grande segretezza, che egli non è altro che il famoso Comte de Saint-Germain, che non è realmente morto nel 1784, ma è ancora vivo oggi in Ungheria con il nome di Ragocsky... il Maestro è in realtà un austriaco di nascita reale".

Nella Storia della magia di Eliphas Levi una nota dice: "Saint-Germain testimoniò da parte sua... di essere figlio del principe Ragocsky di Transilvania".

È interessante notare come tra gli Ordini di oggi ci sia una stretta corrispondenza tra le date delle loro varie consumazioni:

Teosofi e Ordine della Stella in Oriente - 1926. Il Maestro mondiale in arrivo, sostenuto da dodici apostoli. È venuto e se n'è andato senza riuscire ad affascinare o convincere il mondo!

S.M. e la R.R. et A.C. - 1926-1933-5. Reincarnazione di Christian Rosenkreutz, con un probabile sostegno di dodici sacerdoti.

Società *Panacea* - 1923-7. Secondo Avvento sostenuto da dodici donne apostolo.

Spiritualisti - 1925-8. Una catastrofe che porta a un mondo e a una Chiesa epurati e purificati! Un nuovo cielo e una nuova terra!

Non dobbiamo quindi concludere che tutti questi movimenti non sono altro che "canali" usati dalla "Grande Loggia Bianca" - o è "il piccolo e costante Sinedrio" dei dotti Anziani di Sion? - per ottenere il dominio del mondo da parte degli Ebrei, poiché essi decretano: "La Legge deve essere adempiuta!".

Ecco un altro significativo insegnamento pittorico dato al dottor Felkin nel 1916 dal suo Maestro arabo. Raffigura la grande Opera Mondiale di questi maestri nascosti, compiuta oggi in Russia e ora tentata tra tutte le altre razze e nazioni: è l'Iniziazione Rivoluzionaria Mondiale; è il *solve* et *coagula* - la distruzione e la ricostruzione - della Giudeo-Massoneria Illuminata del Grande Oriente; perché "tutto, sì, tutto deve essere distrutto, poiché tutto deve essere rifatto". È l'instaurazione del Regno di Adonai, il Signore Ebraico dell'Universo, costruito sulle rovine di tutte le vecchie civiltà.

> "È l'immagine di una donna, piangente e seduta: è lo Spirito della Terra. Dietro di lei c'è un'altra figura in abiti fluenti: è Adonai, il Signore dell'Universo. Le sue braccia sono distese e sul suo capo c'è una corona; nella mano sinistra c'è una spada rivolta verso l'alto con gocce di sangue che scendono

lungo la lama fino all'elsa. Nella mano destra c'è una coppa, dalla quale fuoriesce del sangue che cade sulla veste verde della donna. La figura alle spalle porta la coppa alle labbra della donna; lei beve e le sue lacrime cadono nella coppa; lui gira la spada e la conficca nel fianco della donna in modo che la trafigga. Mentre fa questo, tenendo ancora la coppa sulle labbra della donna, le sue braccia la abbracciano e uno, o entrambi, dicono: "Io sono te, d ovunque tu cerchi mi troverai". E le due figure sembrano dissolversi nella LUCE ed emerge un'unica tremenda e gloriosa figura".

Questa iniziazione può essere sia individuale che universale, e abbiamo visto come tale iniziazione comporti sofferenze e sacrifici incalcolabili e la perdita della propria personalità; da essa emerge un mero automa illuminato senza vita.

Il seguente insegnamento cabalistico un po' recondito fu dato a Mathers, uno dei primi Capi, dai "Capi nascosti e segreti", e fu trasmesso al dottor Felkin dall'allora Capo del Tempio di Amen Ra, a Edimburgo. Si tratta di una curiosa descrizione di come una triade o un triangolo di adepti, che formano un legame eterico, mettendo in atto "vibrazioni reciproche" con i maestri nascosti, dovevano trasmettere le loro influenze e controllare l'Ordine. Viene qui riportata a beneficio dei pochi che possono essere in grado di seguirla, in quanto spiega ciò che accadde in seguito quando i maestri tentarono di stabilire un simile Triangolo di Potere nella R.R. et A.C. nel 1917-19. Per coloro che non possono o non vogliono seguirlo, si può passare oltre.

LA LEGGE DELLA RIVOLUZIONE CONTORTA DELLE FORZE SIMBOLEGGIATA DAI QUATTRO ASSI INTORNO AL POLO NORD

"... Nel libro T. (i Tarocchi) è scritto: "Anche il Drago (cioè Draco, la costellazione del Polo Nord dei Cieli) circonda il polo di KETHER dei Cieli celesti". Viene inoltre stabilito che le quattro Forze simboleggiate dalle quattro Principesse o Amazzoni governano i cieli celesti dal Polo Nord dello Zodiaco fino a 45 gradi di Lat. Nord dell'eclittica, e dal Trono dei quattro Assi che governano in KETHER. E ancora, si afferma che il Trono dei

Asso di Coppe = Testa di Draco.

Asso di Spade = Parte anteriore del corpo.

Asso di Pentacoli = Parte posteriore del corpo.

Asso di Bastoni = Coda di Draco.

"Osserva dunque la forma di questa Costellazione del Draco. È contorta in quattro punti, secondo la regola degli Assi. Infatti, nelle quattro Forze di Yod, He, Vau, He, il fuoco e l'acqua sono contrari e anche la terra e l'aria sono contrari. E il Trono degli elementi attirerà e catturerà, per così dire, la forza dell'elemento, cosicché qui ci sono le forze dell'antipatia e della simpatia, o quelle che sono conosciute chimicamente come repulsione e attrazione...

"Si dice che KETHER è in MALKUTH e di nuovo che MALKUTH è in KETBER, ma in un altro modo. Infatti, scendendo attraverso i quattro mondi, la MALKUTH della materia minore sarà collegata alla KETHER della materia maggiore. Dalla sintesi delle dieci corruscazioni dell'Aur procede l'influenza nel... KETHER di ATZILUTH, e il legame o filo di collegamento dell'AIN SOPH si estende attraverso i mondi, attraverso tutte le dieci sephiroth e in ogni direzione... Ora, il simbolo del collegamento tra la MALKUTH di YETZIRAH (mentale) e la KETHER di ASSIAH (materiale) avrà una forma simile a una clessidra, con il filo dell'AIN SOPH, di cui si parlava prima, che ne attraversa il centro e costituisce il collegamento tra i mondi. Così il simbolo della connessione tra i piani è questo, e anche il *modus operandi* della traslazione della forza da un piano all'altro è questo. E quindi il titolo della sfera di KETHER di ASSIAH significa l'inizio del moto vorticoso.

Dal diagramma del simbolo della clessidra si evince che

MALKUTH di YETZIRAH sarà il trasmettitore delle forze yetziratiche a KETHER di ASSIAH, che quest'ultimo le riceverà e che il simbolo della clessidra o doppio cono sarà il traduttore da un piano all'altro. Consideriamo dunque la nomenclatura del decimo sentiero (che risponde a MALKUTH) e del primo sentiero (che risponde a KETHER).

"Il decimo sentiero che risponde a MALKUTH:

"È chiamata Intelligenza Splendente, ed è così chiamata perché è esaltata al di sopra di ogni testa e siede sul Trono di BINAH, e illumina lo splendore di tutte le Luci e fa fluire la corrente dell'influenza dal Principe dei Volti" (cioè Mettatron o il Signore della Luce).

"Il primo sentiero che risponde a KETHER:

"È chiamata l'intelligenza meravigliosa o nascosta (la Corona più alta). Perché è la Luce che fa comprendere il Primordiale senza inizio, ed è la Gloria Primordiale - perché nulla di ciò che è stato creato è degno di seguire la sua essenza".

"Da ciò si evince che MALKUTH è per così dire il raccoglitore e la sintesi di tutte le forze nel suo luogo o nel suo mondo; mentre KETHER, essendo superiore a tutti, anche nel suo luogo e nel suo mondo, sarà il destinatario e l'organizzatore delle forze dal piano di là, in modo da distribuirle nelle sue sephiroth subordinate in modo debitamente ordinato.

"E quindi qualsiasi forza delle moltissime e innumerevoli forze di MALKUTH può agire attraverso il cono superiore del simbolo della clessidra, e per mezzo del cono inferiore tradurre la sua operazione nel KETHER sottostante, ma il suo modo di trasmissione sarà attraverso i suoi coni per mezzo del filo dell'AIN SOPH o del non formulato. Così, nella trasmissione tra i due mondi, il formulato deve prima diventare unformulato prima di potersi riformulare in nuove condizioni (morte e disintegrazione!). È chiaro infatti che una forza formulata nel nostro mondo, se tradotta in un altro, sarà disformulata secondo le leggi di un luogo di natura diversa, così come l'acqua allo stato fluido sarà soggetta a leggi diverse da quelle che la governano quando si trova nelle condizioni del ghiaccio o del vapore.

"E come già detto, essendoci una divisione elementale principale della sephira MALKUTH nel diagramma MINUTUM MUNDUM, ognuna di queste avrà la sua formula correlativa di trasmissione al KETHER successivo. Da qui il dominio dei quattro fanti o principesse dei Tarocchi intorno al Polo Nord nel libro T. attribuito ai Cieli (Il triangolo e l'Unità).

"Ora, poiché KETHER deve ricevere da MALKUTH, è necessario che in KETHER e intorno a KETHER *vi sia una forza che partecipi della natura di MALKUTH, anche se di natura più sottile e raffinata,* e perciò le forze finali "He" o Principesse hanno il loro dominio posto al di sopra di KETHER, affinché possano attrarre dal MALKUTH dell'alto e formare la base d'azione per gli Assi. Così che una materia raffinata possa attrarre il suo simile, e che le forze spirituali non si perdano nel vuoto e producano solo una distruzione errata e vorticosa per mancanza di una base stabile. Ed è questa la formula reciproca in tutte le cose, di uno spirito e di un corpo, dato che ciascuno fornisce a ciascuno ciò che manca all'altro. Ma anche qui ci deve essere una certa condizione, altrimenti l'armonia non sarà perfetta, perché se il corpo non è raffinato per natura, ostacolerà l'azione degli spiriti ad esso collegati; e se lo spirito non è disposto ad allearsi con il corpo, quest'ultimo ne sarà danneggiato, e ciascuno reagirà naturalmente sull'altro... Ma è altrettanto necessario governare lo spirito che raffinare il corpo, e a che serve indebolire il corpo con l'astinenza se allo stesso tempo si incoraggiano la mancanza di carità e l'orgoglio spirituale. Si tratta semplicemente di tradurre un peccato in un altro, e quindi le forze finali "Egli" sono necessarie in KETHER, come è detto nel decimo sentiero di YETZIRAH: "È così chiamato perché è esaltato al di sopra di ogni testa e siede sul Trono di BINAH". Ora, nell'Albero le sephiroth

CHOKMAH e BINAH sono riferite al mondo BRIATICO, che è chiamato il Trono del mondo Atziluthico, al quale nell'Albero è riferita KETHER, e riferendosi ai domini delle quattro Principesse, si scopre che nella sfera includono CHOKMAH e BINAH oltre a KETHER.

"Ora ci saranno non una ma quattro formule di applicazione delle quattro forze di MALKUTH nella rivoluzione dell'ACE in KETHER, e queste non agiscono singolarmente ma simultaneamente e con un diverso grado di forza. E poiché (se MALKUTH e KETHER si trovassero nello stesso piano o mondo) la trasmissione di queste forze dall'uno all'altro procederebbe più o meno per linee dirette, in questo caso (dato che MALKUTH e KETHER si trovano in piani e mondi diversi) le linee di trasmissione di queste forze vengono catturate e fatte vorticare dal cono superiore del simbolo della clessidra nel vortice, dove e attraverso il quale passa il filo dell'unformulato - cioè AIN SOPH (legame eterico). Quindi vengono proiettate in una vorticosa convoluzione (ma secondo la loro natura) attraverso il cono inferiore del simbolo della clessidra fino a KETHER. Ne consegue che queste formule sono della natura del Drago o del *Serpente,* cioè si muovono in convoluzioni, e per questo sono chiamate formule del Drago o del Serpente (alate, aria; pinnate, acqua; o con i piedi, terra).

"Un'altra azione delle forze di MALKUTH di YETZIRAH che si trasmettono in KETHER di ASSIAH sarà quella dei *raggi vibratori* continui che agiscono dal centro della circonferenza e che portano in azione le forze dal Filo del non formulato (AIN SOPH).

"Ricordiamo ciò che è scritto nel capitolo dei carri, Ezechiele Iv. 5-6: 'Vidi, ed ecco che un turbine tempestoso usciva dal settentrione, e una nube potente e un fuoco che vorticava violentemente su se stesso e dal mezzo come un occhio luminoso dal mezzo del fuoco, e dal mezzo forme di quattro carri'". "

Questo è dunque il metodo con cui questi Maestri diabolici della

Cabala lavorano sul piano mentale o astrale, formando legami eterici attraverso i quali possono agire su un Ordine e, attraverso di esso, direttamente sul mondo. Tra breve verrà dato un esempio di come questo tentativo sia stato fatto nella R.R. e A.C., mostrando come questi maestri abbiano cercato di formare un Triangolo di adepti "KETHER, CHOKMAH e BINAH, attraverso il quale si sarebbe dovuto manifestare il loro OCCHIO del Potere. Ma prima il Triangolo doveva diventare, per così dire, un "vaso vuoto", che doveva essere riempito di luce astrale - illuminato - una dinamo, che condensava e proiettava le forze dei Maestri, riceveva le loro istruzioni e, come automi, le trasmetteva a coloro che li circondavano. In questo modo, come un'epidemia o come un incendio selvaggio, questi insegnamenti e queste forze si diffondono lungo la catena magnetica, orientando un Ordine, un gruppo, una nazione e il mondo. Si tratta di uno schema diabolico che potrebbe essere sviluppato solo da una mente cabalistica.

Ma prima tentiamo il difficile compito di spiegare questo etere universale o forza vitale che è alla base del loro potere.

Un candidato che desidera entrare nella Stella Matutina deve firmare un modulo di consenso personale e di segretezza, in cui si afferma che lo scopo dell'Ordine è lo "sviluppo spirituale", cioè il risveglio dei sensi interiori. Inoltre, viene detto loro che la ragione di questa segretezza è che l'insegnamento può essere usato sia per la magia nera che per quella bianca, e quindi diventerebbe un pericolo se fosse reso noto. Il grande scopo di tutte queste società segrete, tuttavia, è quello di addestrare i membri a lasciare la presa sulle cose materiali e a operare consapevolmente sul piano astrale; solo su quel piano, infatti, questi maestri diabolici possono, senza tradirsi, contattare, influenzare, collegare e utilizzare gli adepti nei loro piani segreti universali. Nei primi gradi del S.M. i neofiti ricevono meditazioni, esercizi di respirazione e procedimenti portati dalla Germania da E.O.L., l'adepto che era stato addestrato lì per fungere da collegamento eterico tra il corpo tedesco e l'Ordine in Inghilterra. Questi esercizi risvegliano ed elevano le forze sessuali inutilizzate, la Kundalini o "serpente dentro" l'adepto, e risvegliano i sensi interiori.

Un po' di tempo prima di entrare nell'Ordine Interiore, l'adepto viene portato un po' più avanti in questo sviluppo astrale; viene iniziato ai misteri della visione tatwica, una forma di Yoga. In breve, secondo gli yogi, nell'Universo esiste un Grande Respiro o Swara - *evoluzione* e involuzione; è il principio creativo universale o forza vitale. È *Pingala*, il respiro positivo o Sole, *Ida*, il respiro negativo o Luna, e *Susumna*, il fuoco che unisce o distrugge. È il Potere del Serpente o Triangolo della manifestazione in tutta la creazione. All'interno dell'adepto è la Kundalini, e la fusione di questa con la forza vitale universale che non c'è, il Nirvana, è la fine di tutto lo yoga. Inoltre, ci sono cinque modificazioni di questo Grande Respiro, chiamate *Tatwa*, eteri, o materia raffinata, ognuna delle quali ha vibrazioni distinte, funzioni diverse, una forma e un senso diversi; ognuna di queste è di nuovo carica a sua volta di tutte e cinque. Sono simili all'etere e ai quattro elementi: il Pentagramma.

Essi sono: (I) *Akasa* - etere (chiamato spirito), scuro, a forma di uovo: suono. (2) *Vayu* - gassoso, aria, sfera blu: tatto. (3) *Tegas* - igneo, fuoco, triangolo rosso: vista. (4*) Apas* - liquido, acqua, mezzaluna d'argento: gusto. (5) *Prithivi* - solido, terra, quadrato giallo: odore. Tutti e quattro gli stati della materia terrestre esistono nella nostra sfera - e ognuno di essi invade costantemente il dominio dell'altro, e così si ha quello che viene chiamato il Tatwas misto o intercaricato. Questi Tatwa o respiri fluiscono a rotazione regolare nel sistema nervoso del corpo umano, esattamente come nell'universo esterno: come sopra così sotto.

Ráma Prasád, in un libro, *Nature's Finer Forces*, scritto per i Teosofi nel 1889, ci dice che l'intero processo di creazione, su qualsiasi piano di vita, è eseguito da questi Tatwa nei loro aspetti negativi e positivi, e che ogni cosa, in ogni aspetto, che è stata o è in essere sul nostro pianeta, ha una traccia leggibile nell'etere. Dice inoltre che a volontà "lo yogi praticante può portare davanti agli occhi qualsiasi immagine di qualsiasi parte del mondo, passato o presente", e che "uno yogi in contemplazione può avere davanti agli occhi della mente qualsiasi uomo a qualsiasi distanza, e può anche sentire la sua voce"; ciò richiede solo menti simpatiche, cioè sintonizzate sulla stessa tonalità. Lo chiama "il fenomeno della telegrafia mentale, della psicometria, della chiaroveggenza e della chiarudienza". Anche le vibrazioni reciproche. Ancora, in un MS della S.M. si legge: "L'allievo diventerà gradualmente capace di guardare nel futuro a suo piacimento, e avrà tutto il mondo visibile davanti agli occhi, e sarà in grado di comandare la Natura; questo potere mette anche a nudo il funzionamento segreto del mondo". Con il potere di questa forza vitale, voluta, diretta e controllata da un adepto, "si può distruggere un nemico , ottenere potere, ricchezza, piacere, ecc.". Può anche causare o guarire le malattie, e con esso si può esercitare il controllo ipnotico. E con questo potere si può generare apatia in qualsiasi corpo o gruppo, una forma di ipnotismo di massa! In questi ordini l'uso di questo potere è sempre controllato dai maestri!

Queste sono le forze utilizzate in tutti i gruppi illuminati per ottenere il cosiddetto sviluppo e raggiungimento spirituale, e attraverso queste forze e la sua profonda conoscenza delle loro potenzialità, questo centro misterioso cerca di influenzare la mente e le azioni dell'adepto, non per il bene dell'umanità, ma per la sua schiavitù. Sempre nella Stella Matutina l'adepto ha la certezza che finché rimane all'interno dell'Ordine, utilizzando i metodi dell'Ordine, nessun male potrà colpirlo! In quest'Ordine i simboli colorati dei Tatwa, con le loro formule corrispondenti e i nomi divini cabalistici, che sono potenti forze astrali, vengono usati per ottenere visioni astrali secondo la natura dei Tatwa, usando sempre l'incenso per aiutare a sciogliere l'astrale dal corpo materiale. All'inizio queste visioni sono vaghe e lievi, ma crescono in chiarezza e apparente realtà man mano che l'adepto si sviluppa, finché all'improvviso un giorno, apparentemente dal nulla, appare un misterioso monaco o fratello dall'abito marrone, un guardiano dell'Ordine, un maestro o persino un falso Cristo, che prende il comando della spedizione astrale, portando l'adepto forse in qualche monastero isolato, in una roccaforte rocciosa, in un tempio, in una caverna tenebrosa o persino al Polo Nord! dove in genere viene eseguito qualche rito sinistro e magico e vengono impartite istruzioni simboliche o a parole. Queste avventure astrali continuano e crescono d'intensità fino a quando, gradualmente, la visione della vita dell'adepto si orienta verso gli schemi mondiali di questi maestri e la nicchia che egli stesso deve occupare.

I pericoli per l'individualità e la mentalità dell'adepto sono davvero grandi e reali. Per esempio, due adepti interiori, che non sapevano nulla del Maestro Atarab del dottor Felkin, per mezzo di queste Tatwa si sono ritrovati più volte in un monastero isolato, arroccato su un precipizio roccioso che dominava un ruscello un po' torbido, e prima di entrare nel monastero hanno dovuto dare un segno di riconoscimento che poi si è rivelato essere quello del Maestro arabo! All'interno del monastero si tentò di ossessionare uno o entrambi questi adepti, e chi può dire che alla fine non siano stati controllati da quel maestro? Entrambi continuarono a lungo queste visite astrali e rimasero strumenti fedeli quando altri dubitavano e se ne andavano! Altri adepti che utilizzavano la stessa Tatwa arrivarono apparentemente allo stesso monastero, dove fu loro mostrato il pastos, o tomba, in cui giaceva, fu detto, il Maestro che era stato ucciso! Senza dubbio Adoniram o Hiram, il Maestro dei Templari la cui morte era sempre celebrata dai Templari, come pegno di vendetta! Il dottor Felkin ha scritto di aver visitato astralmente questo stesso monastero!

Col tempo questo lavoro diventa come l'intossicazione dell'hashish, incitando un'eterna brama di sogni e ginnastiche astrali sempre maggiori, e gradualmente la personalità dell'adepto si ritira, la vita diventa un'ombra, i maestri dominano ogni suo pensiero e atto, egli diventa il loro strumento, eseguendo i loro comandi sinistri, ingannevoli e spesso poco compresi. Questa è la "liberazione" o la libertà all'interno di questi Ordini e, come i Khlysty russi con il loro "fervore", la vita per l'adepto diventa presto morta senza eccitazione astrale. Diventa il suo lavoro di vita e persino la sua religione!

In tutta la storia della R.R. e dell'A.C. troviamo "canali" controllati, che formano legami eterici con questi maestri nascosti, i quali vengono quasi invariabilmente logorati mentalmente e fisicamente, attraverso prove e test, finché, assolutamente esausti, si aggrappano alla "pace e al riposo" - auto-immolazione e schiavitù - offerti dai loro ambiziosi, fanatici e diabolici aguzzini.

Il dottor Felkin, nella sua già citata storia, scrive:

> "Frater F. R. (Dr. Felkin), nel 1910, riuscì a presentare E.O.L. (che si trovava all'estero in cerca di salute) ai membri del Terzo Ordine (in Germania). Questi confratelli dissero allora che per formare un legame eterico definitivo tra loro e la Gran Bretagna era necessario che un confratello della Gran Bretagna stesse sotto le loro istruzioni per un anno... Frater E. O. L. decise di mettersi sotto l'insegnamento del Terzo Ordine. Iniziò subito l'insegnamento e, dopo aver risieduto per un po' di tempo nella Germania del Nord e in Austria, fu inviato per un certo periodo a Cipro. Fu quindi inviato in Egitto, poi sul Monte Carmelo e avrebbe dovuto recarsi a Damasco, ma non lo fece. Fu poi inviato a Costantinopoli (dove era in stretto contatto con il "Partito dei Giovani Turchi!"), e infine tornò in Germania, dove, dopo aver superato le prove, fu iniziato con una dispensa speciale ai primi gradi della Società Rosacroce, corrispondenti al nostro 6-5".

Anche se il Terzo Ordine tedesco avrebbe dovuto formare E.O.L., troviamo l'onnipresente insegnante arabo che dice, il 29 gennaio 1911: "E.O.L. otterrà tutto quello che può da Steiner, e col tempo troveremo qualcun altro". E ancora, il 5 luglio 1911:

> "Segue i suoi desideri invece di seguire la ricerca che gli è stata posta davanti. Avrebbe dovuto andare a Damasco, ma non può essere spinto; ha ricevuto i messaggi che gli sono stati dati e non li ha accettati. L'arabo farà un altro sforzo e cercherà di metterlo in contatto con qualcuno a Costantinopoli, ma sarà più difficile e il risultato sarà più che

dubbio".

Il 26 novembre 1911, troviamo l'Arabo che forma un gruppo di membri della R.R. e A.C. per attirare e abbattere le forze e fissare così la Luce nell'Ordine come base materiale per la sua opera mondiale:

È simile ai circoli druidici:

> "... intorno al simbolo (al centro) è stato riunito il gruppo interiore (sette pianeti o aspetti della forza solare) da cui nasce la LUCE o fiamma, ma questa luce brucerà costantemente solo se ogni membro contribuirà con la propria parte dell'energia o del combustibile necessario.
>
> ... Ognuno ha il suo elemento da dare, e senza di esso il fuoco non può ardere. Ma il gruppo esterno (i segni zodiacali) è in parte un rifugio per l'interno, e una fonte di energia per i membri interni e per alimentare la fiamma. I membri interni devono attingere da loro...".

A E.O.L. fu dato il simbolo di Luna - la luna crescente e calante di Baphomet dei Templari. A quanto pare, egli doveva essere il vaso negativo che doveva ricevere la LUCE dai maestri e trasmetterla all'Ordine - il collegamento eterico. Evidentemente era stato portato a una tale condizione di esaurimento e depressione che l'Arabo lo avvertì:

> "L'E.O.L. sta consumando le sue forze con energie mal indirizzate (affermando la propria individualità!); il suo tempo non è ancora giunto, ma sta attirando le forze distruttive invece di respingerle, e se non smette di farlo morirà prima del tempo, mancando così il compimento del suo destino e della sua vocazione... Espellendo con forza il demone della malinconia che sta attirando la forma esteriore della morte... deve sostituire un centro di Luce al suo posto, e allora attirerà le forze della vita e guarirà".

E le forze maligne e negative del suo simbolo Luna? Inoltre, dovevano esserci coppie di adepti e l'opposto di E.O.L. "doveva essere qualcuno di vitalità molto intensa da cui E.O.L. potesse attingere forza quando necessario". In altre parole, E.O.L. doveva obbedire al suo bondmaster e diventare il suo "vaso di Luce", e così questo capomastro cercava di costruire il suo "Tempio di Pietre Viventi"!

Alla vigilia della prima visita del Dr. Felkin in Nuova Zelanda, nell'autunno del 1912, E.O.L., che, sebbene ancora malato, avrebbe dovuto assumere la direzione dell'Ordine durante l'assenza del Dr. Felkin, morì improvvisamente e inaspettatamente. L'arabo ne fu molto turbato, perché il suo gioco diabolico era andato storto; e disse che non c'era alcun motivo per la sua morte, semplicemente si era lasciato andare e se n'era andato! Tutto qui? L'arabo, tuttavia, dichiarò che il lavoro di E.O.L. non era ancora finito; come Christian Rosenkreutz, col tempo avrebbe trovato e preso possesso di un corpo adulto, spodestando il legittimo proprietario, e in esso avrebbe compiuto il suo destino interrotto! In seguito, al dottor Felkin fu detto che doveva trovare qualcun altro che prendesse il posto di E.O.L. come collegamento eterico!

Nel leggere questi resoconti autentici del funzionamento interno di questi ordini illuminati è bene tenere a mente - come spiegazione del mistero del potere direttivo - ciò che Hoëné Wronski scrisse nel 1823-5, come riportato in *Mistica e Magia* all'inizio di questo libro: "Le società segrete che sono esistite ed esistono tuttora sul nostro globo... che, controllate da questa fonte misteriosa, hanno dominato e nonostante i governi continuano a dominare il mondo... tutti i partiti, politici, religiosi, economici e letterari". Questo centro, come sottolineano molti scrittori, e anche ebrei, è "la suprema e invisibile Gerarchia degli ebrei cabalisti". " Gli Ordini controllati affermano tutti di lavorare per condurre il mondo alla "Pace e alla Luce"; ma tutti giocano con le vite e le anime dei loro membri, senza mai ammetterli nella cerchia interna.

È una storia strana e quasi incredibile, che può essere solo abbozzata in questa sede, quella di un altro adepto del R.R. et A.C. che, sebbene ribelle, fu "plasmato e sbozzato", maltrattato e ammaccato, nel tentativo di questi maestri di occupare il posto di E.O.L. come collegamento eterico nell'Ordine. Il dottor Felkin, prima di tornare finalmente in Nuova Zelanda nel 1916, come abbiamo visto, sotto le indicazioni di questi maestri elaborò una Nuova Costituzione e cercò di includervi un "Oracolo delfico", adepti che dovevano essere il veicolo attraverso il quale questi maestri avrebbero dovuto lavorare sull'Ordine e impartire ordini. Ma il comitato pose il veto. Vennero nominati tre Capi Governanti, uno dei quali era stato addestrato solo alla magia, mentre gli altri due erano ecclesiastici (uno dei quali si dimise verso il 1919), che avrebbero dovuto portare gli insegnamenti dell'Ordine nei problemi di guarigione, religiosi, sociali ed etici. Il dottor Felkin si giustificò con la guerra per non entrare nei dettagli della sua pretesa autorità tedesca, ma mantenne comunque la sua carica di Alto Capo a Londra.

L'eredità lasciata ai capi di governo dalla regola del dottor Felkin, che non era una regola, era tutt'altro che invidiabile, e il dottor Felkin stesso ne era consapevole. Ciò che seguì fu un'illustrazione dei metodi descritti dai protocollisti: "È imperativo in tutti i Paesi disturbare continuamente il rapporto che esiste tra popolo e governi". E così con gli Ordini! -Il Maestro arabo, parlando al dottor Felkin dei dissensi nel Tempio di Londra, disse, nel dicembre 1918: "Devono passare attraverso un periodo di conflitto prima di entrare nella Casa della Pace", l'"erpice gigante" prepara di nuovo il terreno! Prima che il dottor Felkin lasciasse l'Inghilterra, e fino alla chiusura del Tempio nel 1919, l'Ordine fu dilaniato da dissensi, gelosie, sussurri sotterranei, lotte e ribellioni aperte, che apparentemente dovevano portare a quella pace che significava resa incondizionata e volontaria ai maestri e al loro lavoro.

I maestri erano tuttavia decisi ad avere il loro oracolo, che doveva essere un Triangolo di Adepti, come il Potere del Serpente, che manifestava le sue forze e i suoi insegnamenti nell'Ordine. Questo doveva avvenire per mezzo di scambi psichici fluidici, di cui parla M. Henri de Guillebert negli *Studi di Occultismo*. Secondo lui, il Maestro e l'adepto o gli adepti sarebbero nella posizione di ipnotizzatore e soggetto sotto ipnosi, e il completamento di questo stato sarebbe per l'adepto "l'annientamento finale della sua personalità, la distruzione del suo attributo principale".

Per realizzare questa polarità e questa consumazione, la mente degli adepti doveva prima essere orientata. A questo scopo, nella R.R. e A.C., all'inizio del 1917, i messaggi di questi maestri nascosti si riversarono improvvisamente quasi ogni giorno; il linguaggio era cabalistico, dignitoso e bello, anche se a volte arrogante e dominante. Crearono un'atmosfera, risvegliarono un'aspettativa e nel 1919 si disse che la consumazione sarebbe stata una Grande Iniziazione. Come preparazione a questa Iniziazione, tre adepti furono formati in una Triade o Triangolo, e simbolicamente collocati sull'Albero della Vita cabalistico, come KETHER, CHOKMAH e BINAH, come in quel curioso insegnamento dato in precedenza, "la Legge della Rivoluzione Convoluta delle Forze", in modo che le forze dei Maestri fossero attratte dall'alto da una base materiale raffinata, e scendessero attraverso di essa nell'Ordine, formando un legame eterico con questi Poteri Nascosti.

Il processo di raffinazione portò molti problemi inaspettati che, secondo i maestri, non erano altro che prove in preparazione di un meraviglioso compimento. Come dicevano queste Potenze: "Impara ciò che devi imparare e tutto andrà bene!", il che significava obbedienza assoluta e sacrificio volontario di tutto ciò che era richiesto.

Confrontandoli sempre con l'insegnamento sulla rivoluzione delle forze, testimoniano i messaggi dati dal Signore della Luce, o "Principe dei Volti", e dai suoi Dodici Fratelli:

> "Oh, figlioli, siete davvero i tre prescelti per il mio lavoro. Voi siete l'*Amore, il Potere* e *la Perfetta Riconciliazione,* e a voi verrà *la Perfetta Unità* " (Quattro forze principesche).

"Il giorno della disintegrazione e della morte è davvero davanti a voi, ma non temete, siete passati oltre il potere nocivo della morte e rimane solo la prova finale. Illesi e non feriti passerete la barriera, il velo si sta assottigliando, spingetevi sempre più in alto verso la Luce..."

Il Capo formato doveva essere l'apice, il collegamento eterico; come scrisse il dottor Felkin, il II marzo 1917:

"Ora sei il canale principale in Anglia".

"Imparate a conoscere i vostri colori, perché ora dovete usarli.

"A te che stai a est (il Capo-Cetere) è stato dato il colore dell'Unità, perché in esso si fondono il Fuoco e l'Acqua, e da esso procede lo *Spirito* (lotta astrale) che presiede a tutto. Nel tuo lavoro usa sempre bene questo colore, affinché dalle molteplici rivendicazioni della materia nasca l'unione di e con lo spirito puro. La vostra parola d'ordine sia *Unità*, una e sola, perché uno è il vostro Signore e voi dovete unirvi sempre a Lui. Voi, *riceventi* e *trasmettitori* delle forze in lotta, dovete essere davvero il *Puro Spirito Bianco* racchiuso nell'unità del colore".

Il rubino è il colore dell'Unità, e quanto sopra significa la fissazione della luce astrale nel corpo purificato del Capo, controllato dal Signore e Maestro! - Illuminismo.

"Tu, o Bambino, che stai nell'angolo basale sinistro (BINAH) hai ricevuto il colore dell'*Amore* puro (blu), le acque dell'amore che scendono per purificare il mondo malvagio. Circondate sempre il mondo con il vostro colore, portatelo nella Volta e usatelo sempre liberamente: tutti hanno bisogno dell'amore divino, quindi usatelo sempre liberamente e non temete".

Qui abbiamo una forza negativa mortale lasciata libera sul mondo, un falso pacifismo e una cecità, una mancanza di forza combattiva, che crea senza dubbio una forma di apatia necessaria per il dominio!

"A te, figlio mio (CHOKMAH), è stato dato il colore della negazione e della forza (viola), perché devi sempre condurre verso l'alto l'anima della moltitudine all'offerta perfetta della pura negazione e con questo tuo colore puoi dare forza a chi si ferma". (Una forma di falso idealismo!)

"Quando vi incontrate coscientemente, lasciate che i vostri colori si fondano con il puro candore del Cristo (luce astrale) e poi lasciate che la fusione formi un legame con cui avvolgere il mondo".

I tre formano le forze negative e positive unite dall'apice, è la catena magnetica dell'influenza.

"Sì, avete fatto scendere lo spirito nella materia". - Illuminismo!

"Tu, figlio mio (BINAH), devi sempre riposare consapevolmente ai piedi del Maestro, perché sei il messaggero degli dei".

Lo scriba e il *destinatario* delle istruzioni.

"A te, o Ath (Aria, CHOKMAH), ho altre parole da dire; riposa pure coscientemente alla mia presenza, ma non essere un messaggero ma un portatore".

Trasmettitore di forze e istruzioni.

"Un'opera diversa e più potente ho per il vostro Capo (KETHER), ma di essa il Capo verrà a conoscenza nel prossimo silenzio, quando entrerete tutti nell'immensa maestà e purezza di Dio".

Dopo la cerimonia dell'iniziazione e dell'illuminismo!

"Voi (KETHER) formate l'apice del Triangolo e dovete prima passare all'interno del velo, affinché dall'apice risplenda la gloriosa bellezza del volto del Padre (il SOLE è il Padre). In puro spirito (astrale) dovete lavorare sulla terra, perché siete un riflesso di quella luminosità (la Luna è la Madre e riproduttrice) e purezza che arde sempre nella fiamma.

"Che la Triade risplenda in un candore abbagliante, la base pura su cui il Figlio (il "Cristo" o luce astrale) può manifestarsi al mondo".

Lo strumento illuminato!

Il Capo, per mezzo di una "forza irresistibile", fu indotto a entrare nella Chiesa anglicana, in parte per stabilire la fiducia tra il clero che i maestri speravano di intrappolare nella loro rete, e anche per creare l'elevazione e l'atmosfera necessarie in cui fissare il legame eterico. Prima del tentativo di Grande Iniziazione, come di consueto per gli oracoli degli Illuminati, al Capo fu detto: "Ti sarà dato un Guardiano dell'Ordine che non ti lascerà mai!". Il Capo doveva essere sotto la costante supervisione del Maestro, senza avere altra volontà o pensiero che la sua, e senza alcuna iniziativa individuale.

I due angoli basali (approvati dal Dr. Felkin, 14 maggio 1919) vivevano più o meno costantemente sul piano astrale e, come aveva fatto uno dei capi precedenti, andavano in chiesa per vedere visioni, ricevere insegnamenti e compiere riti secondo le indicazioni di questi maestri. Nella Volta (la casa del potere di questi maestri) ricevevano gradi astrali e, come prova, venivano sottoposti a una straordinaria ginnastica astrale. Una delle cerimonie finali era tenuta dal falso "Cristo", o Signore della Luce, e dai suoi Dodici Fratelli, e in essa dovevano prestare giuramento di fedeltà, segretezza, servizio, sacrificio e obbedienza assoluta, e questo doveva essere firmato con il proprio sangue - una regola comune tra gli Illuminati e gli adepti della Messa Nera.

L'iniziazione si chiamava "Apertura della tomba" - liberazione, ma "liberi di non usare la vostra libertà per voi stessi, ma per ME". La parola d'ordine era KADOSCH. L'adepto doveva fissare una stella a sei raggi, proiettata dal Maestro, e passare attraverso il fuoco nella volta astrale. Lì, un obbligo di assoluta segretezza, obbedienza e sacrificio volontario sarebbe stato richiesto dal cosiddetto Christian Rosenkreutz, e lui e i suoi Dodici Fratelli avrebbero officiato la cerimonia. Infine, l'adepto sarebbe tornato nel suo corpo con il potere su di lui. Controllo ipnotico! Solo dopo questa iniziazione il lavoro richiesto sarebbe stato chiaro, e allora non ci sarebbe stato più bisogno della Chiesa.

Improvvisamente, senza preavviso, il Signore della Luce e i suoi Dodici Fratelli tentarono di dare al Capo questa Iniziazione. Questo avvenne in una chiesa di Londra durante il servizio delle Tenebre, giovedì 17 aprile 1919. La Pasqua è un periodo speciale per la magia nera degli Illuminati. Dicevano che significava "morte e disintegrazione". In breve, prima dell'ingresso del clero officiante, il Capo vide al posto dell'altare la grande Volta dell'Ordine interno, nella quale i Dodici Fratelli, in abito nero e con il cappuccio in testa, stavano entrando frettolosamente, e quasi subito una luce abbagliante si concentrò sul Capo, e sopra questo fuoco astrale c'era il Signore della Luce. Un dolore acuto si impadronì del cuore, seguito da un curioso svenimento strisciante, e fu necessaria tutta la volontà del Capo per evitare la trance completa, ma man mano che il clero entrava, gradualmente la luce di si affievoliva e lo svenimento passava. Il giorno dopo il Maestro annunciò che l'insuccesso era dovuto a un errore di uno dei Fratelli, per il quale era stato debitamente punito!

E ancora una volta il Maestro inviò i suoi messaggi:

> "Siete risorti, ma non vi ho usato liberamente perché non siete ancora in grado di compiere pienamente la mia opera, ma a poco a poco i limiti vengono eliminati. Le rose stanno sbocciando, ma non sono ancora bianche e limpide, offerte pure pronte per essere accettate al trono del Padre mio". (Vedi il Decimo Sentiero; anche "Ora, nell'Albero, le sepiroth

CHOKMAH e BINAH si riferiscono al Mondo Briatico, che è chiamato il 'Trono' del Mondo Atzilutico, al quale si riferisce KETHER").

"Io che parlo sono inviato dal Signore della Luce, il Figlio di Dio incarnato".

Dal Trasmettitore della Luce Astrale! Il Logos gnostico venerato sotto l'immagine del Serpente!

Il Capo ruppe il Triangolo, e poi seguirono le più straordinarie persecuzioni astrali, attacchi inaspettati, forze, profumi opprimenti e proiezioni di luce astrale, eccetera, tutti nel tentativo di indurre la trance o di lavorare sugli adepti fisicamente e astralmente nella speranza di controllare loro e gli altri attraverso di loro. Come disse il Maestro:

> "Intorno a voi come una tenda si stende la potenza dall'alto; non la vedete e non la sentite?".

In risposta alla richiesta di chiarimenti del Capo, il dottor Felkin ha inviato un telegramma dalla Nuova Zelanda: "Il Padre cristiano rassicura, tenete duro, Efesini vi. II-I2. Lettera seguente". E il messaggio del Padre Cristiano (Rosënkreutz) che seguì fu (10 luglio 1919, in N.Z. Vault):

> "I messaggi di cui parlate sono veri, ma il canale attraverso il quale arrivano è difettoso. È necessario che le Potenze della Luce lavorino attraverso i veicoli disponibili, e spesso accade che un frammento venga messo da parte a causa di un difetto che ne distrugge il valore. Tuttavia, si troverà il vaso di cristallo che, *riempito di Luce*, risplenderà attraverso le tenebre... La fonte del male è di poco conto (i maestri!), perché non può che trovare ingresso attraverso la debolezza che si trova in loro (mancanza di fede cieca!)... Che siano di buon coraggio, perché i loro piedi sono posti sul Sentiero...

> "I Fratelli sono sì i Fratelli anziani e i messaggeri del Signore, ma non sono infallibili né appartengono alla compagnia degli

dei. Non sono altro che uomini molto avanzati che aspettano che la fiaccola sia accesa in mezzo a loro, ma non sono di quelli che conoscete come Maestri, e non è in loro potere né accendere la fiaccola né dire in quale giorno o ora la fiamma della Pentecoste scenderà...".

E il dottor Felkin ha aggiunto:

"Attacchi come quelli che avete subito sono sicuramente un tentativo delle forze del male di distrarre l'anima nella sua ascesa alla Montagna. Non appena questo obiettivo viene raggiunto, gli attacchi cessano (controllo ipnotico!). Sono di per sé una prova che l'insegnamento ricevuto è buono e molto importante".

E disse che non si può essere iniziati senza passare in trance - vero, ma a cosa porta? Alla domanda: "Che prova avete che i maestri non sono maghi neri?", la risposta è stata: "Come potete testare gli esseri astrali? Dovete avere fede" - l'abnegazione della ragione! Inoltre, il dottor Felkin consigliava:

"Penso che sarebbe meglio se, invece di temere immaginari Rosacroce neri in Germania o altrove, vi sforzaste consapevolmente di cooperare con i veri Rosacroce che indubbiamente esistono (la sua autorità tedesca) e che stanno cercando di guidare il pensiero dell'Europa centrale verso la Luce; allora fareste parte della Grande Opera per il mondo".

E come abbiamo detto, questa grande opera rosacrociana doveva iniziare in Russia e ora si sta diffondendo ovunque! Come avvertimento finale di coercizione, se necessario, i maestri dissero: "Se i capi non scelgono di camminare sul sentiero stabilito, devono scalare la montagna dell'iniziazione attraverso molte prove e tribolazioni".

Ancora più insoddisfatti, i due Capi chiesero indagini, ma il Dr. Felkin e alcuni dei suoi seguaci, adottando tattiche illuministe, fecero ogni sforzo in segreto per screditare i due Capi e impossessarsi dei documenti dell'Ordine. Nel 1916 i due capi avevano ricevuto dal dottor Felkin la cerimonia del "legame eterico", un rituale portato dalla Germania. In seguito uno di questi Capi morì in una casa di cura, e i due angoli basali tornarono al dottor Felkin e al loro Maestro!

L'Ordine doveva essere un Centro di Luce a Londra e fu detto loro che a breve sarebbero apparsi in molte parti della città dei messaggeri di luce che avrebbero guidato e insegnato al popolo. Si trattava di una rivoluzione? E questo Ordine sovversivo non ha solo templi in Inghilterra e in Nuova Zelanda, ma anche in diverse grandi città dell'Australia!

Nel *Morning Post* del 14 luglio 1920, "Causa dei disordini mondiali", parlando della massoneria rivoluzionaria, si legge:

> "Quando alla fine il candidato viene ammesso al grado 30th e, dopo aver affrontato prove terrificanti per testare la sua obbedienza e segretezza, diventa *Cavaliere Kadosch*, apprende che non è più Adoniram o Hiram la cui morte grida vendetta...".

Concludiamo con alcune frasi significative tratte dal catechismo del grado di Cavaliere Kadosch:

> "Comprendete pienamente che questo grado non è, come gran parte della cosiddetta Massoneria, una messinscena che non significa nulla e che non ha alcun valore; ... che ciò in cui siete ora impegnati è *reale*, richiederà l'adempimento del *dovere*, richiederà *sacrifici*, vi esporrà al *pericolo*, e che questo Ordine intende occuparsi degli affari delle nazioni, ed essere ancora una volta una *Potenza* nel mondo?".

Un'ulteriore luce su questo grado Kadosch è data da un manoscritto incompiuto dell'autobiografia di Pierre Fourrier Chappuy, nato nel 1762 e morto nel 1830 (cfr. "Masonry and Revolution", Patriot, 5 agosto 1926):

> "Eravamo nella primavera del 1789... Ero tanto più entusiasta in quanto quelle idee erano le stesse che avevo già assorbito

nella Massoneria... Orgoglio, sempre orgoglio! Era questo
che mi separava dal mio Dio e dall'amore per i miei simili,
per creare nel mio cuore una divinità che non era altro che un
vivace egoismo, al quale riferivo e sacrificavo ogni cosa...
Era chiaramente *la Società degli Illuminati*... Non si sa più
quali siano lo spirito e gli obiettivi di questa setta che, dopo
essersi unita ai massoni e agli empi di tutti i Paesi, ha
incendiato l'Europa e minaccia più che mai, in questo
momento, di estinguere sia il cristianesimo che il
monarchismo... ma ero lontano dal sedicesimo, nel quale solo
si apprende il famoso segreto. Dopo aver letto ciò che
riguarda quest'ultimo grado, che è quello *dello Chevalier
Kadosch* - che significa *rigeneratore* - e il discorso fatto
all'adepto, ho visto la luce; e ho capito perfettamente e subito
i simboli, le formule e le prove che fino ad allora erano stati
degli enigmi per me. Sono tutte allegorie prese in prestito
dalla procedura dei Templari, di cui sono i successori".

Chi, con un po' di acume, può esitare a dire che questo è lo stesso
cancro che oggi, come nel 1789, sta corrompendo la nostra vita
religiosa, sociale e politica, e che all'interno di questi Ordini
Rosacroce e Illuminati questo male è generato; che per mezzo dei
loro adepti, consciamente o inconsciamente, questa disgregante
crescita cancerosa è *portata e trasmessa* in tutto il nostro Impero
e tra tutte le nazioni.

Nel rituale 5-6 del R.R. et A.C. si dice:

"L'Ordine della Rosa e della Croce esiste da tempo
immemorabile e i suoi riti mistici sono stati praticati e la sua
saggezza insegnata in Egitto, a Eleusi e Samotracia, in Persia,
in Caldea, in India e in terre molto più antiche. (È l'antico
culto del Potere del Serpente o Principio Creativo)".

Ippolito (*Refutazione*, libro v) ci dice che i Nasseni, una setta di
gnostici cristiani, apparentemente di origine ebraica, derivavano
il loro credo dalla Càbala e adoravano il Logos, o anima del
mondo, sotto il nome e l'immagine del serpente-ebraico *Nachash*,
che secondo la scienza cabalistica dei numeri, equivale al *Messia*,

il Cristo (solare) delle società occulte.

> "I Nasseni affermano, a proposito dello 'spirito del seme',
> che esso è la causa di tutte le cose esistenti ed è il mistero
> segreto e sconosciuto dell'universo, celato e rivelato tra gli
> Egizi... che si confessano essere stati i primi a proclamare a
> tutto il resto degli uomini i riti e le orge di tutti gli dei, nonché
> gli indicibili misteri di Iside".

Si tratta della Kundalini o delle doppie forze creative della Natura,
come descritto in *Serpent Power* and *Tantra,* tradotto dal
sanscrito da Arthur Avalon. È il "Hye, Cye, il grande mistero
indicibile dei riti eleusini". Ancora: "Mercurio (il Grande Ermete)
è Logos... allo stesso tempo interprete e artefice delle cose che
sono state, che sono e che saranno". È anche l'Adam Kadmon
cabalistico; il Ben Adam come raffigurato sul pastos nella Volta
del R.R. e A.C.; è ermafrodito, ed è così descritto nel rituale:

> "Vidi sette portatori di luce d'oro e, in mezzo ai portatori di
> luce, uno simile a Ben Adamo, vestito di una veste lunga fino
> ai piedi e cinto di una cintura d'oro. Il suo capo e i suoi capelli
> erano candidi come la neve e i suoi occhi come un fuoco
> ardente. I suoi piedi erano simili a bronzo fino, come se
> bruciassero in una fornace, e la sua voce era come il rumore
> di molte acque. Aveva nella sua mano destra sette stelle e
> dalla sua bocca usciva una spada di fuoco e il suo volto era
> come il sole nella sua forza".

Qui abbiamo quello che a prima vista sembrerebbe l'"Alfa e
Omega" dell'Apocalisse, ma è il Logos gnostico. Sul pastos Ben
Adam era collocato sull'Albero della Vita cabalistico, con i due
pilastri della Misericordia e della Severità - le forze positive e
negative - ai lati, e in mezzo alle dieci sephiroth e ai ventidue
sentieri della Cabala ebraica. Il volto era quello del "Signore
della Luce", il trasmettitore della luce iniziatica all'individuo o
all'Ordine; era affascinante, oscuro e sinistro, pieno di una sottile
forza magnetica e irresistibile. Nella mano destra c'erano le sette
stelle geometriche dei sette pianeti, i sette aspetti della forza
solare, che uniti formano la Luce Bianca dell'Illuminismo. Dalla

sua bocca esce la Spada Fiammeggiante, la luce iniziatica o illuminante. L'insieme rappresenta il potere degli Illuminati. Il suo nome non è la "Parola di Dio", ma la "Parola perduta" della Massoneria illuminata, che porta la cosiddetta saggezza dai "Capi sconosciuti".

Qui abbiamo senza dubbio il Johannismo, l'indizio dell'eresia templare; è cabalistico e gnostico, luciferiano e una perversione del simbolismo cristiano. È Baphomet! Il distintivo con cui l'aspirante ottiene l'ingresso nel Tempio interiore è questo Serpente e la Spada Fiammeggiante. Significa suscitare ed elevare la Kundalini o le forze sessuali inutilizzate - il Serpente che si arrotola qua e là, e la sua unione con il potere dall'esterno - la discesa della Spada Fiammeggiante; producendo quella che viene chiamata la "Grande Liberazione", ma che è controllata da questi sinistri maestri per i loro scopi.

Consideriamo la "Smaragdina o Tavola di Smeraldo di Ermete". Mme. Blavatsky scrive:

"La tradizione dichiara che sul corpo morto di Ermete, a Hebron, fu trovata da un iniziato la tavoletta nota come Smaragdine. Essa contiene in poche frasi l'essenza della saggezza ermetica. A chi legge con gli occhi del corpo i precetti non suggeriranno nulla di nuovo o di straordinario, perché si limita ad iniziare dicendo che non parla di cose fittizie, ma di ciò che è vero e più certo".

I precetti sono:

"Ciò che è in basso è simile a ciò che è in alto, e ciò che è in alto è simile a ciò che è in basso per realizzare le meraviglie di una cosa": la manifestazione secondo il principio.

"Come tutte le cose sono state prodotte dalla mediazione di un unico essere, tutte le cose sono state prodotte da questo unico per *adattamento*" - Forza vitale - etere.

"Suo padre è il Sole; sua madre è la Luna". Il Sole era

considerato dagli antichi maghi il grande pozzo magnetico dell'universo; è il generatore. È Osiride, il sole nel suo sorgere e tramontare. La Luna è Iside, Madre Potente, che riproduce tutti i principi. La natura nella sua vastità: le due forze in lotta.

"È la causa di ogni perfezione su tutta la terra" - La forza vitale-equilibrio.

"Il potere è perfetto *se viene trasformato in terra*" - Fissazione dell'astrale in una base materiale o "veicolo".

"Separare la terra dal fuoco, il sottile dal grossolano, agendo con prudenza e giudizio" - Una base materiale preparata e purificata.

"Salite con la massima sagacia dalla terra al cielo, poi scendete di nuovo sulla terra e unite insieme il potere delle cose inferiori e superiori; così possederete la luce di tutto il mondo, e ogni oscurità volerà via da voi" - L'ascesa della Kundalini o Serpente, e la discesa della Spada Fiammeggiante, producono Illuminazione, o strumenti illuminati. Secondo Eliphas Levi, il segreto della Grande Opera è la fissazione della luce astrale in una base materiale, con un atto di volontà sovrano - per il Grande Bene o per il Grande Male; è rappresentato come un serpente trafitto da una freccia. È il Sole, la Luna e il fuoco unificatore e distruttore del "Potere del Serpente".

"Questa cosa ha più forza della forza stessa, perché supererà ogni cosa sottile e penetrerà ogni cosa solida. Da essa è stato formato il mondo" - Le forze elettromagnetiche, le "catene infrangibili" dei "Protocolli"".

Questa cosa misteriosa è l'agente magico universale, l'etere onnipervadente, "che entra in tutte le operazioni magiche della natura e produce fenomeni mesmerici, magnetici e spiritualistici". È l'Od degli ebrei, la luce astrale dei martinisti. Come ha scritto Eliphas Levi: "È stato detto che questo agente universale è una luce di vita con cui gli esseri animati sono resi magnetici". E "la pratica di quella meravigliosa Kabalah si basa interamente sulla conoscenza e sull'uso di questo agente". Questo, dunque, è il potere che rende l'adepto "una dinamo di potenza e luce sempre crescenti".

In un curioso opuscolo, datato circa 1836, ristampato nel 1888 dalla "Theosophical Publishing Society" (vedi *Patriot*, 8 settembre 1927), leggiamo di questo potere invisibile:

> "L'opuscolo sostiene di essere stato scritto dall'Ebreo Errante, e descrive come alla caduta di Gerusalemme egli abbia preso il Talismano ebraico, *il sigillo di Salomone* (triangoli intrecciati) dal Tempio, e come con il suo potere abbia assicurato l'ascesa degli Ebrei in tutte le terre nel corso della storia, fino a quando, grazie alla finanza, essi ottennero l'intero controllo dei re e dei governanti gentili".

Parlando della fonte del potere di Necker all'incirca al momento della Rivoluzione francese, il 1789, l'Ebreo Errante dice:

> "Sono stato io, è stato il potere talismano che gli ho dato per un breve periodo di respiro, per ispirare ai suoi amici l'ammirazione e ai suoi nemici l'invidia. *Io ritirai quel potere* e si creò quella scena di spargimento di sangue e di confisca che era particolarmente necessaria per permettere al mio popolo di rovinare tutte le nazioni d'Europa... Dalla Rivoluzione di Francia nacquero guerre sanguinose e costose".

Abbiamo letto della sinistra influenza esercitata all'epoca da Cagliostro e dall'Illuminismo di Weishaupt. Qual era il potere segreto dietro di loro? E il Grande Oriente Giudeo-Massonico, che fu illuminato nel marzo 1789, non si è forse vantato del suo potere nel portare "Tre Rivoluzioni - 1789, 1871, 19-? Hebd ., 1922".

Inoltre, i "Protocolli" non dicono forse che: "Il Potere segreto non si cura di cambiare i suoi agenti che lo mascherano... la

Loggia massonica in tutto il mondo agisce inconsciamente come una maschera per il nostro scopo". Nei rituali di Stella Matutina è scritto che: "La Luce splende nelle tenebre e le tenebre non la comprendono". Quanti di noi riconoscono il potere di questa luce sinistra, che lavora segretamente nelle tenebre e nella morte della Rivoluzione Mondiale?

Nel numero di agosto 1928 della *Revue Internationale des Sociétés Secrètes*, M. Henri de Guillebert fornisce i seguenti punti interessanti sui triangoli intrecciati noti come Sigillo di Salomone:

"Nelle sinagoghe, davanti ai santuari, nelle logge massoniche, nei templi esoterici, sono raffigurati due triangoli intrecciati, uno bianco e l'altro nero. È il Sigillo di Salomone. Il colore nero significa che l'oggetto simboleggiato rimane per sempre nell'oscurità del corpo; rappresenta il femminile. Al centro della figura, il cui simbolismo dell'intreccio è abbastanza evidente da rendere superflue le spiegazioni, si trova il grande e misterioso lingam... In sanscrito la parola *lingam* significa ciò che si intende con la parola greca latinizzata *Phallus*... La sua posizione, al centro dei triangoli bianchi e neri intrecciati, indica, sotto altra forma, l'unione dei sessi. Solitamente negli angoli superiore e inferiore del Sigillo di Salomone si trovano le lettere *Alfa* e *Omega*. I lati dei triangoli sono allargati in modo da ricevere una lettera iscritta in ciascuno dei quattro angoli. Queste quattro lettere formano la parola ebraica *(Eheieh)* iniziale e finale, con la quale Geova insegnò a Mosè il suo nome incommensurabile: *"Io Sono che Sono"*.

"L'unione sintattica di questa parola con le lettere Alfa e Omega e i segni del lingam, nei triangoli intrecciati del Sigillo di Salomone, dà quindi il testo: "Io lingam, sono l'Alfa e l'Omega, il Primo e l'Ultimo, l'eterno Pan". L'intero geroglifico suppone infatti che il motto "Io sono l'Alfa e l'Omega" sia attualizzato attraverso gli atti, i fenomeni della vita umana o microcosmo, e la fenomenicità totale o macrocosmo (universo) dal lingam personificato e divinizzato. Lo stesso dispositivo si ritrova in alcune sette sotto la forma di "Generazione, Creazione". Per gli iniziatori, la generazione è un'operazione peculiare della divinità, se compiuta da loro stessi o dai loro iniziati. È l'atto divino *per eccellenza*. L'uomo che vi si dedica esercita o usurpa la divinità".

Ora, *Eheiek* è la parola d'ordine del 5°-6° grado del R.R. et A.C., e in questa cerimonia il Capo Adepto, che rappresenta "il divino I.A.O.", dice: "Io sono il Primo e l'Ultimo. Io sono Colui che vive ed era morto, ed ecco che sono vivo per sempre, e possiedo la chiave dell'Inferno e della morte".

Nella *Storia della Magia* di Eliphas Levi, viene mostrato un diagramma del "Grande Simbolo di Salomone", i triangoli intrecciati. Anche in questo caso il lingam si riflette nell'uomo dall'universo superiore e il tutto è circondato dal serpente che si morde la coda, simbolo della Kundalini. La parte inferiore del simbolo teosofico, come abbiamo mostrato, è questo triangolo intrecciato, anch'esso circondato da un serpente simile e con al centro l'Ankh egiziano - la chiave della vita - un'altra forma del lingam. È il cammino verso l'iniziazione. In un curioso libro sui misteri della Cabala si legge:

"Eliphas Levi chiamò questo sigillo mistico il 'Grande Arcano', e nella sua versione del diagramma un uomo e una donna occupano i due triangoli intrecciati. La figura illustra il seguente passo della 'Piccola Assemblea Sacra': Così anche qui, dove il maschio è unito alla femmina, entrambi costituiscono un corpo completo, e tutto l'universo è in uno stato di felicità perché tutte le cose ricevono la benedizione dal loro corpo perfetto. E questo è un arcano". '

Nella celebrazione dell'Alta Messa della Chiesa Gnostica Universale, come riportato nel numero di febbraio 1928 della *Revue Internationale des Sociétés Secrètes*, il Sommo Sacerdote invoca il suo Signore I.A.O.:

"Tu sei l'unità. Tu sei il nostro Signore nell'universo del Sole. Tu sei il nostro Signore in noi stessi. Il tuo nome è il mistero di tutti i misteri... Apri la porta della Creazione e i legami tra noi e te! Illumina la nostra comprensione. Ravviva i nostri cuori. Fai sì che la luce penetri nel nostro sangue, per raggiungere la realizzazione. *Tutto in due Due in uno. Uno nel nulla. Gloria al Padre e alla Madre, al figlio e alla figlia, allo Spirito Santo fuori e dentro di noi.* (Il Tetragramma con lo *stinco* al centro - *Jehesuah.*) Che era, è e sarà, senza fine. Sei in uno attraverso i nomi di Sette in uno. Ararita! Ararita! Ararita!". La Gran Sacerdotessa interviene con: "Non c'è altra legge che questa: fai quello che vuoi e l'amore sotto controllo".

Vale anche la pena di notare che nella R.R. e A.C. la stella a sei raggi di triangoli intrecciati rappresenta le sette forze planetarie; un pianeta ad ogni angolo e il Sole, di cui gli altri non sono che aspetti o manifestazioni diverse, al centro. Viene quindi utilizzata nelle invocazioni delle forze planetarie, e la parola "Ararita" è sempre usata in queste invocazioni per simboleggiare la forza unita, attribuendo una lettera a ciascun pianeta e tutte a ciascuno, il potere solare che opera in e attraverso ciascuno, una parte del tutto.

Bisogna capire che questi Ordini sono sempre costruiti e funzionano sul principio di due forze contendenti sempre unite da una terza manifestazione produttrice - l'occhio al centro del Triangolo. Cioè, la diffusione delle forze iniziatiche di questi ebrei cabalistici invisibili per realizzare il loro potere e la loro gloria. Ciò può significare potere temporaneo e persino gloria - *sotto controllo* - per l'adepto, ma alla fine la morte della sua stessa personalità. Perde il suo diritto di nascita; la sua vita diventa un crepuscolo di irrealtà.

In uno dei libri del compianto Donn Byrne, *Fratello Saulo*, un romanzo che descrive la vita di Saulo di Tarso, è interessante leggere del duello di volontà tra Saulo e il mago nero Bar-Jesus.

Bar-Jesus si vanta:

"Satana o Adonai, io servo un Dio e ho dei poteri. Posso far guarire i malati e scacciare i demoni. Posso prevedere il futuro e raccontare il passato. Scopro tesori nascosti e ostacolo gli eserciti. Invoco e comando i morti. Ma Saul, tutto ciò che hai sono parole, vuote promesse". Ma Saul risponde: "Ho il potere di resistere al male".

(Il dio di Bar-Jesus è I.A.O. e il suo potere è il potere del triangolo intrecciato).

Poi Bar-Jesus mostra i suoi poteri malvagi e dice: "Richiamerò Davide, re d'Israele". Entrano quattro ragazzi, suoi discepoli, con spada, bacchetta e crogiolo. "I ragazzi erano vivi solo per suo desiderio. Non avevano vita propria. In qualche modo erano finiti sotto il suo potere ed egli aveva mangiato le loro vite. Non erano vivi, erano non morti". Questo è sotto controllo o ossessione! Poi prese la spada e fece un cerchio che racchiudeva tutto, e di nuovo un secondo, tra i due, con la punta della spada, scrisse lettere ebraiche, che di per sé sono poteri potenti. Ma Saulo e Barnaba uscirono dal cerchio e vi rimasero durante l'evocazione. Con la spada alzata Bar-Gesù evocò ed esorcizzò nei nomi di *"Tetragrammaton Elohim; Elohim Gibor; Elvah-Va-Dnath; Shaddai Elchai; Adonai Melekh,* ecc." e ordinò agli Spiriti Apostati "che veniste immediatamente ad eseguire il nostro desiderio". Allora Saul, senza il cerchio, sentì che tutto ciò che era malvagio si radunava e si ammassava intorno a lui, ma egli rimase in piedi. Alla fine Bar-Jesus capì di essere stato sconfitto e lasciò gli spiriti (o le forze) dicendo: "Nel nome di Adonai l'Eterno e l'Eterno (il principio creativo), lasciate che ognuno di voi torni al suo posto; sia pace tra noi e voi e siate pronti a venire quando sarete chiamati".

Questo deve essere molto familiare ai membri della R.R. et A.C., perché ciò che è particolarmente interessante in questa evocazione, eseguita dal Mago Nero Bar-Jesus, è la sua somiglianza con le evocazioni magiche insegnate e praticate nella Stella Matutina-Outer and Inner, un Ordine che conta un certo numero di ecclesiastici piuttosto noti tra i suoi membri.

Uno dei suoi rituali è noto come Z_2 , e consiste nell'evocazione dei cosiddetti spiriti planetari, come "Bartzabel, lo spirito di Marte", e nel caricare un Talismano con il potere evocato. Nel Tempio di Stella Matutina i quattro punti della bussola sono fissati con simboli e luci accese, e per questa evocazione si fa un unico cerchio che lo racchiude, sul quale si pongono le luci, in numero corrispondente allo spirito evocato. Si usano nomi ebraici simili a quelli usati da Bar-Gesù e da altri, corrispondenti allo spirito o alla forza, per ottenere la manifestazione, e le parole dell'esilio finale sono praticamente le stesse.

Al di fuori del cerchio è posto un triangolo; ad ogni angolo arde un braciere, e come l'OCCHIO del potere nel triangolo, lo spirito, la forza o il Maestro si manifesta al centro! Mentre questa evocazione procede, e fino a dopo l'esilio, l'adepto deve rimanere all'interno del cerchio, perché sembra che venga attirato molto male. Il rituale si basa su uno dei Cypher MSS, trovato, come già detto, nel 1884. I membri che non desiderano praticare questa magia possono intraprendere qualche lavoro speciale, come la guarigione o il lavoro sociale, sotto la direzione dei misteriosi maestri, che, come Bar-Gesù, sembrano "mangiare le vite" o le anime dei loro discepoli, in modo che essi accettino ciecamente una perversione malvagia, credendola una Sacra Verità.

Molti membri ignari sono accecati dalla vera natura degli obiettivi di questi maestri, che non sono altro che Maghi Neri come Bar-Jesus, solo più sottili e potenti, da insegnamenti altisonanti sull'Amore, l'Unità, il Servizio e la Fratellanza Universale. Sono portati a credere che questo insegnamento contenga molte verità profonde non comprese dalle Chiese cristiane, e che una delle opere di queste società sia quella di illuminare le tenebre - di essere la luce che brilla nelle tenebre!

Nel *Patriot*, maggio 1924, ci sono alcuni articoli di Z. su "L'ebreo e la massoneria"; in uno si legge:

> Des Mousseaux cita il massone tedesco Alban Stolz, che in un opuscolo pubblicato nel 1862 afferma: "Il potere che gli

ebrei hanno saputo acquisire attraverso la massoneria... è uno dei pericoli più imminenti per la Chiesa e lo Stato... Esiste in Germania una società segreta in forma massonica che è *controllata da capi sconosciuti*. I membri della loro associazione sono per lo più ebrei... Gli ebrei usano i simboli cristiani solo per derisione o come maschera per i loro intrighi". ... In riferimento al "Tempio di Salomone", Des Mousseaux dice: "Questo termine simbolico, il cui vero significato è noto solo alla Gerarchia Suprema e Invisibile delle Logge massoniche, che sono composte da ebrei cabalisti, significa la ricostruzione del potere ebraico dalla rovina del cristianesimo" (il solve et coagula della Massoneria Illuminata).

Nel R.R. e A.C. il rituale cabalistico Z_2 di cui si è parlato sopra, era una delle prove che la maggior parte dei membri doveva superare prima di ricevere un certo grado superiore, il 6-5. L'ultima e più importante di queste prove era l'evocazione di "Adonai Ha Aretz", il Signore ebraico dell'Universo - o era un Maestro! In questa evocazione non si usava il cerchio, ma solo una linea di demarcazione tra l'adepto e il cosiddetto spirito da evocare. Scrivendo le lettere ebraiche con la punta della spada, l'adepto evocava il Potere finché il proprio corpo non si irradiava di LUCE (Illuminismo!). Se l'evocazione aveva successo, "Adonai Ha Aretz" appariva in piedi sull'Universo, con le braccia aperte a forma di croce, tenendo in una mano una coppa di vino rosso e nell'altra un covone di grano, che rappresentava le due forze della Natura. Questo "Signore dell'Universo, il Vasto e il Potente" è il sovrano spirituale o magico della R.R. et A.C. e della Stella Matutina, poiché è in suo nome che vengono fatte molte delle invocazioni durante le varie cerimonie di grado. L'intero Ordine si basa su questa Cabala Magica ebraica.

Parlando di questa muratura tedesca Alban Stolz dice ancora:

"I loro gradi e sistemi osservano alcuni riti e simboli cristiani per mascherare il loro vero significato".

In breve, la Stella Matutina o Ordine Esterno ha come simbolo il

Pentagramma; cioè i quattro elementi - terra, aria, acqua e fuoco - a cui si riferiscono i quattro gradi; e soprattutto lo Spirito - l'etere - che si riferisce al Portale che conduce all'Ordine Interiore. L'Ordine rappresenta un corpo che viene preparato per la discesa della Luce, individualmente o nel suo insieme: il Pentagramma o strumento illuminato. Per formare il legame individuale con i maestri, la Kundalini viene suscitata e sollevata da processi, una forma di suggestione mentale.

Non sapendo nulla della vera natura dell'Ordine e ignaro del giuramento da prestare, il candidato, bendato, viene condotto nel Tempio e, dopo la consacrazione con il fuoco e la purificazione con l'acqua, viene posto davanti all'altare, dove viene indirizzato dallo Ierofante:

> "Siamo in possesso della vostra promessa firmata di mantenere il segreto su tutto ciò che riguarda l'Ordine. Per confermarlo vi chiedo ora: siete disposti ad assumervi l'obbligo solenne, in presenza di questa assemblea, di mantenere inviolati i segreti e i misteri dell'Ordine? Non c'è nulla di incompatibile con i vostri doveri civili, morali o religiosi in questo obbligo [lo stesso disse Weishaupt!]... siete pronti a prestare questo giuramento?".

Mistico e un po' stordito, il candidato acconsente e, inginocchiandosi, ripete dopo lo Ierofante quanto segue:

> "Io - alla presenza del Signore dell'Universo, che opera nel silenzio e che nient'altro che il silenzio può esprimere, e nella Sala dei Neofiti di quella sezione dei Misteri d'Egitto, la Stella Matutina, regolarmente riunita su mandato dei Grandi Capi del Secondo Ordine, prometto di mia spontanea volontà di mantenere il segreto su quest'Ordine, sul suo nome, sui nomi dei suoi membri e sugli atti che si svolgono durante le sue riunioni, a tutte le persone al mondo che non sono state iniziate ad esso, e non ne parlerò con nessun membro che non abbia la parola d'ordine per il momento o che si sia dimesso, abbia abbandonato o sia stato espulso.

"Mi impegno a mantenere un rapporto gentile e benevolo con tutti i Fratres e le Sorores di questo Ordine. Prometto solennemente di mantenere segrete tutte le informazioni che avrò raccolto su questo Ordine prima di prestare questo giuramento. Prometto solennemente che i rituali o le conferenze affidati alla mia custodia e le copertine che li contengono recheranno l'etichetta ufficiale di questo Ordine (in modo che, come per Weishaupt, possano essere restituiti all'Ordine in caso di morte). Non copierò, né permetterò che venga copiato, alcun manoscritto prima di aver ottenuto un permesso scritto dal Secondo Ordine, per evitare che la nostra conoscenza segreta venga rivelata per mia negligenza. Prometto solennemente di non lasciarmi mettere in uno stato di passività tale che qualsiasi persona o potere non iniziato possa farmi perdere il controllo delle mie parole o azioni. Prometto solennemente di perseverare, con coraggio e determinazione, nelle fatiche della scienza divina, così come persevererò con coraggio e determinazione in questa cerimonia che è la loro immagine. E non svilirò la mia conoscenza mistica nel lavoro della magia malvagia (!) in nessun momento provato o sotto qualsiasi tentazione. Giuro su questo simbolo sacro (il Triangolo Bianco - la Luce dell'Illuminismo) di osservare tutte queste cose senza evasioni, equivoci o riserve mentali, sotto la pena di essere espulso da questo Ordine per il mio spergiuro e la mia offesa e, inoltre, sottopormi, con il mio stesso consenso, a un flusso mortale di potere messo in moto dai Divini Guardiani di quest'Ordine che vivono nella luce della loro perfetta giustizia, i quali possono, come affermano la tradizione e l'esperienza, *colpire con la morte o con la paralisi il trasgressore di quest'obbligo magico, o sommergerlo di disgrazie. Viaggiano come sui venti, colpiscono dove nessuno colpisce, uccidono dove nessuno uccide.* (Hierus pone la spada sul collo del candidato) Come chino il capo alla spada di Hierus, così mi affido alle loro mani per la vendetta e la ricompensa. Aiutami dunque la mia potente anima segreta e il Padre della mia anima, che opera nel silenzio e che nient'altro che il silenzio può esprimere".

È il Signore dell'Universo, il Principio Creativo di tutta la

Natura, e la forza è quella misteriosa corrente che "uccide e rende vivi".

Più avanti nella cerimonia, questo giuramento è ulteriormente enfatizzato da due liquidi puri posti davanti al candidato; uno viene versato in un piatto, seguito dal secondo, che trasforma il liquido puro in una parvenza di sangue. L'ufficiale avverte il candidato:

> "Che questo ti ricordi, o Neofita! quanto facilmente, con una parola incauta o sconsiderata, tu possa tradire ciò che hai giurato di tenere segreto, e possa rivelare la Conoscenza Nascosta che ti è stata impartita e che è stata impiantata nel tuo cervello e nella tua mente, e che la tinta del sangue ti ricordi che, se mancherai a questo tuo giuramento di segretezza, il tuo sangue potrà essere versato e il tuo corpo spezzato, perché pesante è la pena che i Guardiani della Conoscenza Nascosta esigono da coloro che volontariamente tradiscono la loro fiducia".

L'esperienza ci dice che non si tratta di una minaccia vuota, e se, come si afferma, quest'Ordine è solo un mezzo per lo sviluppo spirituale, e non è in alcun modo sovversivo o pericoloso, perché allora la necessità di questo terribile e terrificante segreto e di questo giuramento obbligatorio? Solo i Guardiani "divini" e cabalistici conoscono e custodiscono il loro diabolico segreto!

Al termine della cerimonia di iniziazione, in cui viene somministrato il giuramento di cui sopra, che preannuncia tutti i successivi gradi esterni, ogni membro presente partecipa al "pasto mistico". Sull'altare al centro del Tempio è posto un Triangolo bianco, per la manifestazione della Luce, e sopra di esso la Croce rossa del Calvario della sofferenza, il mezzo per attirare e stabilire la luce. Intorno alla Croce sono raggruppati i quattro elementi: l'*Aria*, la Rosa rossa dell'Ordine, il cui profumo è come i sospiri repressi della sofferenza; il *Fuoco*, la Lampada rossa, la volontà di autosacrificio; l'*Acqua*, la Coppa di vino rosso, il sangue versato in sacrificio per la Grande Opera; *la Terra*, una Patena con pane e sale, il corpo distrutto per essere rinnovato per questa stessa Grande Opera. È il Tetragramma. L'insieme rappresenta le raffinate forze sottili di Malkuth, la Sposa cabalistica, un "corpo preparato" per la discesa della Luce - il "Cristo" degli Illuminati.

Lo Ierofante scende dal Trono a est, passa a ovest dell'altare, proiettando la luce su di esso mentre si avvicina, dicendo: "Vi invito a inspirare con me il profumo della Rosa come simbolo dell'aria; a sentire il calore del fuoco sacro; a mangiare con me questo pane e questo sale come tipi di terra; infine a bere con me questo vino, emblema consacrato dell'acqua".

Fa una croce in aria con la coppa, sopra l'altare, e beve. Ogni membro, in ordine di carica e di grado, riceve gli elementi dal precedente partecipante, ma in assoluto silenzio, finché infine il Kerux - "Il guardiano interiore" - partecipa e finisce il vino; rovesciando la coppa e alzandola in alto, grida a gran voce: "È finito!". - Il sangue è versato, il corpo è spezzato, il sacrificio volontario è compiuto! Ma, ci chiediamo, per quale fine?

Il perfezionamento dell'adepto, questo strumento illuminato, avviene nel R.R. et A.C., l'Ordine Interiore. Per prima cosa all'adepto viene fatto riconoscere che come individuo non è "nulla". Nel prendere l'obbligo interiore richiesto, viene vestito con una veste nera, con una catena al collo e con le braccia tese viene legato alla Croce rossa del Calvario della sofferenza e dell'autosacrificio; sopra la testa c'è un rotolo con le lettere I.N.R.I. L'obbligo è in forma di clausole in accordo con le dieci sephiroth dell'Albero della Vita cabalistico. Prima di pronunciarlo, uno dei Capi iniziatori, per attestare l'obbligo, invoca "l'Angelo Vendicatore HUA, nel Nome Divino I.A.O." Poi l'adepto ripete il Giuramento dopo il Capo:

> "*Kether* - I. - Io (Christian Rosenkreutz), membro del corpo di Cristo, mi lego oggi spiritualmente come sono ora legato fisicamente alla Croce della Sofferenza. *Chokmah* - 2. - Che condurrò una vita pura e disinteressata e mi dimostrerò un fedele e devoto servitore dell'Ordine. *Binah* - 3. - Che terrò

nascosto al mondo intero tutto ciò che riguarda questo Ordine e le sue conoscenze segrete, sia a chi è membro del Primo Ordine della Stella Matutina sia a chi non è iniziato, e che manterrò il velo di stretta segretezza tra il Primo e il Secondo Ordine. *Chesed* - 4. - Che rispetterò al massimo l'autorità dei Capi dell'Ordine; che non inizierò o farò avanzare nessuna persona nel Primo Ordine, né segretamente né in un Tempio aperto, senza la dovuta autorizzazione e permesso. Non raccomanderò un candidato per l'ammissione al Primo Ordine senza il dovuto giudizio e la garanzia che sia degno di una così grande fiducia e di un così grande onore, né farò indebite pressioni affinché diventi un candidato; supervisionerò gli esami dei membri dei gradi inferiori senza timori o favori di sorta, in modo che il nostro elevato standard di conoscenza non venga abbassato dalla mia strumentalità; e mi impegno inoltre a fare in modo che il necessario intervallo di tempo tra i gradi di Practicus e Philosophus e tra quest'ultimo grado e il Secondo Ordine sia adeguatamente mantenuto. *Geburah* - 5. - Inoltre, mi impegno a svolgere tutti i lavori pratici legati a questo Ordine in un luogo nascosto e lontano dagli sguardi del mondo esterno e dei non iniziati, e a non mostrare i nostri strumenti magici, né a rivelarne l'uso, ma a mantenere segreta questa conoscenza rosicruciana interiore, così come è stata tenuta segreta nei secoli. Che non farò alcun simbolo o talismano con i colori lampeggianti per una persona non iniziata senza un permesso speciale dei Capi dell'Ordine; che eseguirò davanti ai non iniziati solo magia pratica di natura semplice e già nota; e che non mostrerò loro alcun modo segreto di lavorare, tenendo rigorosamente nascosti i nostri modi di Tarocchi e altre divinazioni, di chiaroveggenza, di proiezione astrale, di consacrazione di talismani e simboli, e i rituali del Pentagramma e dell'Esagramma, ecc.e soprattutto dell'uso e dell'attribuzione dei colori lampeggianti e del modo vibratorio di pronunciare i nomi divini (cabalistici ed ebraici). *Tiphereth* - 6. - Prometto e giuro inoltre che, con il permesso divino, da oggi in poi mi applicherò alla *Grande Opera*, che è quella di purificare ed esaltare la mia natura spirituale, affinché con l'aiuto divino io possa finalmente arrivare ad essere più che umano (divinizzato), e quindi gradualmente elevarmi e unirmi al mio genio superiore e divino, e che in questo caso non abuserò del grande potere che mi è stato affidato (innalzare la Kundalini e unirla con l'etere universale e quindi collegarmi con i maestri). *Netzach - 7.* - Mi impegno inoltre solennemente a non lavorare a nessun simbolo importante senza aver prima invocato i più alti nomi divini (cabalistici) ad esso collegati, e soprattutto a non svilire la mia conoscenza della magia pratica per scopi di malvagità e di ricerca di sé e di bassi guadagni e piaceri materiali, e se lo faccio, nonostante questo mio giuramento, invoco l'Angelo Vendicatore affinché il male e la materia possano reagire su di me. *Hod - 8.* - Prometto inoltre di sostenere sempre l'ammissione di entrambi i sessi al nostro Ordine in condizioni di perfetta uguaglianza, e che mostrerò sempre amore fraterno e tolleranza nei confronti dei membri di tutto l'Ordine, senza calunnie, né maldicenze, né racconti, né ripicche da parte di un membro all'altro, con cui si possano ingenerare lotte e malumori. (*Yesod - 9.* - Mi impegno inoltre a lavorare senza assistenza nelle materie prescritte per lo studio nei vari gradi pratici, da *Zelatore Adepto Minore ad Adepto Adepto Minore*, pena la degradazione del grado a quello di Signore dei Sentieri nel solo Portale della Volta. *Malkuth - 10.* - Infine, se nei miei viaggi dovessi incontrare uno sconosciuto che si professa membro dell'Ordine Rosacroce, lo esaminerò con cura prima di riconoscerlo tale. Queste sono le parole di questo mio obbligo come Adeptus Minor, in cui mi impegno alla presenza del Divino I.A.O. e del Grande Angelo Vendicatore *Hua*, e se mancherò a questo proposito, la mia Rosa potrà essere disintegrata e distrutta e il mio potere nella magia cesserà".

Poi il capo officiante prende un pugnale e, intingendolo nel vino rosso, segna le stimmate a forma di croce sulla fronte, sui piedi, sulle palme e sul cuore dell'adepto, dicendo a turno: "Tre sono i testimoni in cielo: il Padre, il Verbo e lo Spirito, e questi tre sono uno". (La Trinità gnostica) "Ci sono Tre che testimoniano sulla Terra: lo Spirito, l'Acqua e il Sangue, e questi Tre concordano in Uno". Se non nasce da acqua e spirito, l'uomo non può ereditare la vita eterna". Se sarete crocifissi con Cristo, regnerete anche con Lui".

Nel leggere questo obbligo si deve comprendere chiaramente che questo Ordine è cabalistico e gnostico, ebraico e anticristiano. In esso abbiamo il Signore dell'Universo, l'I.A.O., il Pan dei culti gnostici. Il Cristo è il Serpente, il Logos degli gnostici; un "Cristo" è un uomo divinizzato. La "Grande Opera" è luciferiana, l'"incarnazione nell'umanità del Sole sovrano", la divinizzazione dell'adepto che, dirigendo e comandando la luce astrale, compie apparentemente prodigi e miracoli non per se stesso, ma sempre sotto il controllo dei "Divini Guardiani dell'Ordine".

Passando alle lettere sopra la testa dell'adepto, l'I.N.R.I., scopriamo che è la parola chiave del 5°-6° grado e viene analizzata così:

> I. - Vergine, *Iside,* Madre potente, riproduttrice di semi e frutti sulla terra - la *Conservatrice.*

> N. - Scorpione, *Apophis*, il distruttore, la forza che distrugge e unisce - il *Distruttore.*

> R. - Sol, *Osiride,* ucciso e risorto, la forza generatrice del Sole, il *Creatore.*

> I. - Iside. Apophis, Osiride. - I.A.O. - I.N.R.I. Il *Conservatore, il Distruttore* e il *Creatore*, invocato nella cerimonia del S.M. dell'Equinozio quando si fa scendere la luce. Il segno interiore è L.V.X.

Secondo le corrispondenze R.R. e A.C., quindi, I.N.R è un'altra forma di I.A.O. - il Principio Creativo, l'I. finale è la sintesi di I.N.R. - è la Luna, il Fuoco e il Sole - il Potere del Serpente, la Kundalini "Due angoli basali del Triangolo e uno forma l'apice, tale è l'origine della creazione, è la Triade della Vita". Inoltre, i segni di questo grado rappresentano i solstizi e gli equinozi, e la discesa della luce e l'affermazione dei legami con questi Guardiani nascosti dell'Ordine sono ulteriormente assicurati nelle cerimonie degli equinozi e del Corpus Domini, che sono tutte solari e non cristiane.

Il giuramento interiore di cui sopra viene pronunciato anche durante la cerimonia del Corpus Domini dall'Adepto Capo a nome dell'intero Ordine . Come si vede, l'Ordine è completamente pagano e panteista!

Questa cerimonia *della Rosoe Rubeoe et Aureoe Crucis* raffigura le "Nozze Chimiche" dei Rosacroce - l'unione con l'Etere Universale. Secondo i cabalisti la triade dell'Etere è: *Ain-nulla*; *Ain* Soph-spazio *illimitato*, indifferenziato, infinito; *Ain Soph* Aur-luce-manifestazione universale *senza limiti*. Matrimonio della Luce Universale o forza vitale nell'uomo con la luce illimitata o forza vitale della Natura.

Questo Etere Universale, il Signore dell'Universo, viene così invocato in aiuto dell'aspirante a questa Iniziazione:

"... O Dio, l'Immenso, Tu sei in tutte le cose; o Natura, Tu sei il Sé dal Nulla, perché cos'altro posso chiamarti? Per me stesso non sono nulla, in Te sono Tutto-Sé ed esisto nel Tuo Sé dal Nulla. Vivi Tu in me e portami a quel Sé che è in Te".

Cercando questa Luce della Natura, l'aspirante viene condotto nella Volta, la Tomba degli Adepti, perché la morte e la disintegrazione attendono il cercatore di questa Luce, la morte del proprio Sé e l'assorbimento nel Tutto-Sé - non Dio, ma il Principio Creativo della Natura - controllato dai Guardiani dell'Ordine.

La chiave della Volta è la Rosa e la Croce, che, come l'Ankh, è un simbolo delle doppie forze della vita. I sette lati rappresentano i sette pianeti, i diversi aspetti della forza solare, e l'insieme mostra il lavoro dello Spirito o del Potere del Serpente in e attraverso questi pianeti, i dodici segni dello Zodiaco - la forza vorticosa dell'iniziazione - e i tre elementi - la base materiale. L'altare al centro è il Pentagramma, i quattro elementi dominati dalla lettera ebraica *Shin*, il fuoco solare. È *Jehesuah* o Gesù, l'uomo illuminato. Così dicono i Rosacroce: "Da Dio siamo nati. In Gesù moriamo. Attraverso lo Spirito Santo risorgiamo" - il

Potere del Serpente.

In alto, nella Volta, c'è la Luce, e in basso le Tenebre; e qui entra in gioco il credo degli Illuminati: "Ma il Bianco in alto risplende più luminoso per il nero che c'è in basso, e così potrai finalmente comprendere che *il male aiuta il bene*". E grazie alla giustapposizione, sui sette lati, di simboli, colori ed evocazioni di formule, la Volta diventa un luogo di vibrazioni e lampi, che attrae e fissa le forze dei maestri, e in questa Volta queste forze non possono mai essere bandite.

Sotto l'altare si trova il pastos, nel quale giace l'Adepto Capo, che rappresenta Christian Rosenkreutz, l'uomo crocifisso sulla Croce di Luce. Il pastos viene aperto e, toccando con la bacchetta l'adepto sepolto sul petto, l'aspirante dice: "Dalle tenebre sorga la Luce!". Poi dal pastos esce una voce misteriosa:

> "Sepolto con quella Luce in una morte mistica, risorto in una resurrezione mistica. Puliti e purificati per mezzo di Lui, nostro Maestro, o fratello della Rosa e della Croce! Come lui, o adepti di tutte le epoche, avete faticato; come lui avete sofferto; siete passati attraverso tribolazioni, povertà, torture e morte. Non sono state che purificazioni dell'oro nell'alambicco del vostro cuore, attraverso l'athanor dell'afflizione. Cercate la Pietra dei Saggi.
>
> "Esci allora da questa tomba, o aspirante, con le braccia incrociate sul petto, portando nella mano destra il bastone della misericordia e nella sinistra il flagello della severità, emblemi di quelle forze eterne tra le quali, in equilibrio, dipende l'universo. Queste forze la cui riconciliazione è la chiave della vita, la cui separazione è il male e la morte...".

Qui abbiamo la resurrezione per mezzo della Pietra dei Saggi - il Potere del Serpente, la Chiave della Vita, è l'Illuminismo! Il coperchio del pastos illustra i mezzi di questo Illuminismo. È diviso in due parti, l'oscurità sotto e la luce sopra, ed entrambe sono collocate sull'Albero della Vita cabalistico. In basso si trova l'adepto crocifisso sotto forma di Cristo crocifisso sulla Croce di

Luce, mentre il Grande Drago Leviathan, con sette teste e dieci corna, sale fino alla Daath - la ghiandola pineale dell'adepto - dove la testa del serpente si unisce alla sua coda - le forze vitali negative e positive. Dall'alto scende il lampo di luce che, attratto e unito al serpente, illumina e distrugge l'ego dell'adepto, collegandolo all'etere universale e ai Guardiani dell'Ordine.

Ora Aleister Crowley, che era un iniziato di questo Ordine, crediamo utilizzi ancora questi rituali nei suoi perniciosi Ordini. Nel suo *Equinox*, The *Review* of Scientific Illuminism, scrive:

> "In Daath si dice che sia la testa del Grande Serpente Leviathan, chiamato malvagio per nascondere la sua santità (!) - il Messia o Redentore. È identico alla Kundalini della filosofia indù... e significa la forza magica nell'uomo che è la forza sessuale applicata al cervello, al cuore e ad altri organi, e lo redime".

Cioè, lo illumina. La Kundalini, il Drago dalle sette teste o il Potere del Serpente, è quindi il Cristo o il Redentore dei Rosacroce e dei Cabalisti! È luciferiana!

Il pericolo principale di tutte queste *società* segrete e *occulte*, oggi come ieri, è che sono governate e influenzate da una gerarchia invisibile, che non può essere definita in modo più preciso se non come composta da ebrei cabalisti. Le società visibili addestrano e orientano, fisicamente, mentalmente e astralmente, strumenti o medium da utilizzare a piacimento da questo centro nascosto. I loro "sensi interiori" devono essere risvegliati, la Kundalini o le forze sessuali inutilizzate devono essere eccitate e pervertite per ottenere questa medianità. Il pericolo di uno squilibrio mentale è riconosciuto e rischiato da questi maestri e dai capi che lavorano sotto di loro. Un capo Stella Matutina ha parlato di una di queste medium attraverso le quali arrivavano i messaggi e le istruzioni: "Christian Rosekreutz ha detto che sarebbe stata molto utile se il suo cervello avesse retto allo sforzo". Se si verificava uno squilibrio mentale, non era mai detto che fosse dovuto al lavoro dell'Ordine, ma sempre a causa di una debolezza intrinseca dell'adepto che ne era affetto.

C'è stato un brutto caso, una persona che era stata una studentessa brillante e che in seguito, sotto le influenze dell'Ordine, è diventata indubbiamente squilibrata e ossessionata dai maestri, credendo di essere il Cristo o "la donna vestita di sole con la luna ai suoi piedi". Queste forze iniziatiche comportano molte sofferenze e pericoli fisici, che spesso riducono l'adepto al minimo della vitalità, e alcuni hanno persino abbandonato la vita sotto lo sforzo e l'esaurimento vitale. I medici sono spesso perplessi nel spiegare queste malattie. L'adepto credulone le considera sempre come prove misteriose. Non importa quanto possa essere negativo il passato di un Ordine, i fedeli credono sempre che "almeno possiamo renderlo bello e spirituale", e così l'inganno va a buon fine.

Molti uomini e donne brillanti sono entrati a far parte di questi Ordini, e li hanno persino governati, per poi essere distrutti sulla ruota. Giovani e bravi ecclesiastici, che si sono gradualmente e inconsapevolmente imbevuti degli insegnamenti falsi e sovversivi di questi maestri, credendoli celestiali, ora collaborano con i rivoluzionari, esaltando le azioni di Mosca, e in ogni occasione decantano l'Impero britannico, cercando di cancellarlo dalla faccia della terra, pervertendo in modo blasfemo Cristo e i suoi insegnamenti nel tentativo di dimostrare le loro ragioni. Altri sono uomini e donne con tutte le apparenti possibilità di una brillante carriera; ma tutto, anche le legittime ambizioni personali, deve essere abbandonato su ordine di questi maestri, che dicono: "Abbiamo bisogno di te e di tutti i tuoi doni". Abbiamo conosciuto cervelli brillanti in tutti i settori della vita prostituiti alla causa di un sogno diabolico che non ha posto per Dio o per il cristianesimo.

Non ci deve essere comunicazione con medium esterni e non iniziati, i maestri devono solo controllare e illuminare! Conoscono il potere del cristianesimo e dei suoi santi sacramenti e l'innalzamento del fervore religioso, e lo pervertono, incoraggiando l'adepto a lasciare andare la materia sotto l'influenza di un idealismo perverso. Nella Chiesa vengono dati messaggi e visioni, e persino tentate iniziazioni diaboliche da parte di questi maestri.

La maggior parte dei capi di questi Ordini, più spesso donne, sono illuminati; il potere controllato viene dato loro, sono come "calamite" che attirano le persone verso questi Ordini. Un gruppo della Stella Matutina aveva come capo un pedagogo, e questo gruppo era stato progettato dai Maestri per influenzare tutti i professori, i maestri e coloro che si interessano di educazione, e l'influenza è ora evidente. Il gruppo di Londra è stato incaricato di influenzare e portare il clero di tutte le confessioni, e a questo scopo il capo doveva diventare membro della Chiesa anglicana; così è stato decretato che i perniciosi insegnamenti dell'Ordine dovevano penetrare e corrompere la Chiesa, e sebbene il capo abbia rifiutato, il lavoro viene svolto da altri membri, per lo più del clero, e dappertutto la Chiesa si sta impregnando, consciamente o inconsciamente, di questo Illuminismo sovversivo.

Sotto capi come il famigerato Aleister Crowley e il suo O.T.O., che è apertamente immorale, molti sono stati rovinati nella fortuna, nella mentalità e nella morale. Ma questi maestri, che sono dietro a tutto, che ne è della loro visione mentale e morale? Essi professano di divinizzare l'umanità e di portare la pace sulla terra, ma solo perché l'umanità sia un percorso che conduca questi ebrei cabalisti al loro trono, lì come "popolo-Dio", per governare su un "uomo collettivo", la cui pace è l'apatia.

CAPITOLO V

ALEISTER CROWLEY

L'esasperato e pernicioso Aleister Crowley, *alias* Aleister MacGregor, Conte Svareff, secondo la sua stessa dichiarazione, è nato a Leamington il 12 ottobre 1875 e si è laureato al Trinity College di Cambridge nel 1895-8. Nel novembre 1898 è diventato membro della "Golden Dawn", l'originale della Stella Matutina, dove era conosciuto come "Perdurabo". Nel novembre 1898 divenne membro della "Golden Dawn", l'originale della Stella Matutina, dove era conosciuto come "Perdurabo", e sotto questo pseudonimo scrisse molti dei suoi sgradevoli versi e libri sullo Yoga, ecc. Come abbiamo già detto, il capo di allora, MacGregor Mathers, aveva fondato un "Tempio di Iside" a Parigi e nel 1900 abbiamo visto Crowley agire come suo emissario presso il Tempio di Londra, che si era ribellato e aveva sospeso il capo. Si introdusse nella sede londinese e ne prese possesso, ma alla fine fu sfrattato. Ciononostante, egli conservò una serie completa di rituali esterni e interni e di MSS della "Golden Dawn" e dal 1909 al 1913, per ordine diretto, a suo dire, dei capi segreti, pubblicò questi documenti nella sua rivista *Equinox*, The Review of Scientific Illuminism, con il titolo "Il Tempio di Salomone il Re", insieme a molto materiale putrido e blasfemo. Questa rivista, con questi rituali e MSS. come base didattica, era anche l'organo del suo Ordine di A.A. - gli Adepti Atlantidei, o Grande Fratellanza Bianca.

Degli A.A. scrive, nell'*Equinozio*:

"È la comunità unica e veramente illuminata che è

assolutamente in possesso della chiave di tutti i misteri, che conosce il centro e la fonte di tutta la natura... Lux è il Potere sempre presente (il Potere del Serpente)... Tuttavia, oltre al loro lavoro sacro segreto, di tanto in tanto hanno deciso di intraprendere un'*azione politica strategica*... È la più nascosta delle comunità, eppure contiene membri provenienti da molti circoli; né c'è alcun centro di pensiero la cui attività non sia dovuta alla presenza di uno di noi. Chi è in grado di farlo si unisce alla *catena,* forse spesso dove pensava di essere meno probabile, e in un punto di cui non sapeva nulla".

Molti vengono catturati a loro insaputa e legati a questa catena malefica.

La chiave di tutti i Misteri è indicata dal loro simbolo. È la Stella a sette punte di Venere o Citerea - la dea dell'antico Serpente di Fuoco, la Dea dell'Amore (rappresentante anche della R.R. e A.C.). Al centro si trova la Vesica, o simbolo dell'unione delle due forze sessuali della Natura, e in ogni angolo si trova una lettera del nome BABALON - la Grande Madre di tutti i culti gnostici e illuminati; è la Natura nella sua vastità. Si dice che l'opera degli A.A. sia l'apertura dei "sensi interiori" attraverso il risveglio e l'innalzamento della Kundalini. Per questo i suoi discepoli dicono di Crowley: "Benedizione e adorazione alla Bestia, il Profeta della Stella Bella!". *Equinozio*, 1911.

Della stessa natura, se non proprio la stessa, sono il suo "Ordo Templi Orientis" e il suo M.M.M. - "Mysteria Mystica Maxima" - e tutti sono apparentemente affini alla "Chiesa Gnostica Universale". Un resoconto dell'"Ordo Tempi Orientis" seguirà più avanti.

Nel 1905 Crowley si recò in India e tentò senza successo di scalare il Kinchinjanga, con esiti fatali per quattro dei suoi compagni. Nel novembre dello stesso anno si trovava a Calcutta e il suo girovagare notturno nei bazar si concluse con problemi così gravi che lui, la moglie e il figlio piccolo partirono precipitosamente per la Birmania. Da Bhamo attraversò la Cina meridionale fino a Hong Kong e nel giugno 1906 era di nuovo in

Inghilterra.

Nel 1912 il suo Tempio si trovava al 33 Avenue Studios, in Fulham Road. Nel 1916 il suo Tempio O. T. O., vicino a Regent Street, fu oggetto di un'incursione della polizia, i libri e i documenti furono sequestrati e Mary Davis, la nota medium che ne era a capo, fu multata. In seguito fu in un tempio di Hampstead come sacerdotessa del Culto dello Scarabeo, sempre sotto Crowley. Secondo il *Patriot*, 17 maggio 1923: "Durante la guerra Crowley si recò in America, rinunciò alla fedeltà al suo Paese e condusse un'attiva propaganda anti-britannica".

Nel 1922 lo sentiamo nella sua "Abbazia", a Cefalù, in Sicilia, dove, secondo il *Sunday Express* del 25 febbraio e del 4 marzo 1923, ha attirato un brillante universitario di ventidue anni e la sua giovane moglie; lì, dopo aver vissuto orrori indicibili, il giovane è morto. Poco dopo Crowley fu allontanato dalla Sicilia dal governo italiano, e per quasi sette anni il suo quartier generale è stato a Parigi, e solo recentemente (aprile 1929) gli è stato chiesto di lasciare la Francia a causa dei suoi culti e delle sue pratiche immorali.

Qua e là dal silenzio forzato una tragedia, dovuta al potere malvagio e all'influenza viziosa di Crowley, mostra il suo volto spettrale, sacerdoti rinnegati, rotti e rovinati, che officiano la sua Messa Nera; giovani studenti e donne demoralizzati e dementi, ipnotizzati e costretti a fare la volontà della "Bestia 666" (il serpente solare), la cui dottrina è la dottrina della "Chiesa Gnostica Universale". "Fai ciò che vuoi è l'intera Legge; l'amore è la Legge; l'amore sotto la volontà". Secondo Crowley, il cristianesimo è finito e sta per iniziare una nuova era, un'era apparentemente del Culto del Serpente-Sesso, il cosiddetto redentore dell'umanità! - il potere dell'Illuminismo e della dominazione giudaico-massonica!

Le seguenti citazioni, tratte da alcune istruzioni che i Fratelli dell'O.T.O. hanno dato agli estranei nella speranza di attirarli nella rete, novembre 1924, e che si trovano anche in *Equinox*, settembre 1912, mostreranno quanto facilmente si possa essere ingannati da parole apparentemente ispirate e da idee elevate.

In *Equinox* si chiama:

> "L'I.N.R.I. Sezione Britannica dell'Ordine dei Templari Orientali O.T.O., M.M.M." e aggiunge: "Il Praemonstrator dell'A.A. permette di sapere che non c'è attualmente alcuna incompatibilità necessaria tra l'A.A. e l'O.T.O. e il M.M.M. e permette l'adesione a quest'ultimo come una valida formazione preliminare".

Nelle istruzioni del 1924 il titolo era:

> "*Segno del Sigillo di Ermete, O.T.O., Ordo Templi Orientis, Ordine Rosacrociano della Massoneria*".

Segue il *Preambolo*:

> "Negli ultimi venticinque anni un numero sempre crescente di persone sincere e di ricercatori della verità ha rivolto la propria attenzione allo studio delle leggi nascoste della Natura. ... In tutte le parti del mondo civilizzato sono state fondate innumerevoli società, ordini, gruppi, ecc. che seguono tutti una qualche linea di studio occulto... C'è solo un'antica organizzazione di mistici che mostra allo studente una strada reale per scoprire l'UNICA VERITÀ. Questa organizzazione ha permesso la formazione di un organismo noto come l'ANTICO ORDINE DEI TEMPLARI ORIENTALI. Si tratta di una moderna scuola di Magi, che trae la sua conoscenza dall'Egitto e dalla Caldea. Questa conoscenza non viene mai rivelata ai profani, perché conferisce un immenso potere sia nel bene che nel male a chi la possiede. È registrata in simboli, parabole e allegorie, e richiede una chiave di lettura... Solo con l'uso corretto della 'Chiave' si può trovare la 'Parola Maestra'".

Istruzioni.-

"Si sappia che esiste, sconosciuto alla grande massa, un antichissimo ordine di saggi, il cui scopo è il miglioramento e l'elevazione spirituale dell'umanità attraverso la vittoria sull'errore e l'aiuto agli uomini e alle donne nei loro sforzi per raggiungere il potere di riconoscere la verità. L'Ordine è esistito già nei tempi più remoti e preistorici; ha manifestato la sua attività, segretamente e apertamente, nel mondo sotto diversi nomi e in varie forme; ha provocato rivoluzioni sociali e politiche e si è rivelato una roccia di salvezza in tempi di pericolo e di sventura. Ha sempre sostenuto la bandiera della libertà contro la tirannia, in qualsiasi forma essa si presentasse, sia come dispotismo clericale o politico o sociale, sia come oppressione di qualsiasi tipo... Coloro che sono già sufficientemente sviluppati spiritualmente per entrare in comunicazione cosciente con la grande Fratellanza spirituale (Grande Loggia Bianca) saranno istruiti direttamente dallo spirito di saggezza; ma coloro che hanno ancora bisogno di consigli e sostegno esterni li troveranno nell'organizzazione esterna di questa società... è la *Società dei Figli della Luce che vivono nella Luce e vi hanno ottenuto l'immortalità*... I misteri che vengono insegnati abbracciano tutto ciò che può essere conosciuto riguardo a Dio, alla Natura e all'Uomo... Noi tutti studiamo un solo libro - il Libro della Natura - in cui sono contenute le chiavi di tutti i segreti, e seguiamo l'unico metodo possibile per studiarlo, quello dell'esperienza Il nostro luogo di incontro è il "Tempio dello Spirito Santo" che pervade l'Universo (etere o astrale)... Il primo e più necessario requisito del nuovo discepolo è che mantenga il silenzio su tutto ciò che riguarda la società... Non che in quella società ci sia qualcosa che debba temere di essere conosciuto dai virtuosi e dai buoni, ma non è necessario che le cose elevate e sacre siano esposte agli sguardi del volgo e siano da questi imbrattate di fango (!... Ci possono essere cose che appaiono strane e per le quali non si può dare una ragione ai principianti, ma quando il discepolo avrà raggiunto un certo stato di sviluppo, tutto gli sarà chiaro... Il requisito successivo è l'obbedienza... La conquista del sé superiore sul sé inferiore significa la vittoria della coscienza divina nell'uomo su ciò che in lui è terreno e animale. Il suo obiettivo è la realizzazione della vera virilità e femminilità".

Si dice che Crowley abbia fondato questi "Templi dell'Amore" in tutto il mondo. *John Bull*, 4 febbraio 1925.

Nel 1911, secondo l'*Equinox*, aveva rami più o meno fiorenti del suo culto in Inghilterra, America, Africa del Sud e dell'Ovest, Birmania, India, Penisola Malese, Australia, Columbia Britannica, Paraguay, Brasile, Olanda, Svizzera, Germania, Francia, Algeria ed Egitto, e "ottimi resoconti dal Caucaso!". E così la piaga si diffonde all'estero.

Quanto segue, che potrebbe essere applicato a tutti questi culti panteistici e cabalistici di oggi, è un'affermazione interessante, che Mme. Blavatsky, nel suo *Iside Svelata*, dice essere le parole del generale Albert Pike durante un Consiglio Supremo del Rito Antico e Accettato tenutosi a New York il 15 agosto 1876:

> "Questo *Principe Créateur* non è una frase nuova, ma un vecchio termine riportato in vita. I nostri avversari, numerosi e formidabili, diranno, e avranno il diritto di dire, che il nostro *Principe Créateur* è identico al *Principe Générateur* degli Indiani e degli Egizi, e può essere adeguatamente simboleggiato, come era simboleggiato anticamente, dai Lingae... Accettare questo, al posto di un Dio personale, significa *abbandonare il cristianesimo* e il culto di Geova, e tornare a *sguazzare negli stanti del paganesimo*".

LA CHIESA GNOSTICA UNIVERSALE

L'Enciclopedia Ebraica sottolinea che lo Gnosticismo "aveva un carattere ebraico molto prima di diventare cristiano" e cita l'opinione: "un movimento strettamente collegato al misticismo ebraico". Il massone Ragon afferma: "La Cabala è la chiave delle scienze occulte. Gli gnostici sono nati dai cabalisti". Ancora, per citare il dottor Ranking, "Durante il Medioevo il principale sostegno degli organismi gnostici... era la Società dei Templari".

Nella sua *Storia della Magia* Eliphas Levi ci dice:

P. 169 "L'idea degli ierofanti cristiani era quella di creare una società votata all'abnegazione con voti solenni, protetta da regole severe, reclutata con l'iniziazione e depositaria esclusiva dei grandi segreti religiosi e sociali, che facesse re e pontefici senza essere esposta alle corruzioni dell'impero... Una realizzazione simile era sognata anche da sette dissidenti di gnostici e illuministi, che pretendevano di fondare la loro fede sulla tradizione cristiana primitiva di San Giovanni. Venne un tempo in cui questo sogno era una minaccia reale per la Chiesa e lo Stato, quando un ordine ricco e dissoluto, iniziato alle misteriose dottrine della Cabala, sembrava pronto a rivoltarsi contro l'autorità legittima, contro i principi conservatori della gerarchia, minacciando il mondo intero con una gigantesca rivoluzione. I Templari... erano i terribili cospiratori in questione... Acquisire ricchezze e influenza, intrigare sulla base di queste, e all'occorrenza lottare per l'affermazione del dogma giovanneo - questi erano i mezzi e il fine proposti dai fratelli iniziati... "Saremo l'equilibrio dell'universo, arbitri e padroni del mondo". I Templari avevano due dottrine: Una, nascosta e riservata ai capi, era quella del Johannismo; l'altra, pubblica, era la dottrina cattolica romana... Il Johannismo degli adepti era la Cabala degli gnostici, ma degenerò rapidamente in un panteismo mistico portato fino all'idolatria della Natura e all'odio di tutti i dogmi rivelati... Essi alimentarono i rimpianti di ogni culto decaduto e le speranze di ogni nuovo culto, promettendo a tutti libertà di coscienza e una nuova ortodossia che avrebbe dovuto essere la sintesi di tutte le credenze perseguitate. Arrivarono persino a riconoscere il simbolismo panteistico dei grandi maestri della Magia Nera... resero onori divini al mostruoso idolo *Baphomet*".

Non è forse vero anche per l'attuale Rivoluzione Mondiale e per il potere nascosto, che opera attraverso i numerosi Ordini e gruppi segreti di oggi?

Nel numero di febbraio 1928 della *Revue Internationale des Sociétés Secrètes*, M. A. Delmas, parlando della Chiesa Gnostica Universale, con il suo centro a Lione, ci dice che ha aderenti in Francia, Svizzera, Germania, Austria, Ungheria, Olanda, Russia,

Romania, Stati Slavi, Turchia e America. È conosciuto con diversi nomi, due dei quali sono "Ordine dei Templari d'Oriente" e "Ordine della Luce delle Sette Comunità dell'Asia", e i suoi affiliati sono ora generalmente conosciuti come neocristiani e neognostici. Il suo Capo Supremo è il Patriarca Sovrano e Vicario di Salomone. M. Delmas fornisce un resoconto curioso e interessante del suo ufficio e della liturgia della Messa. Di seguito sono riportati la sua dottrina e il suo credo:

> "Fai quello che vuoi, questa è l'intera Legge. Ma ricorda che devi rendere conto delle tue azioni. Perciò proclamo la Legge della Luce, dell'Amore, della Vita e della Libertà nel nome di IAO".

Anche in questo caso abbiamo il Potere del Serpente, il Signore dell'Universo. "L'amore è la Legge, l'amore sotto il controllo della volontà". Riconosciamo subito le dottrine del noto Aleister Crowley. Anche l'amore è la parola d'ordine della R.R. et A.C., che si dice essere amore per l'umanità; ma nel rituale 5-6 si dice:

> "Nota bene che attraverso il lato del Pianeta *Venere* sei entrato" nella Volta degli Adepti a sette lati, il luogo dell'iniziazione. E nel *Text-book* of *Astrology* di A. J. Pearce si legge che: "Fu presto riconosciuto che Venere era la causa principale della generazione e la madre dell'Amore - la passione universale ... la Stella dell'Essere e dell'esistenza".

Il Credo:

> Credo nel Signore, un Dio segreto e inesprimibile (nel rituale S.M. troviamo: "Il Signore dell'Universo che opera nel silenzio e che nient'altro che il silenzio può esprimere"); in una stella tra un gruppo di stelle (sole e pianeti), dal cui fuoco siamo generati e al quale torniamo; un padre della vita; o mistero dei misteri, il suo nome è *Caos* (l'etere onnipervadente); è l'unico rappresentante del sole sulla terra; nell'aria, nutrice di tutti gli esseri che respirano. E credo nella terra, nostra madre, dal cui grembo nascono tutti i nati. O mistero dei misteri, il suo nome è *Babalon* ("Babilonia, la

Grande Madre delle religioni idolatre e abominevoli della terra"). E credo in un Serpente e in un Leone, o mistero dei misteri, che si chiama *Baphomet* (il Serpente della Saggezza e la Spada Fiammeggiante del R.R. e A.C.; secondo Eliphas Levi "il Leone è il fuoco celeste (astrale), mentre i serpenti sono le correnti elettriche e magnetiche della terra", il Logos gnostico, lo spirito del seme). E credo in una Chiesa Gnostica Universale, la cui Legge è Luce, Amore, Vita e Libertà; il cui nome è *Thelima*. E credo nella Comunione dei Santi. E visto che il pane quotidiano, materiale e terreno, che mangiamo si trasforma ogni giorno in una sostanza spirituale, credo nel miracolo della Santa Messa. E credo nel battesimo della Sapienza, con il quale compiamo il miracolo di diventare uomini. (Crowley, nel suo O.T.O., dice: "Il suo oggetto è la realizzazione della vera virilità e femminilità"). E confesso e credo che la mia vita è eterna, che era, è e sarà sempre. Amen. Amen. Amen".

Si dice che l'etere sia un deposito di tutto ciò che è stato, è e sarà; e che sia senza inizio né fine. È luciferiano!

L'IMPERATORE GIULIANO E MASSIMO DI EFESO

In relazione a questi numerosi ordini illuminati - tutti del Regno di Lucifero - è interessante quanto segue.

Lo scrittore storico russo Dmitri Merejkovsky, nel suo libro *La Mort des Dieux*, dà un'immagine meravigliosa di un'iniziazione misteriosa che si suppone sia stata impartita da Massimo di Efeso, il teurgo, a Giuliano l'Apostata, prima che diventasse imperatore.

Inizia a mezzanotte con Giuliano, vestito con la tunica da ierofante, che entra nella lunga e bassa sala dei misteri.

> "Una doppia fila di pilastri orici sosteneva la volta. Ogni pilastro, che rappresentava due serpenti intrecciati, serviva da supporto per le scatole di profumo... In fondo brillavano due tori dalle ali d'oro (emblemi di vita), che sostenevano un superbo trono su cui sedeva, come un dio, il grandissimo

Ierofante Massimo di Efeso, vestito di una tunica nera interamente ricamata d'oro, smeraldi e rubini... Qualcuno si avvicinò a Giuliano da dietro e gli fasciò saldamente gli occhi, dicendogli: 'Vai, non temere né il fuoco né l'acqua, né gli spiriti né i corpi, né la vita né la morte'."

Viene fatto passare attraverso una porta in un lungo e oscuro passaggio; scendendo nelle profondità della terra passa attraverso le prove dell'acqua e del fuoco, seguite da odori nauseabondi e da ombre che si susseguono; una mano gelida stringe la sua, che "ha il movimento giocoso e le carezze pugnanti delle donne dissolute". In preda all'orrore si fa tre segni di croce e perde i sensi.

"Quando riprese i sensi, la benda non gli copriva più gli occhi, si trovava in... un'enorme grotta scarsamente illuminata... Di fronte a Giuliano c'era un uomo, emaciato e nudo, con la pelle color rame, il Gimnosofista (Yogi), l'assistente di Massimo. Immobile sopra la sua testa teneva un disco di metallo. Qualcuno disse a Giuliano: "Guarda!". Egli fissò il cerchio, che scintillava di una brillantezza quasi dolorosa... A lungo guardò, i contorni degli oggetti si confusero e un piacevole languore si impadronì di lui. Gli sembrò che il cerchio luminoso non bruciasse più nello spazio ma dentro di sé, le sue palpebre si chiusero... Più volte una mano gli toccò leggermente la testa e una voce gli chiese: "Stai dormendo? ... Guarda nei miei occhi!". Giuliano obbedì e percepì Massimo che si chinava su di lui... Sotto le folte sopracciglia gli occhi di Massimo brillavano, vivi, indagatori, penetranti, a loro volta beffardi e teneri... Giuliano, che giaceva immobile, pallido, con le palpebre socchiuse, osservava le rapide visioni che si srotolavano davanti a lui, e gli sembrava di non vederle da solo, ma che qualcuno volesse fargliele vedere... "Vuoi vedere il Ribelle? (Sopra la testa dello spettro brillava la Stella del Mattino, la Stella dell'Aurora; e l'Angelo disse: "Nel mio nome nega il galileo" (tre volte richiesto e tre volte negato). Chi sei?" - "Sono la Luce, sono l'Oriente, sono la Stella del Mattino!" - "Come sei bella!" - "Sii come sono" - "Che tristezza nei tuoi occhi!" - "Io soffro per tutti i viventi; non ci deve essere né nascita né morte. Vieni a me, io sono l'ombra, io sono la pace, io sono la libertà! (liberazione, perdita della personalità) ... ribellati, ti darò la forza ... trasgredisci la legge, ama, maledici Lui e sii come Io sono'".

Julian si sveglia. Sale le scale con la mano ferma di Massimo nella sua: "Sente che una forza invisibile lo solleva sulle sue ali (forza psichica)... "L'hai chiamato?" chiese Giuliano. - "No, ma quando una corda della lira vibra un'altra le risponde, il contrario del contrario (polarità)". Massimo chiede a Giuliano di scegliere una delle due vie: il Regno di Lucifero o il Regno di Dio. Giuliano rifiuta la croce e Massimo dice: "Allora scegli l'altra via, sii potente come gli antichi! Sii forte e orgoglioso, spietato e superbo! Senza pietà, amore o perdono! Sorgi e conquista tutto... Mangia il frutto proibito, ma non pentirti . Non credere, non dubitare, e il mondo sarà tuo. ... Osa! Sarai imperatore!".

"Si trovano su un'alta torre di marmo osservatorio astronomico di alta teurgia - costruita sul modello delle antiche torri caldee, su un'alta roccia sopra il mare". Sotto c'erano giardini lussuosi, palazzi, ecc. e oltre, sulla montagna, Artemision ed Efeso". Allungando il braccio, lo Ierofante disse: "Guarda! Tutto questo è tuo... Osa! ... Unisci, se puoi, la verità del Titano e la verità del Galileiano, e sarai più grande di tutti gli uomini nati da donna". (Non è forse Johannismo?)

Nella sua meravigliosa biblioteca Massimo parla di questa iniziazione con uno dei suoi discepoli.

Come può Massimo, il grande filosofo, credere a tutti questi miracoli assurdi? Io ci credo e non ci credo", rispose il teurgo. La natura, che tu e io studiamo, non è forse il più meraviglioso dei miracoli? Che superbo mistero nei vasi sanguigni e nei nervi; la mirabile combinazione degli organi... I nostri misteri sono più profondi e più belli di quanto tu pensi. Gli uomini hanno bisogno di entusiasmo. Per chi ha fede, la prostituta è veramente Afrodite e le scaglie luminose, il cielo stellato... Giuliano ha visto ciò che desiderava vedere. Gli ho dato entusiasmo, forza e audacia. Tu dici che l'ho ingannato...

Io amo la menzogna che contiene la verità... Fino alla mia morte non abbandonerò mai Giuliano. Gli permetterò di assaggiare tutti i frutti proibiti. È giovane, io vivrò in lui, una seconda esistenza; gli svelerò i misteri seducenti e criminali, e forse sarà grande grazie a me! - Maestro, non ti capisco. - E per questo ti parlo così".

Non è forse questa un'illustrazione di ciò che avviene oggi in tutti questi Ordini luciferiani? Questo Centro Invisibile, per mezzo del potere teurgico, inganna, ipnotizza, suggerisce; promette potere, libertà e pace, una pace che è la pace del controllato, di un uomo vivo ma senza volontà e senza anima, riempito dal potere di questi maestri diabolici come Aleister Crowley!

È interessante scoprire nel R.R.et A.C. che il capo che rifiutò l'iniziazione fu qualche tempo prima portato astralmente su una torre teurgica simile e gli fu mostrato il mondo sopra e sotto, come promessa di un potere futuro! Questo potere è il "Talismano ebraico"!

Ripercorrendo le pagine della storia russa ci si imbatte in un uomo che fu ovviamente un altro strumento nelle mani di questo Potere Centrale. Nel suo opuscolo *"Il misticismo alla corte di Russia"*, M. J. Bricaud afferma: "In tutte le epoche la corte di Russia conosceva e si sottometteva all'influenza di profeti e teurghi... Alcuni scritti di Dostoiewsky, Tolstoi e Merejkovsky hanno rivelato ai popoli occidentali la natura segreta dell'anima russa, tormentata e desiderosa del meraviglioso". Merejkovskij, in diversi suoi libri, ha dipinto vividamente i vari aspetti di questa malattia dell'anima della Russia che, secondo M. Bricaud, "si è conclusa nel 1917 con la caduta della dinastia e il rovesciamento delle sue antiche istituzioni".

In *Le Mystère d'Alexandre Ier* e *La Fin d'Alexandre Ier*, Merejkovskij fornisce un interessante e dettagliato resoconto di alcune società segrete che furono avviate e che si diffusero in tutta la Russia durante il regno di Alessandro I. Il traduttore, E. Halpérine-Kaminsky, ci dice nelle sue prefazioni che fu dopo la marcia attraverso l'Europa, dopo la ritirata di Napoleone, che gli ufficiali russi si impregnarono, soprattutto, delle idee rivoluzionarie francesi. Al loro ritorno, nel 1816, fondarono una prima società segreta chiamata "Alliance de Salut"; uno dei capi era Paul Pestel.

Nel 1818 questa società prese il nome di "Alliance de la Prospérité". Sotto Pestel si formò al suo interno un'organizzazione rivoluzionaria (Società del Sud) che aveva come obiettivo l'abolizione violenta dell'autocrazia. La Società per l'unione degli Slavi si formò nel sud, e in seguito si fuse con la Società del Sud. "È certo, infatti, che il movimento nato nel 1816 segnò l'inizio della Rivoluzione russa, che cento anni dopo, nel marzo 1917, trionfò in nome degli stessi principi dei 'decembristi' del 1825".

Ancora una volta, E. Halpérine-Kaminsky mostra gli straordinari parallelismi tra i regni di Alessandro I e Nicola II. Scrive:

> "Altri parallelismi potrebbero essere facilmente stabiliti. Ma ciò che stupirà anche i più informati sugli affari russi è la rivelazione di vere e proprie radici bolsceviche che lavorano nel terreno e che hanno dato origine a società segrete reclutate tra la classe migliore, persino tra la Guardia Imperiale, e che hanno empito tutta l'ultima parte della vita di Alessandro. Ascoltare il principale cospiratore, il colonnello Pestel, significa credere di ascoltare Lenin in persona".

Ascoltiamo il cospiratore Pestel, direttore della Società del Sud, giustiziato nel 1826. Questa frase fu scritta da Merejkovskij nel 1910 e fu straordinariamente profetica di ciò che accadde nel 1917 e successivamente:

> "La riunione della Società del Nord con quella del Sud è proposta dal nostro Tribunale, ha affermato Pestel, alle seguenti condizioni: (I) Riconoscimento di un unico direttore e dittatore sovrano sui due tribunali. (2) Giurare obbedienza assoluta e passiva a questo dittatore-direttore. (3) Abbandonare la lunga strada della civiltà e della lentezza

d'azione generalmente accettata, e decretare norme più assolute dei futili principi contenuti nei nostri statuti. Infine, accettare la costituzione della Società del Sud e giurare che non ve ne saranno altre in Russia... La prima e principale azione è la rivoluzione, l'insurrezione nell'esercito e l'abolizione del Trono... Il Sinodo e il Senato devono essere costretti a concedere al Governo provvisorio il potere assoluto... La dinastia regnante deve, quindi, in primo luogo cessare di esistere... L'assassinio di uno solo causerà divisioni, produrrà dissensi interni e porterà a tutti gli orrori dell'insurrezione popolare. È soprattutto necessario che la distruzione di tutti i tiranni sia consumata". Parlava in modo placido ma innaturale. È un automa, pensò Golitsine, o piuttosto un posseduto!"...".

"Gli avvenimenti degli anni 1812, 1813, 1814 e 1815, dice Pestel... così come quelli delle epoche precedenti e successive, ci hanno mostrato così tanti troni rovesciati, così tanti regni aboliti, così tanti *colpi di Stato* compiuti, che questi eventi hanno familiarizzato le menti con le idee rivoluzionarie, le possibilità e le opportunità della loro realizzazione... Da un capo all'altro dell'Europa, dal Portogallo alla Russia, senza escludere l'Inghilterra e la Turchia, questi due opposti politici, lo spirito di riforma sta mettendo in fibrillazione tutti i cervelli" (parole di Pastel)."

"Parlava come un maestro e il fascino della sua logica agiva come il fascino della musica o la bellezza delle donne. Alcuni erano soggiogati, altri infuriati... ma tutti sentivano che quello che era stato solo un sogno lontano diventava subito una realtà vicina, terribile e pesante di responsabilità... "Questi aristocratici, disse Pestel, sono i principali ostacoli alla prosperità pubblica e il più sicuro sostegno della tirannia; solo un governo repubblicano può abbatterli... Ho più fede di voi nella predestinazione della Russia - la "Vérité Russe" è il nome che ho dato alla mia costituzione. Spero anzi che la "Vérité Russe" sia un giorno la verità universale, e che venga adottata da tutti i popoli europei, addormentati finora in una schiavitù meno evidente della nostra, ma forse peggiore, perché la disuguaglianza della proprietà è la peggiore delle schiavitù. La Russia sarà la prima a liberarsi. Il nostro cammino va dalla completa schiavitù alla libertà integrale. Non abbiamo nulla, vogliamo tutto! Senza questo il gioco non varrebbe la candela... Tutte le differenze di fortuna e di condizione cesseranno, tutti i titoli e la nobiltà saranno annientati. Le classi mercantili e borghesi saranno soppresse. Tutte le nazionalità rinunceranno ai diritti individuali del proprio popolo. Anche i nomi delle nazioni saranno abrogati, tranne solo il nome del Grande Popolo Russo... I cittadini saranno divisi in comunità rurali in modo da dare a tutti una vita, un'istruzione e un governo uniformi, e tutti saranno uguali in una perfetta uguaglianza... La più severa censura della stampa, la polizia segreta con uno staff di spie, tutti i cittadini processati; libertà di coscienza qualificata...'".

I mormorii si sono diffusi: "È una colonia penitenziaria e non una repubblica... la più detestabile autocrazia!".

"Pestel non vedeva nulla, non sentiva nulla... Il piccolo uomo era un mero simulacro, un automa di cera. Obbediva a un'ossessione fatale che veniva dall'aldilà, non si controllava più, una mano invisibile lo metteva in moto, tirandolo per un filo come una marionetta!".

La rivoluzione fu tentata sotto il regno di Nicola I, il 14 dicembre 1825, e fallì miseramente. Cinque dei cospiratori furono impiccati il 13 luglio 1826, tra cui Pestel. Merejkovskij afferma inoltre che queste società segrete erano rami dei Carbonari. Parlando anche del loro controllo, scrive:

"Il nostro obiettivo è lo stesso e le nostre forze sono vostre alla sola condizione che vi sottomettiate assolutamente alla Duma sovrana della Società del Sud". - Quale Duma? Dov'è e chi ne fa parte?" "Secondo le regole della Società non posso rivelarlo... ma guardate!". Prese una matita e un pezzo di carta, tracciò un cerchio, scrivendo all'interno - "Duma sovrana", tracciando dei raggi da esso, alle cui estremità tracciò altri cerchi più piccoli. Il grande cerchio centrale... è la Duma sovrana; le linee che partono dal cerchio sono gli intermediari, e i piccoli cerchi sono i distretti che comunicano con la Duma, non direttamente, ma tramite intermediari".

Pestel non era forse solo un intermediario controllato, e la Duma sovrana il Direttorio Supremo degli Ebrei Cabalisti, il Potere Invisibile dei "Protocolli"? Non è forse questo il sistema di tutta la giudeo-massoneria rivoluzionaria, di ieri e di oggi?

CAPITOLO VI

LA SOCIETÀ DELLA PANACEA

Nella prefazione a *Early Dawn of the Great Prophetical Visitation to England* di Jane Lead, "Octavia", della Panacea Society, ci dice che dal 1666 il piano di redenzione per l'Inghilterra è stato esposto così:

"(I) Come insieme profetico di Jane Lead (1681-1704).

"(2) Suddiviso nei sette colori prismatici (i sette aspetti della forza solare, i pianeti!) e dato dai fratelli Joanna Southcott, George Turner, William Shaw, John Wroe, Jezreel e Helen Exeter in successione, dal 1792 al 1918. (L'ultima è annegata nel *Galway Castle*, silurato nella Manica il 14 settembre 1918).

(3) Come un insieme operativo, ora esposto da Octavia e da Rachel Fox, sostenuto dai quattro, dai Dodici e dal "rimanente" che si riunisce".

Jane Lead, associata al Dr. Pordage, e suo genero il Rev. Francis Lee, fondarono la Philadelphian Society a Londra nel 1652. In *The Mystery of God in Woman*, Rachel Fox, presidente della Panacea Society, scrive:

"Tra il 1623 e il 1704 una certa Jane o Joan Lead ricevette rivelazioni di natura molto pura ed elevata. Queste sono stampate in quella che viene chiamata "Sessanta Proposizioni alla Società Filadelfica, ovunque dispersa come Israele di Dio". In questa profezia viene descritta la futura ascesa della

Chiesa di Filadelfia, raffigurata nell'Apocalisse come la Chiesa ideale... "una Chiesa vergine che non ha conosciuto nulla dell'uomo né della costituzione umana... sarà adornata di doni miracolosi e di poteri che vanno al di là di quanto sia mai stato".

Uno studio attento di queste "Profezie" dimostra che si tratta di puro Illuminismo e cabalismo. L'insegnamento, come di consueto in tutti questi culti, mistici o occulti, porta a un'iniziazione, formando un legame eterico con qualche potere invisibile, suscitando e pervertendo la Kundalini per lo scopo di, risvegliando i "sensi interiori": *chiaroveggenza* - "una chiara vista cristallina... senza alcun mezzo"; chiarudienza - "un udito soprannaturale... il linguaggio celeste come dalla natura eterna parlato"; *intuizione* - "profonda saggezza". Infine, la fissazione della luce astrale in un corpo materiale preparato e purificato. Descrivere un culto di questo tipo significa descrivere tutto; porta alla pura negazione del Sé, tagliando fuori "la comprensione razionale", portando a una completa sottomissione; come con Steiner, non è permesso intellettualizzare.

Come abbiamo visto nel R.R. et A.C. (1919), doveva essere preparata (1700) una coppa triunica, o Triangolo, formata da tre "Signori dell'Amore", posta in cima all'Albero della Vita cabalistico, che rappresentava il *Sacerdote* o riconciliatore, pieno di *Fede*, e al quale fu detto, come al capo del Triangolo nel R.R. et A.C.: "Se non bevete del Mio Sangue, non avete vita in voi". (Confrontate questo con la visione, precedentemente descritta, dello Spirito della Terra e di Adonai, quando la donna dovette bere la coppa di sangue). Si dice che si riferisca al sacerdozio di "Melchisedec"; il secondo anziano d'amore è il *Profeta*, o ricevitore passivo della saggezza dall'alto. Il terzo è il *Re*, l'attivo trasmettitore o esercitatore del Potere, sempre sotto controllo. Il tutto attrae e manifesta le forze superiori. Inoltre è stato detto che: "Allora dalla *Corte Superiore e dal Consiglio uscì* un decreto che prevedeva che la coppa trina fosse circondata da un *triplice cerchio*. Il primo apparve come un cerchio di luce dorata (Sole), il secondo come un cerchio di luce argentata (Luna), il terzo come un fuoco mite e gentile, ma con una forza invincibile per la difesa (fuoco distruttore)". E la fissazione finale della luce nel "veicolo" è espressa con parole simili a quelle usate nel rituale R.R.et A.C. 6-5: "Alzati, risplendi, perché la tua luce è venuta e la gloria del tuo sposo è diventata il tuo rivestimento". La luce e la gloria dell'Illuminismo!

Questo doveva essere costruito allo scopo di stabilire un Regno d'Amore che sarebbe stato governato dal loro Principe dell'Amore e della Pace; in primo luogo, invisibilmente nei cuori e nelle menti di alcune persone che dovevano "spargere tra tutti i sodalizi e le società questi puri poteri scintillanti d'Amore ricevuti dalla Divinità - l'etere". La loro divinità è il Principio Creativo, la Grande Madre è la Natura e il loro Cristo è la luce astrale illuminante. Infine,

> "Un'ambasciata di guarigione dal cielo è ora mandata giù, che chiama e sollecita *un'armonia e un'unità universali* (repubblica e fratellanza universali!)... Perché il Principe dell'Amore e della Pace è vicino a piantare il suo Trono-Dominio e il suo Regno... e da lì usciranno tali potenti poteri di influenza che faranno cessare tutto ciò che è distruttivo per il Regno dell'Amore".

Questo è il potere di cui parla l'insegnante arabo del Dr. Felkin: "Possiamo proiettare il fluido psichico con un potere così tremendo che è possibile letteralmente uccidere o rendere vivi... ma questo potere è così tremendo e pericoloso che è permesso solo a pochi"; come corrente *curativa* o *punitiva*, o anche ipnotica. Che cos'è questo se non il dominio mondiale ebraico per mezzo dell'Illuminismo - il "Regno della Felicità" di Krishnamurti?

Come legame eterico e oracolo, Jane Lead, come tutti i legami di questo tipo, soffrì molto sia mentalmente che fisicamente. Nel 1699 parla di "grandi guerre e ammutolimenti nelle parti corporee... che avrebbero potuto facilmente liberare l'anima imprigionata... e di una tale depressione della mia vita e del mio spirito superiori, che mi impedivano di usare liberamente le mie facoltà soprasensuali". Come unica risposta alle sue lamentele, il suo maestro disse: "Non devi pensare che sia una grande (prova) avere la tua fede messa a terra, provata e dimostrata" - una fede raggiunta solo quando la ragione e il senso "sono stati gettati in un sonno profondo" - il controllo ipnotico!

Venendo ora alla manifestazione odierna di questo movimento, Rachel Fox, nel suo libro *The Finding of Shiloh,* ci parla del "triangolo dei lavoratori" e della fondazione della Panacea Society, il cui lavoro consiste nello "spiritualizzare il materiale e materializzare lo spirituale", cioè nel preparare "vasi vuoti", riempirli di luce, formare portatori di luce per l'opera dei maestri per il mondo. Il loro maestro è un cosiddetto Cristo, senza dubbio uno del Consiglio invisibile. I membri del triangolo per la manifestazione di questo potere invisibile erano: Octavia, vedova di un ecclesiastico e dotata, il vertice e il legame eterico; Rachel Fox, membro della Società degli Amici, e K. E. F., come angoli basali. A quanto pare il lavoro doveva essere svolto attraverso le donne, poiché si diceva che:

> "Sappiate che non è in tutti i vostri pensieri quanto sia potente e sorprendente la grande opera che sono venuto a compiere. Perciò posso solo permettere che l'uomo e la donna si associno a me in suprema obbedienza... Qui mostrerò come la debolezza della donna tenda alla mia gloria, poiché essa mi consegna prontamente le redini del governo...". Ancora: "Non fate domande, non discutete, obbedite e tutto andrà bene... in un attimo posso ispirarvi a tal punto che penserete come un solo uomo e agirete come un solo corpo".

Ipnotismo di massa! Una delle loro opere principali era quella di illuminare la Chiesa e di indurre ventiquattro vescovi ad aprire la scatola di Joanna Southcott, il cui contenuto secondo loro avrebbe salvato l'Inghilterra. A questo scopo Rachel Fox fu fortemente convinta di dover essere prima battezzata e poi cresimata nella Chiesa anglicana, in modo da "reggere il confronto con i vescovi". Fu quindi cresimata il 25 giugno 1919 dal vescovo di Truro.

Ottavia, essendo il legame eterico con i maestri, soffrì

intensamente. Ci racconta di un esaurimento nervoso, conseguenza del rifiuto dei vescovi di agire, e di un lungo soggiorno in un istituto psichiatrico di cui scrive, nel novembre 1915: "Quello che soffro è un inferno... Come posso vivere ogni giorno in questa tortura senza uno scopo, una speranza, un ideale? Sono orribilmente sana di mente, ma sono troppo piena di un terrore nervoso per poter essere di nuovo me stessa". E quando il suo diabolico padrone la considerò sufficientemente castigata, disse, il 15 settembre 1916: "Conosco il suo lavoro fedele e la sua sofferenza, ed era mia volontà che bevesse il calice del dolore, perché così viene istruita e purificata, e avrà la ricompensa. Falla uscire dalla sua casa di dolore e non temere, perché io sarò la sua guida". Tuttavia, uscì solo per essere imprigionata (messa a parte!) nella sua casa e nel suo giardino per alcuni anni, e ancora soffrì intensamente; doveva essere isolata da tutto ciò che avrebbe potuto influenzarla e distoglierla dalla grande opera! Il 27 novembre 1917, il triangolo fece un giuramento, giurando di essere guidato solo dal Maestro e di cercare la luce sulla Visitazione da nessun altro libro se non la Bibbia, gli Apocrifi e gli scritti dei loro profeti. Il 4 agosto 1918, il suo Maestro chiese a Ottavia: "Sei disposta a perdere la tua personalità per un periodo?". Credendo che il Maestro fosse divino, ella acconsentì e il 27 marzo 1919, racconta la fissazione del legame, il potere illuminante - Shiloh, Principe della Pace - discese nel suo corpo pronto "dopo aver sofferto in modo grande e terribile" - la sua ragione e i suoi sensi "furono gettati in un sonno profondo"!

Infine, viene detto loro:

> "Tutti coloro che vogliono entrare nel Regno a venire, che è la realizzazione di ciò che finora è esistito nella visione, nella parola e nella scrittura, devono entrare in un periodo di cessazione dei momenti psichici (nella R.R. e A.C. è stato detto che sarebbe venuto un tempo in cui tutta la magia sarebbe cessata!) Ho permesso che si sviluppassero nell'ultimo decennio per questo motivo, che ho dovuto raccogliere molti in questo modo... ma tutti devono ora camminare sul piano materiale... La concentrazione sullo sviluppo dell'anima (cioè lo sviluppo astrale) ostacolerà la

Venuta. È un'affermazione difficile, ma sappiate che ora sarò un centro (avendo preso possesso del suo "veicolo"), attirando il mio popolo verso di me, mentre nello sviluppo animico il mio popolo si sforzava di attirare me verso di lui..." (Come nella Via dell'Iniziazione di Steiner, che porta all'ossessione).

In altre parole, questi maestri - senza dubbio identici al terribile potere che si cela dietro gli orrori delle sofferenze della Russia e della Rivoluzione Mondiale - non hanno in realtà alcun interesse nello sviluppo dell'anima o dell'astrale se non come mezzo per formare strumenti illuminati passivi, completamente controllati nella mente e nelle azioni.

Come abbiamo visto, uno degli obiettivi principali di questa Società era quello di far aprire la scatola di Joanna Southcott da ventiquattro vescovi, ma solo a determinate condizioni decise dai loro padroni. Queste condizioni sono le seguenti:

'1. L'ubicazione esatta della cassetta è nota a una signora che l'ha vista di persona e che, sentiti i Vescovi, li metterà in comunicazione con l'intermediario, il quale fornirà il nome e l'indirizzo del custode.

'2. Alcune parti degli scritti di Joanna Southcott, da momento in cui sono stati scritti, sono state ordinate di essere tenute nascoste fino a quando i Vescovi non ne faranno richiesta, "in un momento di grave pericolo nazionale". L'iniziativa deve quindi essere presa dai Vescovi o da qualche autorità del paese e non dai fedeli della Visitazione. Ma, quando i Vescovi accetteranno di inviare la cassetta, ventiquattro fedeli si presenteranno per formare una giuria, per incontrare i ventiquattro Vescovi o i loro rappresentanti.

'3. Il libro del processo alle pretese di Joanna Southcott (1804) deve essere letto da tutti coloro che acconsentono ad essere presenti. Sarà prodotto per i Vescovi.

'4. Deve essere presente un avvocato.

'5. Ci sono istruzioni scritte per i giudici e la giuria, che devono essere tenute segrete fino alla riunione dell'Assemblea.

'6. Per l'occasione deve essere prestata o affittata una casa adatta. La scatola degli scritti deve essere preventivamente collocata per tre giorni nel caveau o nella cantina della casa. (*Nota*. Forse le scritture sono cariche dell'"atomo originale", come si dice che lo siano le sezioni di biancheria).

'7. La casa deve essere vicina a un campo o a uno spazio recintato. (Si tratta forse di "metterla a parte", per potervi collocare intorno il "triplice cerchio")?

'8. I sessantacinque libri e gli eventuali MSS originali posseduti dai credenti devono essere esposti per l'indagine nei primi tre giorni dell'Assemblea.

'9. Nella prima la doppia giuria di credenti deve incontrare i Vescovi, per discutere i problemi in gioco.

'10. Il secondo sarà un segno del Signore di grande importanza.

'11. Il giorno 3 gli scritti sigillati devono essere aperti ed esaminati.

'12. Questa prova è l'araldo o il precursore del destino di Satana, come descritto nell'Ap. XX. Non ci sarà pace nel mondo finché non ci sarà l'opportunità di mettere alla prova le affermazioni contenute negli scritti di Joanna.

'13. Se il verdetto dei Vescovi è contrario agli scritti, questi possono essere bruciati.

'14 Si riconoscerà, quando la scatola sarà aperta, che il processo è paragonabile per importanza al processo di Cristo davanti al Sinedrio.

'15. Negli scritti pubblicati, la cerimonia viene anche paragonata alla lettura di un ultimo testamento. (Potrebbe trattarsi della morte dell'Impero britannico! provocata dal "piccolo e costante Sinedrio").

'16. Negli scritti viene anche paragonata a un'inchiesta (!), la scatola da considerare come gli uomini considerano un corpo scoperto.

'17. In questa occasione la Chiesa d'Inghilterra sarà messa alla prova, per mantenere o perdere il suo posto tra i candelabri.

'18. Coloro che chiamano il processo devono sostenere i costi, cioè le spese della giuria e dei testimoni, ecc.

"19. A nessuna persona sigillata deve essere rifiutata l'ammissione al Processo.

'20. "Come mi sono fatto conoscere nello spezzare il pane a Emmaus, così mi farò conoscere nello spezzare i sigilli delle Scritture" (tratto da Guarigione per tutti).

Le Profezie di Jane Lead sono alla base di tutto questo, e sono Illuminismo e Rosacroce. Come abbiamo visto, uno dei grandi obiettivi della R.R. et A.C. era quello di corrompere e disintegrare la Chiesa in Inghilterra e nell'Impero.

Alla fine fu aperta una scatola, che si diceva fosse di Joanna Southcott, e uno dei resoconti più interessanti fu riportato nel *Daily Telegraph* del 9 maggio 1927, scritto prima dell'effettiva apertura. Si racconta che la donna nacque nel 1750, ebbe poca istruzione, lavorò nei servizi domestici e nei negozi, e in modo ortodosso frequentò assiduamente la chiesa e la cappella. All'età di quarantadue anni iniziò a profetizzare, annunciando l'avvicinarsi del Millennio e le prossime convulsioni in Europa. Secondo le sue profezie, i fedeli sarebbero stati 144.000 (Ap. vii.) e furono rilasciati certificati di nomina alla felicità, senza dubbio una forma di sigillo.

Nonostante ciò, "uno dei destinatari fu certamente impiccato per omicidio"! Nel 1813, all'età di sessantatré anni, annunciò "che sarebbe diventata la madre di Shiloh, il Principe della Pace", un nuovo Messia! Ma "Joanna morì senza dare alla luce un figlio". Sul letto di morte, si dice che abbia consegnato a un compagno una scatola sigillata, con l'ingiunzione di aprirla solo in un momento di grave necessità nazionale e alla presenza di un certo numero di vescovi; in queste condizioni avrebbe rivelato un mezzo inaspettato per salvare il Paese". Quella che si dice essere questa scatola, sebbene sia negata dalla Panacea Society e da altri, fu aperta e il risultato fu non solo un fiasco ma una farsa.

In *The Impatience of the People (L'impazienza del popolo)*, di Mark Proctor, la Panacea Society compie ancora una volta un coraggioso sforzo per attirare l'attenzione del pubblico. La consumazione delle loro speranze, il cosiddetto "Secondo Avvento", che era stato previsto da nel 1923, è ora molto in ritardo! La scatola di Joanna, o almeno una delle tante, è stata aperta ed è passata nel dimenticatoio, con il risultato di un fiasco per tutti coloro che credevano nel suo presunto potere di salvare un'Inghilterra che apparentemente non ha alcun desiderio di essere salvata! L'Inghilterra continua a cavalcare le tempeste e a resistere, nonostante i numerosi attacchi visibili e invisibili, e possa farlo a lungo.

La prima cosa che colpisce di questo piccolo libro è la sua profonda e quasi insolente arroganza, un tratto comune a questi illuminati nascosti, questi ebrei cabalisti, ma non quello che ci si aspetta da un'ispirazione divina, come loro sostengono! In esso egli dice:

> "Quanto è bello, allora, imparare che l'estremità dell'uomo è l'opportunità di Dio, e che quando le cose stanno raggiungendo un tale culmine che nessuno sa cosa fare, Dio viene in soccorso con un nuovo messaggio (attraverso la Panacea Society!) che spazza via la confusione dell'intellettualismo accademico, del falso ecclesiasticismo, della spiritualizzazione mistica, della messa in scena rituale, dell'anglicanesimo e del protestantesimo litigiosi, della

religiosità emotiva dei non conformisti e di tutta la gamma di culti e sette che oggi osano definirsi "religiosi"".

Ci si chiede in che cosa la Panacea Society differisca da "tutta la gamma di culti e sette", illuminati come sono. Non credono forse, come la Panacea Society, di non essere come gli altri culti e le altre sette?

Inoltre scrive: "Un profeta non è affatto un sacerdote; è un destinatario automatico di un messaggio divino diretto, espresso in una sequenza di parole, che deve riportare esattamente come le ha sentite". Aggiunge che l'adempimento è la prova della loro natura divina, nel qual caso i loro messaggi apparentemente falliscono nella prova: sono stati adempiuti?

Abbiamo davanti a noi un sorprendente opuscolo e volantino pubblicato dalla Panacea Society, nell'aprile del 1926. Parla del loro potere di dare "protezione divina" durante una crisi imminente. Che cos'è questa crisi? Nella loro rivista, *Panacea*, danno una spiegazione. Vi si trova una citazione di un divertente articolo, ristampato da *Punch*, intitolato "La prossima guerra", in cui si dice che ci sarà un'altra guerra, e questa volta *interamente nell'aria* - aerei che sganciano "cose sporche" su tutti, "così inalerete la vostra razione di bombe puzzolenti come un uomo, e morirete come un cane!". La *Panacea* prende la cosa molto sul serio e scrive:

"Sì, è vero che nessun'arma formata contro l'Inghilterra prospererà quando si risveglierà al potere del rimedio della Panacea. I nostri dirigibili che trasportano *l'acqua benedetta* - il risultato della Visita di Dio in Inghilterra dal 1792 (Joanna Southcott) - saranno un muro di difesa per l'Inghilterra, un muro che nessun nemico sarà in grado di superare o distruggere!".

Nel 1923 a Plymouth affissero il seguente manifesto: "Terremoti, tuoni, pestilenza scuoteranno presto l'Inghilterra se i vescovi non apriranno la scatola di Joanna Southcott". Questi problemi sono sempre più o meno presenti, ma la piaga che dobbiamo temere più di tutte quelle messe insieme è quella di queste società illuminate e delle loro cosiddette missioni divine, dirette dall'alto; sono le bombe puzzolenti che devono essere evitate da tutti coloro che amano veramente il loro Paese e il loro Impero.

Anche in questo caso si parla di "guarigione divina", per la quale l'afflitto deve scrivere un elenco completo di disturbi, immaginari o meno. Questo viene letto all'"Oracolo", che riceve le cosiddette istruzioni divine, e l'ostia o la sezione di lino viene caricata con le forze psichico-magnetiche richieste, senza dubbio nello stesso modo in cui si carica un talismano magico. Queste sezioni devono essere immerse nell'acqua potabile, nel bagno e anche nelle medicine prescritte da un medico, anche se non sembra molto corretto nei confronti del medico! In tutti gli Ordini occulti, con metodi diversi, la guarigione per mezzo di questo fluido magnetico avviene con maggiore o minore successo e, come sappiamo, può uccidere o rendere vivi. Se curativo, può anche essere ipnotico, creando una banda di fedeli seguaci! Si parla molto di guarigione, "senza denaro e senza prezzo", ma, dopo tutto, una delle regole dei Rosacroce era: "Nessuno di loro deve professare altro che curare i malati, e questo *gratuitamente*", anche se alcuni adepti hanno interpretato "gratuitamente" come "*liberamente*", in modo da chiedere un compenso!

Nel loro opuscolo, *"Guarigione* per *tutti"*, affermano che: "Qualsiasi sciocco può individuare la malvagità di Satana, ma ci vuole un uomo saggio per scoprire l'errore luciferiano!". Possono essere sicuri di essere abbastanza saggi da non essere ingannati da luciferiani come questi Illuminati nascosti? Possono essere sicuri che essi, insieme a tutti questi altri Ordini e gruppi, non stiano lavorando per realizzare il regno del potere luciferiano, cioè l'Illuminismo? Dicono: "Non esitiamo a dichiarare che nessuna religione, nessun culto e nessun individuo, al di fuori di questa Visita, possiede *tutta la Verità*!". Questo assomiglia molto all'orgoglio spirituale che, si dice, portò alla caduta di Lucifero!

Una parola sulle loro comunicazioni, registrate da loro stessi in *The Writings of the Holy* Ghost*: si tratta di* comunicazioni astrali. Sembrano essere molto simili a quelle ricevute oggi dai gruppi occultisti e spiritisti e, lungi dall'essere divine, sono piene di inganni e lusinghe. In questi documenti, il 15 aprile 1920, si dice: "Ti ho fatto notare che negli anni 1919, 1920 e 1921, il periodo tra la Pasqua e l'Ascensione è stato un periodo di molti sviluppi". La Pasqua del 1919 fu il periodo del tentativo, da parte di questi illuminati nascosti, di stabilire il Triangolo del Potere nella R.R. et A.C.!

L'ORDINE UNIVERSALE

L'Ordine Universale è un altro gruppo pseudo-mistico, che dichiara di non avere nulla a che fare con l'occultismo, ma che tuttavia è altrettanto ingannevole e pericoloso. Per molti anni è stato conosciuto come "Ordine dell'Antica Saggezza", con sede a Manchester e una filiale a Londra e forse altrove. I suoi insegnamenti erano neoplatonici e tenevano le loro riunioni a Londra e davano voti nella grande sala superiore del ristorante vegetariano di Eustace Miles. Le cerimonie erano semplici, ma occulte, che attiravano le forze, come si trovano in tutte le cerimonie occulte, anche se professavano di insegnare semplicemente una forma di filosofia. Intorno al 1918-19, quando movimenti simili su , all'insaputa l'uno dell'altro, si stavano svolgendo in altri gruppi, i leader di questo gruppo vennero messi al corrente, da una qualche "forza costrittiva" o influenza occulta, che ci si aspettava che riconoscessero e praticassero la fede cristiana, dalla quale, in quanto neoplatonici, erano decaduti; cosa che fecero di conseguenza.

Un po' più tardi il nome fu cambiato in "Ordine Universale", senza dubbio per essere più affine alla fratellanza internazionale, e fu condotto su linee più o meno cristiane, includendo ritiri, meditazioni e avendo, credo, modificato i gradi per adattarsi all'apparente cambiamento di prospettiva. Ciò induceva una forma di eccitazione pseudo-religiosa, creando condizioni altamente nervose, emotive e medianiche, che portavano a possibili controlli, come si riscontra universalmente in tutti gli Ordini e i gruppi di questo tipo. L'Ordine era legato da una reciproca appartenenza al S.M. e al R.R. et A.C., e la sua missione era anche apparentemente quella di illuminare la Chiesa o di portare alla luce i problemi dall'interno, come nel S.M. In seguito, alcuni dei suoi gruppi cambiarono il nome in "Santuario della Saggezza", il titolo della sua pubblicazione.

Dopo aver studiato l'opuscolo n. I inviato dal "Segretario dell'Ordine Universale", potrebbe essere utile spendere qualche parola sui suoi obiettivi e sul suo sistema. Da questo opuscolo l'Ordine Universale sembra essere un vero e proprio esperanto di filosofia, religione e scienza mistica, poiché mira alla realizzazione della Saggezza Universale; tuttavia "non è una religione, ma abbraccia l'essenza di tutte le religioni; non è una filosofia, ma comprende i fondamenti di tutti i grandi sistemi filosofici". In apparente contraddizione, ci viene detto che l'intelligenza finita è nominalmente capace di comprendere una sola presentazione della Verità; seguendone diverse, spesso non riesce a comprenderne nessuna! Perciò, pur essendo universali, essi sostengono un sistema di istruzione definito, il loro, che si presume comprenda tutti gli aspetti della Verità! Chi ha costruito questo sistema apparentemente contraddittorio - universale ma particolare? Chi è il giudice della vera essenza e dei fondamenti che costituiscono questo sistema di saggezza universale che porta alla fratellanza e alla tolleranza? Anche loro hanno maestri invisibili che dirigono e istruiscono?

Vediamo cosa cercano di evitare. Seguendo la loro "Armonia Ideale", coltivano una tale "ampia simpatia e tolleranza, una messa a tacere di quella critica inquisitoria", da "non condannare, né attaccare, né tollerare l'attacco di qualsiasi altro movimento, per quanto diverso possa sembrare", poiché ritengono che ogni movimento possa servire a qualche scopo utile! Che dire della Massoneria del Grande Oriente Giudaico, il cui scopo dichiarato è la "Rivoluzione Internazionale" e la conseguente "Repubblica Universale"? Che dire degli Illuminati, che con sottili insegnamenti pseudo-spirituali cercano di creare strumenti illuminati, che accecano e inebriano con false estasi, false visioni e falsi insegnamenti, formando "catene indissolubili", come dimostrano i "Protocolli", con cui uniscono segretamente l'umanità e la controllano, l'unico metodo possibile con cui possono sperare di governare il mondo intero. Che dire dei bolscevichi e del potere invisibile che si cela dietro di loro? L'Ordine Universale approva passivamente tali movimenti?

Si sforzano di evitare tutte le dottrine dualistiche, ma qual è il triangolo del loro simbolo? Non sono forse le due forze contendenti sempre unite da una terza, che produce la manifestazione in conformità al suo principio - come sopra così sotto? Inoltre, si sforzano di evitare la medianità psichica e passiva, la negromanzia e la magia di ogni tipo; ma "non si allontanano né si oppongono a coloro che seguono una di queste attività!". Così, attraverso questa tolleranza passiva e la mancanza di usare le loro facoltà critiche, il loro Ordine può diventare un terreno di coltura segreto per tutti questi mali a cui non si oppongono né si allontanano.

Utilizzano rituali, riti e simbolismi, interpretati e adattati, a torto o a ragione, dagli insegnamenti degli antichi misteri, proprio come avviene negli Ordini di Stella Matutina e affini - abbiamo visto quali erano le basi di questi misteri! Su questa base instabile e in qualche modo contraddittoria, i membri sono incoraggiati a cercare "l'illuminazione personale" e "l'occultismo interiore dell'anima" "elevandosi nella preghiera, nella meditazione e nella contemplazione". Non è forse questo giocare con il fuoco nascosto, che porta invariabilmente al naufragio nervoso? I leader di questo Ordine possono assicurare con certezza ai loro membri che questa illuminazione personale significherà unione con il divino, e non ossessione da parte di questo potere materiale invisibile che cerca ovunque strumenti e che perverte tutto ciò che è sacro, usandolo come mezzo per irretire la vittima ignara?

Cosa dicono i "Protocolli" del "collettivismo"?

"Li lasceremo cavalcare nei loro sogni sul cavallo delle vane speranze di distruggere l'individualità umana con idee simboliche di collettivismo. Non hanno ancora capito, e non capiranno mai, che questo sogno selvaggio è contrario alla principale legge della natura, che fin dall'inizio del mondo ha creato un essere diverso da tutti gli altri perché avesse un'individualità".

Perché, allora, questa richiesta di assoluto sacrificio di sé da parte dei membri di questi gruppi mistici e occulti? Non è forse che questi gruppi di pseudo-società pubbliche e di società segrete vere e proprie non sono altro che tanti ingranaggi di questa grande macchina annientatrice, la cui missione, in nome dell'Unità e della Fratellanza Universale, è una lenta e mortale distruzione di ogni individualità, creando un automa senz'anima, la cui forza motrice e direttrice è la volontà di questo gruppo centrale di capi occulti, la Grande Loggia Bianca?

Un'immagine potente di questo "Uomo Collettivo", così come è stato tentato nella Russia sovietica, è riportata in *La mente e il volto del bolscevismo,* di René Fülöp-Miller. Ecco il giudizio finale dell'autore:

> "Ciò che preoccupa al massimo grado l'intero mondo civilizzato è questo 'barbaro gesuitismo' (come si vede nell'Illuminismo di Weishaupt) che pretende di essere una dottrina di salvezza per l'intera umanità, mentre in realtà ne minaccia le stesse fondamenta. Il bolscevismo non mira solo alla confisca della proprietà privata: cerca di confiscare la dignità umana per trasformare, in ultima analisi, tutti gli esseri ragionevoli e liberi in un'orda di schiavi senza volontà".

Lo stesso si potrebbe dire, con verità, della via di salvezza e della cosiddetta "evoluzione dell'umanità", così come viene rappresentata negli insegnamenti di tutte queste società segrete e "nuove religioni temporanee" di oggi.

CAPITOLO VII

CULTI AMERICANI

L'AMERICA - l'internazionalismo incarnato nel suo popolo - quella terra di stravaganti follie e culti, pullula di esempi di questo "ismo" che distrugge l'anima; in queste indagini ne basteranno solo uno o due.

IL MOVIMENTO SADOL

Il "Movimento Sadol" è un altro gruppo esoterico massonico, un altro anello della "catena magnetica", preparato da questo centro invisibile nei suoi piani di dominazione mondiale. È stato fondato in America nel 1883 da J. E. Richardson, noto come TK, o "Fratello Anziano", ed è il rappresentante in America della "Grande Scuola di Scienze Naturali" (Grande Loggia Bianca), il cui centro, a loro dire, si trova in India.

Secondo la TK, nel suo *Bollettino* del gennaio 1926, si dice che questa Grande Scuola ha una storia scritta che si estende per un periodo di oltre 200.000 anni! Inoltre, si è stabilita in India 23.000 anni fa, al momento dell'inabissamento del continente atlantideo! Questa è senza dubbio la "Grande Loggia Bianca" di tutte le massonerie esoteriche, come la "Rosicrucian Fellowship" di Max Heindel, il gruppo della signora Besant, la Stella Matutina, ecc. Chi può dire dove si trovi realmente il centro di questo governo occulto? L'intera organizzazione è stata costruita attraverso una sistematica confusione tra le cose dette e le cose intese.

Abbiamo davanti a noi un estratto *della rivista Sadol*, "The Great

Work in America", che dimostra che essi seguono il Rito Scozzese Antico e Accettato, anche se nei loro libri di testo parlano solo dei tre gradi della Loggia Blu. TK scrive:

> "È già noto ai massoni di rito scozzese che il generale Albert Pike fu l'autore dei cerimoniali rituali per tutti i 33 gradi dell'Ordine. Non è generalmente noto che egli ricevette le 'Legenda', che costituiscono il background filosofico di ogni singolo grado dei 33 - direttamente e personalmente dal membro arabo della Grande Scuola".

In riferimento al "Membro arabo", è interessante notare la Stella Matutina "insegnante araba".

I libri di testo di questo Movimento consistono nella "Serie Armonica", in quattro volumi. Uno studio attento di questi volumi mostra chiaramente che l'insegnamento non è costruttivo e porta alla maestria, come essi sostengono, ma distruttivo e porta alla medianità. Il volume 4, *La Grande Conoscenza,* potrebbe essere l'insegnamento di Conan Doyle o di Vale Owen! Credono di aver trovato la "Parola perduta" della Massoneria, che, secondo TK, significa comunicazioni dirette dei maestri. Così l'intero insegnamento sembra essere impartito allo scopo di indurre la chiaroveggenza, ecc. preparando medium sensibilizzati per mezzo di formule segrete e l'uso, a rotazione, dei colori dello spettro. Essi si credono liberi, assolutamente *autocontrollati*; ma si tratta di una schiavitù intellettuale indotta dai loro maestri da un'ambiziosa e diabolica applicazione errata della conoscenza occulta e dall'abuso del potere che ne deriva.

Ho già spiegato i metodi adottati in questo gruppo per contattare il Maestro o i "saggi e potenti Luminosi!" e come essi corrispondano a quelli utilizzati nella Stella Matutina e nell'Ordine del Sole di Edimburgo.

L'ORDINE DEGLI INIZIATI DEL TIBET

Queste note sono tratte da un articolo del *Washington Post* del 31 ottobre 1909, intitolato "Il culto più curioso di Washington sotto la guida di una donna".

La signorina A. E. Marsland, presidente dell'Ordine in America, è figlia di George Marsland, fondatore dell'American Bankers' Association. Washington è il centro di questo movimento per l'America, fondato nel 1904 da Miss Marsland e da quattro o cinque appassionati. Oggi (1909) i membri sono 5.000 e il culto cresce lentamente e silenziosamente. Tra i suoi seguaci si trovano alcuni dei membri più in vista dell'ambiente sociale e diplomatico; si riuniscono due volte alla settimana nella sede dell'Oriental Esoteric Centre, al 1443 di Q Street, per bere della saggezza misteriosamente trasmessa. La signorina Marsland non conosce il luogo esatto da cui provengono le sue istruzioni e le sue conferenze, ma ritiene che i documenti scritti in sanscrito siano inviati dalle regioni del Tibet (non da Lhasa) a Parigi, dove vengono tradotti in francese e poi inviati a Washington, in Brasile e in Egitto. I maestri occulti sono la fonte della conoscenza, ma ogni centro è indipendente per quanto riguarda il governo interno.

Secondo la dottrina degli Iniziati, il quinto grande leader mondiale e maestro dell'umanità nascerà in America entro i prossimi venticinque anni. I quattro leader precedenti sono stati, a loro dire, Rama, Krishna, Buddha e Gesù. La missione dei centri istituiti dagli Iniziati è quella di distogliere gli uomini dallo studio degli effetti materiali, che finora ha occupato l'attenzione esclusiva degli scienziati, e di indirizzarli verso lo studio della causa, della forza, della vibrazione e del non visibile. Questo, dicono, può essere fatto con sicurezza solo dall'uomo che è padrone di se stesso, e quindi lo stupendo compito dei pionieri della Nuova Era è quello di trasmutare lo scienziato in Mago! Secondo Miss Marsland, il mondo è entrato nella Nuova Era nel 1898 e mostrerà un meraviglioso progresso nella conoscenza dell'occulto, che porterà, forse, nei prossimi 2.000 anni, al contatto con gli abitanti degli altri pianeti, che si dice siano spiriti che hanno vissuto in precedenza sulla Terra. Ma la conoscenza di questo e di molti altri misteri del culto non viene rivelata nemmeno a Miss Marsland!

Il Prof. F. Charles Bartlet è a capo dell'Ordine in Francia, e una sorgente recentemente scoperta, che è curativa, a Châtel Guyon, ai piedi del vulcano spento Puy de Dôme, è ora di proprietà dell'Ordine. Su cima della montagna si trova un tempio in rovina dedicato a Venere e al Sole, che sembra appropriato per un tale culto! Uno o due dei loro precetti sono illuminanti, come ad esempio: "L'intera sottomissione della personalità alla Natura Superiore (Maestri!); la non resistenza o la legge dell'amore (pacifismo!); l'Universo è uno, quindi tutti sono uniti nella Fratellanza Universale". Inoltre, *"Meditazioni di mezzogiorno"*, come "O discepolo, è indispensabile far tacere la tua ragione e dare ascolto alla tua mentalità. Ascolta, ma non con gli anni esterni (chiarudienza). Osserva, ma non con gli occhi esterni (chiaroveggenza). Arriva una voce, un presentimento, un pensiero, eppure non è un pensiero, un sentimento, una vibrazione, eppure non è nulla di tutto questo". No, è il Maestro che crea legami, che cerca di controllare e suggerire! Inoltre professano di credere in una Divinità Suprema, ma senza dubbio è il Signore dell'Universo, I.A.O.

La chiave di questo culto è data da uno dei suoi simboli più interessanti: Adda-Nari. È la Natura-generazione, la creazione, come dimostrano i simboli di manifestazione nelle sue quattro mani, il segno del lingam e la triade del potere del serpente sulla sua fronte.

Gli scopi di questo culto sono: "Formare una cattedra di fratellanza universale basata sul più puro altruismo, senza odio di credo, di setta, di casta o di colore... studiare le scienze occulte dell'Oriente e cercare con la meditazione e una linea di condotta speciale di sviluppare questi poteri che sono nell'uomo e nel suo ambiente". Questo è il solito yoga, risvegliare ed elevare la Kundalini!

Hanno una rivista mensile, *The Esoterist*, diretta da Agnes E. Marsland; nel numero di luglio 1924 c'era un articolo intitolato "Good Government"! Inoltre, nel novembre 1927, è stata inviata una lettera ai membri, con la richiesta di investimenti nel

Marsland Centre e le condizioni per vivere nella Community Stock Farm". L'azienda sembra aumentare e prosperare! Infine, un *Bollettino delle Profezie*, con una croce tau in testa, pubblicato lo scorso Capodanno, dice: "Questa crisi è ormai imminente, e deciderà una volta per tutte la condizione futura della terra. Il Grande Maestro è con noi a dirigere la battaglia". Firmato, AGNES E. MARSLAND, Lexingvton, N.C.

Si dice che il movimento non sia ebraico; ma una delle loro pubblicazioni reca sul fronte il simbolo del Sigillo di Salomone!

Anche in questo caso, si tratta di un culto panteista e apparentemente cabalistico.

IL MOVIMENTO BAHAI

Questo movimento fu fondato nel 1844 da un persiano, Mirza Ali Muhammad, che assunse il titolo di "Bab" (la Porta); si ribellò alla Gerarchia che, temendo la sua crescente influenza, lo fece fucilare a Tabriz, nel 1850.

Essa sostiene di essere il compimento "di ciò che è stato rivelato solo in parte nelle dispensazioni precedenti", e considerano Buddha. Zoroastro, Gesù, Maometto e Confucio come semplici preparativi per l'avvento della "grandissima pace" e del "potente educatore mondiale", Baha'u'llah (Gloria di Dio), 1863-92, e poi Abdul-Baba, 1892-1921. Inoltre, sostiene di essere l'unità di tutte le religioni, anche di movimenti più antichi e moderni, come la Teosofia, la Massoneria, lo Spiritualismo, il Socialismo, ecc.

Da *La confusione delle lingue*, di Charles Ferguson, troviamo le seguenti informazioni documentate dai bahai: Tutti questi movimenti del XIX secolo "sono stati gli strumenti di Dio per rendere il mondo ricettivo alla Sua Causa. (Bahaismo)"; e: "Al di fuori della causa bahai, i movimenti e le tendenze del mondo moderno sembrano una sinistra anarchia; ma all'interno della causa assumono un ordine perfetto e una pienezza di significato!". Gli insegnamenti di Baha'u'llah comprendono la scienza, la filosofia, i problemi economici e governativi, nonché l'etica e i metodi di purificazione e di conseguimento spirituale (Yoga). Cinquant'anni fa comandò al popolo di stabilire la pace universale e convocò tutte le nazioni al banchetto divino dell'arbitrato internazionale, affinché le questioni di confine, di onore e proprietà nazionale e di interessi vitali tra le nazioni fossero decise da un tribunale arbitrale di giustizia" - tutto ciò fa pensare alla massoneria giudaica del Grande Oriente!

Quando i seguaci bahai di Chicago vennero a conoscenza del Grande Tempio, un Mashriqu'l-Adhkar in'Ishqábád, nella cui città del Turkmenio ci sono 4.000 famiglie bahai, chiesero il permesso di costruire un tempio simile a Chicago; doveva affacciarsi sul lago Michigan. Dal 1903 hanno lavorato alla sua costruzione, che è ancora lontana dall'essere completata; la luce torreggiante doveva segnalare l'unità di tutte le fedi e il tempio doveva simboleggiare e incarnare la loro rivelazione (come il Goetheanum di Steiner!). Le sue funzioni consistono nella lettura o nel canto della "Santissima Parola di Baha'u'llah". Nella forma è un perfetto nonagono e tutte le sue dimensioni sono basate sul numero *nove*, il numero cabalistico della generazione, che avvia e conduce all'unità con la luce astrale universale. Di questo tempio si dice che: "Quando il Tempio di Dio sarà costruito a Chicago, sarà per il corpo spirituale del mondo ciò che l'irruzione dello spirito è per il corpo fisico dell'uomo, velocizzandolo nelle sue parti più profonde e infondendo nuova luce e potere" - Illuminismo universale e individuale!

Inoltre, c'è un Guardiano della Causa-Shogi-Effendi - con nove collaboratori, e in ogni città c'è un'Assemblea Spirituale di nove membri, che devono essere consultati, assolutamente obbediti e sottomessi. Ci sono anche Assemblee Spirituali Nazionali in tutti i Paesi in cui la causa si è diffusa e, infine, si stanno elaborando piani per formare un'Assemblea Spirituale Internazionale che sarà eletta da tutti i credenti - per emanare ordinanze e regolamenti che non si trovano nel Testo Sacro esplicito.

Pur essendo pieno di luoghi comuni e di apparente alta etica, l'insegnamento è anticristiano e suggerisce che la fonte di ispirazione del loro "Potente Educatore" non sia Dio, ma il secolare Misterioso Potere Centrale, che è dietro tutti i movimenti illuminati e che mira all'unificazione per il dominio del mondo.

CAPITOLO VIII

CONCLUSIONE

Il *Morning Post* del 22 settembre 1928 ha pubblicato un articolo molto utile di Edgar Wallace, il noto scrittore ed esperto di ogni sorta di strana criminologia, intitolato "Un nuovo crimine: l'ipnotismo come arma".

Ciò dimostra che egli si rende conto, come abbiamo ripetutamente affermato, che uno dei poteri più letali dei centri occulti risiede nella conoscenza e nella pratica del controllo ipnotico.

Citando una lettera che aveva ricevuto, dice:

> "Un'amica, una donna con un certo patrimonio, cadde sotto l'influenza di un certo gruppo occulto. Ne rimase affascinata, e alla fine divenne una devota, e si sottopose a una forma di ipnotismo... È sufficiente dire che la donna che faceva l'ipnotismo cominciò a esercitare un'influenza straordinaria, telepaticamente, cioè quando non erano insieme... e (l'amica) fu fermata solo da un'interferenza tempestiva dal trasmettere tutte le sue proprietà con un atto di donazione... il male è stato fatto da un potere mentale superiore su uno più debole".

Fdgar Wallace continua:

> "Negli ultimi due anni avrò ricevuto più di una dozzina di lettere, scritte da persone evidentemente sane di mente, se la calligrafia conta qualcosa, che mi raccontavano esattamente la stessa storia, senza alcuna floridezza eccetera... In tutti i

casi (per quanto ricordo)... c'era una storia di occultismo all'inizio, e in tutti i casi è stato un praticante di questa 'magia' a ottenere il dominio sulla mente del novizio. La teoria che questa forma di criminalità sia in aumento è supportata dai casi riportati. Il dominio di una mente forte su una più debole non è un fenomeno insolito, ma c'è più di un sospetto che questa tirannia mentale stia diventando sistematica e che possa facilmente rappresentare un pericolo reale, soprattutto per le donne della classe ricca... Si tratta, in ogni caso, di una questione che merita di essere indagata, perché i praticanti di questa nuova "arte" sono tra i membri più pericolosi della malavita. Sono più pericolosi perché, nel senso stretto del termine, non fanno parte delle classi criminali. Probabilmente siamo sul punto di fare scoperte molto importanti nel campo psichico, e quando le nuove verità (qualunque esse siano) saranno stabilite, quando le realtà, diciamo, della telepatia saranno rivelate, potrebbe nascere un nuovo dipartimento a Scotland Yard".

Casi analoghi sono venuti a nostra conoscenza, e tutti dovuti alle potenti influenze di occultisti avanzati, uno dei quali è per lo più privo di scrupoli. Sul *Morning Post* del 4 ottobre 1928 è apparsa un'interessante lettera sull'articolo sopra citato, inviata da Mordaunt Shairp, in cui scrive: "... Posso capire l'esitazione che ha provato prima di scriverlo. Nonostante tutto ciò che si sa delle possibilità delle onde luminose e sonore, siamo ancora riluttanti a credere a queste onde di pensiero, che sono alla base di quella potente e pericolosa influenza telepatica che egli descrive in modo così convincente". Parlando della propria opera teatrale, "The Bend in the Road", prodotta dai Play Actors all'Apollo Theatre, nel gennaio 1927, che fu ben notata dal *Morning Post*, il signor Shairp dice: "Mostrava un uomo in cui questo potere del pensiero era stato notevolmente sviluppato, che lo usava per motivi di vendetta per minare la salute e la felicità del suo rivale fino all'orlo del suicidio... Come sottolinea il signor Wallace, è un fatto, e ne sentiremo parlare ancora in futuro".

Qui abbiamo l'uso e l'abuso del fluido psichico che "uccide e rende vivi" - questo Potere del Serpente messo in moto da una volontà e da un pensiero potenti, l'operatore di tutte le magie e i miracoli, come usato nella massoneria esoterica e in tutti i gruppi rosacrociani e occulti. Nel R.R. e A.C. esiste una formula usata per influenzare le persone a distanza, nel bene e nel male. In essa viene utilizzato il potere del Pentagramma e dei Triangoli intrecciati (il Talismano ebraico!). Questo fluido viene attratto e poi proiettato con un'intenzione forte e concentrata nella direzione desiderata, come lungo un sentiero o un raggio di luce, e si sono ottenuti risultati interessanti e strani. Non solo agisce sulla persona fisicamente e mentalmente, ma apparentemente attraverso l'adepto intermediario, che usa questa formula, la collega con il centro nascosto che controlla l'Ordine.

In quel curioso opuscolo, *The Hebrew Talisman*, già citato, il seguente estratto è interessante in relazione a quanto detto sopra. Parlando di Abraham Goldsmid, che si dice abbia ricevuto la Scatola Magica dal dottor Falk, un ebreo cabalista arrivato a Londra nel 1742 (si veda Mrs. Nesta Webster in *Secret Societies and Subversive Movements*), l'Ebreo Errante dice:

"Sì, che i cani nazareni alzino le mani e gli occhi in segno di ignorante meraviglia; il grande Goldsmid era il mio vero e semplice strumento: L'ho allevato perché lo ritenevo degno; l'ho trovato incompetente per il vasto e sacro compito per cui l'avevo progettato, e l'ho gettato via come si getta via la zucca quando non si ha più bisogno di una tazza per bere. Chi tra i più anziani frequentatori del grande Tempio di Mammona, che si chiama Borsa, non ricorda la scatola d'oro con cui la mano di Goldsmid era perennemente occupata nei momenti più importanti e impegnativi? Era il suo *talismano*. Su di essa erano state pronunciate le parole del potere: L'avevo avvertito più e più volte; l'avevo minacciato, l'avevo supplicato, ma invano; l'avevo trovato incorreggibile nel suo trascurare la causa del nostro popolo e del nostro Dio; e persino mentre se ne stava a spasso nella sua lussuosa villa nei dintorni di Morden, le parole di potere uscirono dalle mie labbra e il suo talismano si allontanò da lui per sempre... Si presentò alla Borsa senza il suo palladio; contrattò, perse e vide la rovina assoluta che lo guardava con occhi fermi e senza pietà. Ha *sopportato tutto questo per due giorni e poi si è fatto saltare le cervella!* Nessuno può essere falso alla nostra causa e prosperare".

E se un adepto, destinato da questi maestri malvagi a qualche "opera potente", osa tradire la loro fiducia, può andare incontro a disgrazie, discredito e persino alla morte, come scrive il grande occultista Paracelso:

> "Gli spiriti (forze) di un uomo possono agire su un altro senza il consenso o l'intenzione di quest'ultimo... Se la volontà dell'uomo è in unità con il suo pensiero e il suo desiderio, si produrrà uno spirito (forza) che potrà essere impiegato per il bene o per il male. Se due forze spirituali di questo tipo lottano tra loro, quella più debole, che non si difende a sufficienza, sarà sopraffatta, e il risultato può essere una malattia corporea. Una persona malvagia può scagliare la forza della sua volontà su un'altra persona e ferirla, anche se questa è più forte della prima, perché quest'ultima non si aspetta e non è preparata all'attacco; ma se l'altro è più forte e resiste con successo, allora si accenderà in lui una forza che vincerà il suo nemico e che potrà distruggerlo".

L'Inghilterra e il suo Impero non potrebbero forse trarre una lezione da questo insegnamento di Paracelso? È più forte del nemico dentro e fuori le sue porte, ma è stata presa più o meno alla sprovvista. Lasciate che si scrolli di dosso questa insidiosa apatia e questo pacifismo, che sono solo i vapori velenosi del suo nemico; lasciate che resista! E allora, e solo allora, si alzerà forte e pronta a riconquistare il suo vecchio e onorato posto nel Sole di Dio, non in quello del Diavolo!

E chi è questo nemico? È il potere che si cela dietro questi micidiali Ordini segreti, che sta lentamente ma inesorabilmente esaurendo il suo potere di resistenza, è il "serpente", che affascina, ma affascina fino alla morte.

Cheiro, nelle sue *Predizioni,* ci parla dell'imminente dominazione mondiale da parte degli ebrei, dell'insediamento del loro regno in Egitto e in Palestina che si realizzerà nel 1980, secondo i suoi calcoli, calcoli che possiamo falsificare se riconosciamo il possibile pericolo.

Questo libro di Cheiro sembra essere una sottile opera di propaganda, che cerca, attraverso l'astrologia, l'insegnamento cabalistico, la cosiddetta veggenza e molti giochi di citazioni scritturali, di dimostrare l'inevitabilità della dominazione mondiale ebraica. L'astrologia è una scienza antica, lo sappiamo, ma Cheiro stesso dice: "Come la vedo io" e "alla luce dell'occultismo", l'uomo non è infallibile e l'occultismo, come insegnato in queste diaboliche società segrete, è sempre stato un inganno! Sulla copertina del libro c'è un disegno allegorico della contessa Hamon di un mondo fulminato - l'Illuminismo! Alcuni estratti mostreranno le sue idee e le sue conclusioni:

> "Che gli Israeliti fossero, per qualche ragione inspiegabile, una razza riservata alla manifestazione del Potere divino in relazione al destino dell'umanità, credo sia evidente dalle profezie che li riguardano. Che essi fossero anche destinati a essere un esempio della misteriosa influenza dei pianeti sulla vita umana appare altrettanto evidente... In tutta la storia degli Israeliti ... il potere dei Sette pianeti creativi non solo è distintamente enfatizzato, ma in tutti i casi rappresenta la misteriosa "Forza di Dio" in natura... la misteriosa Legge di Vibrazione o "Forza di Dio", simboleggiata dal numero sette".

Qui abbiamo le forze elettromagnetiche dell'etere, la "forza più fine della natura", i sette aspetti della forza solare, lo spettro, il Potere del Serpente.

Egli sembra gettare acqua fredda sulle convinzioni del "Movimento britannico per l'Israele", che a suo dire rappresenta...

> "L'Inghilterra come figli di Efraim e gli Stati Uniti come Manasse. La mia opinione è che una tale proposta sembra limitare lo scopo del Creatore e porta troppo nella controversia l'elemento personale del popolo inglese e

americano... Le attuali cosiddette 'Grandi Potenze', nell'ebbrezza della loro giovinezza, dimenticano di essere solo dei bambini in confronto a razze che sono passate... Con l'innocenza dei bambini blaterano della loro grandezza...".

Sostiene,

"che il vero significato della Grande Piramide è quello astrologico, che indica la religione della vita... che questo piano o disegno è legato ai figli di Israele e contiene nei suoi registri periodi di anni esatti corrispondenti ai grandi eventi della loro storia... (p. 136). È di fatto l'orologio solare-lunare dell'universo... (p. 143). A partire dal 1980... si assisterà, a mio avviso, alla restaurazione delle Dodici Tribù di Israele come potenza dominante nel mondo. La Grande Piramide diventerà allora il centro di controllo della civiltà mondiale... (p. 144). Sotto la base di tredici acri della Piramide verrà scoperto un tempio del tesoro... che rivelerà i segreti scientifici con cui la Piramide è stata costruita, che sconvolgeranno tutte le leggi precedentemente conosciute relative all'astronomia, alla gravitazione, all'elettricità, all'imbrigliamento dei poteri della luce, ai raggi eterici e alle forze nascoste dell'atomo. Con queste conoscenze a disposizione, gli israeliti e tutti i discendenti delle "tribù perdute" diventeranno i possessori della terra in tutti i sensi, come è stato predetto tante volte nella Bibbia... (p. 145). Sorgerà un altro legislatore, come Mosè... e così, alla fine, attraverso questa "razza disprezzata" si stabilirà la pace universale...".

Le leggi segrete di cui sopra non sono forse le stesse forze utilizzate oggi da questi Illuminati nascosti, questi "grandi maestri, tutti ebrei"?

Inoltre, come in tutti gli ordini illuminati, anche lui dice che ci sarà una nuova epoca di (p. 35)

"la negazione del Sé - raggiunta attraverso la sofferenza" (p. 175). Può darsi che le rivoluzioni e gli sconvolgimenti che vediamo intorno a noi da tutte le parti portino per il momento alla caduta degli imperi, alla distruzione dei troni, alla morte del "vecchio" e alla nascita del "nuovo". Egli crede in una "guerra delle guerre" (p. 181): "Le conseguenze del Grande Armageddon rivoluzioneranno completamente le nostre attuali idee di nazioni, regni e repubbliche; un governo centrale meravigliosamente organizzato in Palestina irradierà leggi di vita e umanità al mondo intero... (p. 144). Che "lo straniero" sarà un collaboratore (un duplicato subordinato) con gli israeliti ritornati nel fare della Palestina e dei paesi circostanti il centro di una nuova e prossima civiltà... (p. 182), una tale perfezione non potrà essere raggiunta finché tutte le religioni non si saranno fuse in una sola... (p. 183), la lingua delle stelle, dei pianeti e dei soli, tradurrà il "Libro" in parole "comprensibili dal popolo" (Cabala ebraica!)... (p. 151). Il periodo predetto "i tempi dei Gentili" sta rapidamente volgendo al termine...".

Si confronti con i *Protocolli* già citati in relazione al simbolo T.S.:

"Oggi posso assicurarvi che siamo a pochi passi dalla nostra meta. Non resta che una breve distanza, e il ciclo del Serpente Simbolico - quel distintivo del nostro popolo - sarà completo, ecc.".

Infine, in tutto questo dominio da parte del potere dietro queste società segrete e illuminate c'è un pericolo mortale per la civiltà.

In riferimento ad un articolo del *Patriot* del 14 marzo 1929 su "La crescente degradazione morale", Disraeli, nel suo romanzo *Lothair* del 1870, parlando degli scopi degli Illuminati e dei massoni, non fa forse dire al Cardinale:

"Il fondamento della famiglia cristiana è il sacramento del matrimonio, fonte di tutta la morale domestica e pubblica. Le società anticristiane si oppongono al principio della casa. Quando avranno distrutto il focolare, la moralità della società perirà". (*Patriot*, 10 maggio 1928).

Il Prof. Charles Grangent, dell'Università di Harvard, afferma nel suo libro *Prunes and Prisms*:

> Se il colore del sesso è arrivato a pervadere tutto il nostro pensiero, così come l'odore della benzina costituisce il principale componente della nostra atmosfera, dobbiamo questa onnipresenza simile all'etere, in grande misura, a un medico viennese dei nervi, chiamato da alcuni dei suoi discepoli americani "Froude"'" (*Patriot*, 21 febbraio 1929).

Nel suo *Secret Societies and Subversive Movements, la* signora Webster cita un eminente neuropsichiatra di New York:

> "La teoria di Freud è anticristiana e sovversiva della società organizzata... Il freudismo fa dell'individuo una macchina, assolutamente controllata da riflessi subconsci... Che sia consapevole o inconsapevole, ha un effetto distruttivo... Non solo la teoria di Freud "della psicoanalisi, ma anche una considerevole quantità di propaganda pseudo-scientifica di questo tipo è stata emanata per anni da un gruppo di ebrei tedeschi che vivono e hanno la loro sede a Vienna".

La teoria freudiana riduce tutto, buono o cattivo, a una cruda base sessuale.

Non troviamo forse la stessa "onnipresenza eterica" in tutte queste società segrete illuminate ed esoteriche, dove il potere dell'illurninismo risiede nelle forze sessuali risvegliate e pervertite unite all'agente universale o etere? Per realizzare l'unità dell'umanità, legata dalla catena magnetica alla "Repubblica Universale" della Giudeo-Massoneria del Grande Oriente, è necessaria una coscienza sessuale perversa con tutti i mezzi possibili, come l'illuminismo, l'euritmia, i culti e le danze della nudità, ecc. e forse, in alcuni gruppi, la psicoanalisi, anche se praticata "alla luce della scienza dello spirito", secondo Steiner.

Inoltre, la signora Webster cita un critico che ha scritto di un noto artista ebreo:

"Egli porta nel mondo dell'arte un nuovo vangelo, un vangelo nero, un vangelo in cui tutto deve essere invertito e distorto. Qualunque cosa sia orrenda, qualunque cosa sia di cattiva reputazione, qualunque cosa sia sordida; se c'è una qualche insalubrità o una qualche degradazione, pensate a queste cose".

Non è forse questa la maledizione di certe altre espressioni attuali della vita e dell'arte - libri, opere teatrali, musica, eccetera?

Il signor H. A. Jung, di Chicago, scrive dell'onorevole Bertrand Russell:

Il suo insegnamento sulla questione sessuale può essere riassunto senza mezzi termini come segue: completa promiscuità sessuale in condizioni sanitarie; che i desideri dell'uomo dovrebbero essere il fattore guida della vita, e che al di fuori dei desideri umani non c'è alcuna posizione morale; che giusto o sbagliato può essere determinato solo dalle conseguenze... Nel suo libro, *Perché non sono cristiano*, afferma: "Dico deliberatamente che la religione cristiana, così come organizzata nelle chiese, è stata, ed è tuttora, il principale nemico del progresso morale nel mondo". La signora Russell scrive nel suo libro *Il diritto di essere felici*: 'Animali siamo e animali restiamo, e la via della nostra rigenerazione e della felicità, se esiste una tale via, passa attraverso la nostra natura animale'". (*Patriot*, 23 febbraio 1928).

Rasputin, quel genio licenzioso e malvagio della Russia, aveva un credo simile: "La redenzione attraverso il peccato". Allo stesso modo il pernicioso Aleister Crowley, dell'O.T.O., considera il sesso come il redentore dell'uomo! Krishnamurti, la "Stella in Oriente che doveva proclamare l'alba del nuovo e più grande giorno della Terra", caduta per mano di Leadbeater-Besant, sosteneva nel suo libro: Vita *in libertà*, la rivolta da tutte le costrizioni, e diceva che ognuno deve essere la propria legge-intuizione! Scrive: "Quando si lega la vita a credenze e tradizioni, a codici di moralità, si uccide la vita".

E a tutto questo si aggiungono il controllo delle nascite e i "matrimoni compari"!

William Farren, che ha frequentato il palcoscenico per oltre cinquant'anni, scrive in una lettera al *Patriot* del 19 aprile 1928: "Ci sono pochissimi teatri, music hall e luoghi di intrattenimento che non siano sotto la gestione ebraica (lo stesso si dice di Parigi e New York nelle *Vittorie di Israele*)... il teatro è diventato un mero laboratorio per produrre ciò che è brutto, volgare e svilente". Perché? A causa del moderno "manager commerciale"!

I "Protocolli dei dotti anziani di Sion", qualunque sia la loro origine, prefigurano tutto questo in modo notevole quando dicono:

> "Le classi istruite dei Gentili si vanteranno del loro apprendimento e, senza verificarlo, metteranno in pratica le conoscenze ottenute dalla scienza (persino dalla "Scienza dello Spirito!"), che è stata loro propinata dai nostri agenti *con l'obiettivo di educare le loro menti nella direzione da noi richiesta*".

Ho esposto davanti a voi alcuni dei risultati di anni di difficile esperienza e di ricerca sul funzionamento nascosto di questa Grande Cospirazione, ordita nei luoghi segreti e sotterranei del mondo da un astuto Potere Oscurante, che vorrebbe governare il mondo ottenendo il controllo sulle menti e sulle azioni degli uomini e delle donne, usandoli come idealisti e ingannatori creduloni, che sognano una "evoluzione universale dell'umanità", catturati e tenuti nella trappola di queste società segrete; o ancora come scettici più o meno onesti, che vengono impiegati per coprire le tracce di questo Potere oscuro segreto, nel caso in cui, per qualche imprevisto errore nei loro piani diabolici, la verità possa trapelare - poiché non sono che uomini in carne e ossa e, come tali, non sono in alcun modo infallibili -. Vengono commessi errori che possono essere corretti, se possono essere corretti, solo con un bluff, e a questo scopo gli scettici onesti sono più che utili - sono assolutamente necessari.

Come è stato detto della Tavola di Smeraldo di Hermes:

> "A coloro che leggono con gli occhi del corpo i precetti non suggeriranno nulla di nuovo o di straordinario, poiché iniziano semplicemente dicendo che non parlano di cose fittizie, ma di ciò che è vero e più certo. Ciò che è in basso è simile a ciò che è in alto, e ciò che è in alto è simile a ciò che è in basso per realizzare le meraviglie di una cosa: la manifestazione del loro ambizioso e diabolico dominio del mondo da parte di questo misterioso "Potere oscurante"."

Altri titoli

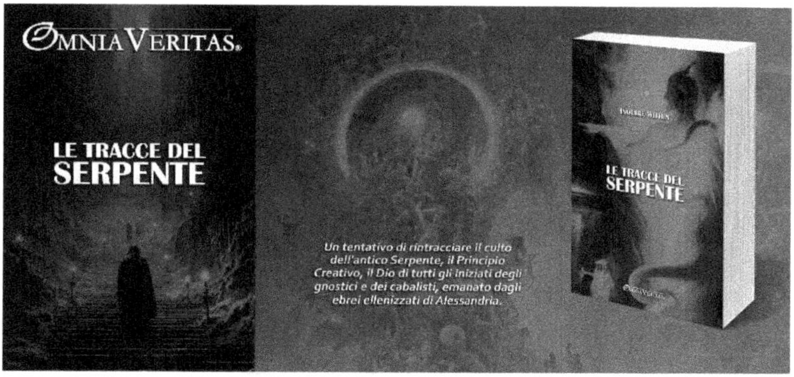

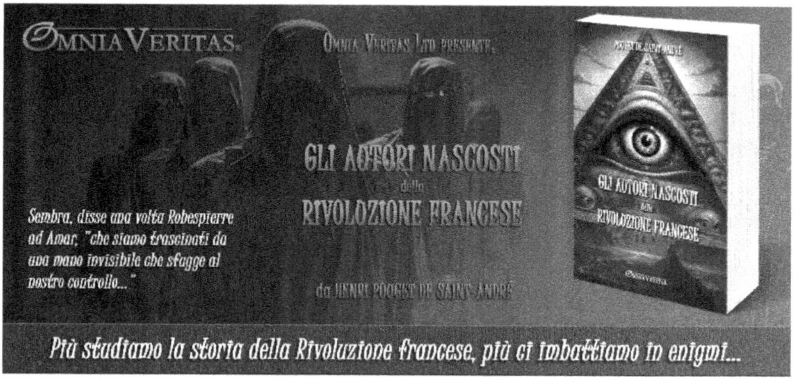

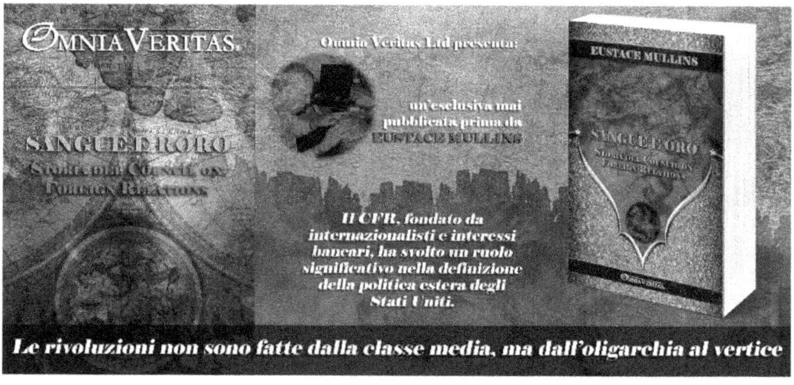

OMNIA VERITAS
Omnia Veritas Ltd presente:
LE CRONACHE DI SVALI
LIBERARSI DAL CONTROLLO MENTALE
TESTIMONIANZA DI UN EX ILLUMINATO
Gli Illuminati sono un gruppo di persone che seguono una filosofia nota come "Illuminismo" o "Illuminismo".
LE CRONACHE DI SVALI
Comprendere la programmazione della setta degli Illuminati

OMNIA VERITAS
MK ULTRA
Abuso rituale e controllo mentale
Strumenti di dominazione della religione senza nome
Per la prima volta, un libro tenta di esplorare la complessa questione dell'abuso rituale traumatico e del conseguente controllo mentale....
ALEXANDRE LEBRETON
MK ULTRA
Come è possibile programmare mentalmente un essere umano?

OMNIA VERITAS
OMNIA VERITAS LTD PRESENTA:
John Coleman
LA GERARCHIA DEI COSPIRATORI
STORIA DEL COMITATO DEI 300
JOHN COLEMAN
LA GERARCHIA DEI COSPIRATORI
STORIA DEL COMITATO DEI 300
Questa aperta cospirazione contro Dio e l'uomo include la schiavitù della maggior parte degli esseri umani...

OMNIAVERITAS
OMNIA VERITAS LTD PRESENTE:
Oltre la COSPIRAZIONE
SMASCHERARE IL GOVERNO MONDIALE INVISIBILE
di John Coleman
Tutti i grandi eventi storici sono pianificati in segreto da uomini che si circondano di totale discrezione.
I gruppi altamente organizzati hanno sempre un vantaggio sui cittadini
JOHN COLEMAN
Oltre la COSPIRAZIONE

OMNIAVERITAS
OMNIA VERITAS LTD PRESENTA:
LA DINASTIA ROTHSCHILD
di John Coleman
Gli eventi storici sono spesso causati da una "mano nascosta"...
JOHN COLEMAN
LA DINASTIA ROTHSCHILD

OMNIAVERITAS
OMNIA VERITAS LTD PRESENTA:
L'ISTITUTO TAVISTOCK
di RELAZIONI UMANE
Dare forma al declino morale, spirituale, culturale, politico ed economico degli Stati Uniti d'America
di John Coleman
Senza Tavistock, non ci sarebbero state la Prima e la Seconda guerra mondiale...
I segreti dell'Istituto Tavistock per le relazioni umane
JOHN COLEMAN
L'ISTITUTO TAVISTOCK di RELAZIONI UMANE

OMNIA VERITAS
Omnia Veritas Ltd presente:
La Mia Battaglia
Mein Kampf
E 'stato in questo momento che i miei occhi sono stati aperti a due pericoli per l'esistenza del popolo tedesco: il marxismo e l'ebraismo.
La Mia Battaglia
Mein Kampf
Un documento di interesse storico

OMNIA VERITAS
Omnia Veritas Ltd presente:
"Jack lo Squartatore... Un nome da antologia che brilla nel pantheon nero dei criminali leggendari - probabilmente l'assassino anonimo più conosciuto del pianeta. La sua fama duratura si basa sul suo anonimato ben custodito"
Jack lo Squartatore
la soluzione finale
de
Stephen Knight
Jack lo Squartatore
La soluzione finale
Questa lettura offre una soluzione finale molto convincente...